KB216588

출가정신의 전개

— 붓다에서 법정까지 —

민족사 학술총서 76

출가정신의 전개

— 붓다에서 법정까지 —

김호성 지음

민족사

2022

삼가 빙부(聘父) 金禹坤(榮治) 님의
영전에 바칩니다.

머리말

1

불교는 고타마 붓다의 출가로부터 시작할 뿐만 아니라, 출가로 인하여 다른 종교와 구별됩니다. 출가는 그만큼 불교의 정체성을 규정하는데 필수불가결한 요소입니다. 인도에서는 바라문 전통(바라문교, 힌두교)으로부터, 동아시아(중국·한국·일본)에서는 유교로부터 끊임없이 공격을 받았던 것도 출가에 초점이 놓여 있었습니다.

불교 측의 대응 역시 없지는 않았습니다. 그러나 대개는 방어적이고 수세적인 논리를 구성하였습니다. 그러다 보니 정작으로 불교 안에 힌두교나 유교적인 윤리가 들어와서 내면화되기도 했습니다. 방어적이고 수세적인 논리를 극복하고 내면화되어 버린 힌두교나 유교적인 윤리로부터 벗어나지 않는다면, 불교의 출가가 갖는 가치는 드러날 수 없습니다.

출가에 대한 저의 연구는 바로 그 지점에서부터 출발하였습니다. 이 책의 제1부 1장에 실린 논문이 그 최초의 보고서가 되겠습니다만, 20여 년이 지난 일입니다. 힌두교적-유교적인 '효(孝) 이데올로기의 극복', 그리고 근현대에 와서 비로소 말해지고 있는 가부장제 내지 가족주의

문화의 탈피를 훨씬 앞선 시대에 붓다의 출가는 감행했다는 점을 밝히고자 하였습니다. 이런 맥락에 자리하고 있는 것이 제3부 2장 논문입니다. 더욱이 제4부의 논문은, 그러한 가족주의의 극복이라는 문제의식이 국제정치에도 적용될 수 있다는 것, 출가정신은 그렇게 비폭력 평화의 윤리로도 확장될 수 있다는 이야기를 하였습니다.

출가정신을 이야기할 때 두 번째로 중요한 것이 바로 '권력과의 거리 두기'입니다. 탈(脫)권력으로 말할 수도 있습니다만, 이는 붓다의 출가가 장차 그에게 주어지는 왕법(王法) 내지 왕권(王權)의 장악을 스스로 포기하는 행위라는 점에 그 뿌리가 있습니다. 권력의 문제는 교단 밖의 정치권력과 교단의 관계에서도 말해질 수 있고, 교단 안의 정치문제로도 말해질 수 있습니다. 이 책의 제2부 2장의 논문과 제3부 1장의 논문은 모두 교단 밖의 정치권력으로부터 일정한 거리를 두는 것이 필요하다는 이야기를 하고 있습니다.

마지막으로 출가자는 어떤 삶의 모습을 보여주고 있어야 하는가 하는 점을 살펴 보았습니다. 제1부 1장, 제2부 1장과 3장의 논문들입니다. 이 세 편의 논문을 통하여 확인한 바람직한 출가자의 모습은 중생을 이롭게 하는 것, 비록 계율을 깨뜨리는 일이 있더라도 계율을 의식하여야 한다는 것, 계율을 잘 지키더라도 계율을 깨뜨리는 자를 경멸하지 않아야 한다는 것, 간소하게 살기, 권력으로부터의 자유, 무소유(無所有)의 실천 등입니다.

이 책에 실린 8편의 논문 속에서 이야기되는 소주제(小主題)는 출가의 가치, 출가정신의 본질, 그리고 출가자의 바람직한 삶 등으로 분류해 볼 수 있습니다. 하지만, 이 책의 수록 순서는 그렇게 주제별로 분류하지 않고 그저 편의상 인도, 한국, 그리고 일본이라는 '형식'에 따라서 분류했음을 밝혀둡니다.

중국의 사례에 대한 글이 없는 것은 결코 중국불교에 출가정신이 잘 구현된 사례가 없어서가 아닙니다. 다만 저의 공부가 중국불교에 대해서는 깊이 들어가지 못한 탓입니다. 장차 또 다른 인연을 기대합니다.

2

출가 주제의 논문으로 여러 학술지를 통해서 발표되었으나, 저의 다른 학술서 속에 수록되어버렸던 탓에 이 책에 함께 싣지 못한 논문들이 4편 더 있습니다. 제목과 수록된 책을 정리해 둡니다.

① 「힌두교와 불교에서의 권력과 탈(脫)권력의 문제 - 『기타』와 『붓다차리타』를 중심으로」, 『힌두교와 불교』(여래, 2016).
② 「사효의 윤리와 출가정신의 딜레마 - 한암의 「선사 경허화상 행장」을 중심으로」, 『경허의 얼굴』(불교시대사, 2014).
③ 「출가, 재가, 그리고 비승비속 - 야나기 무네요시의 『나무아미타불』 제17장을 중심으로」, 『정토불교성립론』(조계종출판사, 2020).
④ 「탈권력(脫勸力)의 사제동행(師弟同行) - 구라타 햐쿠조의 『스님과 그 제자』를 중심으로」, 『정토불교성립론』(조계종출판사, 2020).

형식적으로 볼 때, ①은 제1부 인도, ②는 제2부 한국, ③과 ④는 제3부 일본의 사례에 소속될 수 있는 글들입니다. 주제의 측면에서 본다면, ①과 ④는 '권력과의 거리두기', ②는 '효 내지 가족주의 문화의 극복', ③은 '출가자의 바람직한 삶'에 대한 글입니다.

이렇게 4편의 논문들을 정리해서 밝히는 것은, 출가의 가치와 그 정신의 본질을 해명하고자 했던 노력들을 함께 참조해 주실 것을 바라기 때문입니다. 특히, 재가자(在家者)가 이 책을 읽으면서(혹은 읽지 않으면서) "출가의 문제는 결국 출가하신 스님들의 문제이지, 우리 재가자와는 무관하다."라고 생각하는 분이 계시다면, 반드시 ③「출가, 재가, 그리고 비승비속」논문을 읽어주셨으면 좋겠습니다. 이 책에 들어가는 논문들에서는 출가정신이 비단 스님들에게만 해당되고 요청되는 것이 아니라 우리 재가자들에게도 장착(裝着)되어야 할 것이라는 점이 그다지 강조되지 못했습니다. 하지만 그러한 점은 『정토불교성립론』에 수록된 ③「출가, 재가, 그리고 비승비속」을 통하여 충분히 논의되었음을 말씀드립니다.

3

2016년, '결사(結社)'를 주제로 한 논문들을 모아서『결사, 근현대 한국불교의 몸부림』(씨아이알)이라는 책을 펴냈습니다. '결사'는 불교교단이 어려울 때 위기의식을 느낀 스님들이 근본으로 돌아가서 수행함으로써, 새로운 기풍(氣風)을 함양하자는 운동을 말합니다. 그런 점에서 '출가'와 '결사'의 두 주제는, 크게 보면 불교교단의 오늘과 내일을 문제 삼는 일이기도 합니다.

지난 20여 년 동안 저는 그 두 주제를 함께 연구해왔습니다. 우리 불교교단의 흥륭(興隆)을 염원했기 때문입니다. 그런 까닭에 애당초 2016년에 낸 '결사' 주제의 책과 2022년에 내는 '출가' 주제의 이 책은 자매서(姉妹書)로 기획된 것입니다. 이 두 권의 '교단' 관련 책을 통하여, 저 나름으로 교단을 사랑하는 마음을 표명하고 싶었습니다.

그러나『결사, 근현대 한국불교의 몸부림』이후 오랜 슬럼프가 찾아왔습니다. 출가를 주제로 한 책을 출판해야겠다는 본원(本願) 역시 포기할 수밖에 없었습니다.

그렇게 마음을 다스리고 정리한 지 몇 년이 지나서, 출가 주제의 학술서를 출판할 수 있게 된 것은 전적으로 저의 빙부(聘父)님 덕분입니다. 이 책의 출판을 통해서나마 극락왕생을 기원하고자 저희 부부는 마음을 모았습니다. 그런 인연으로 빙부님께 이 책을 바치는 헌사(獻詞)를 책의 앞머리에 두었습니다. 독자 여러분께서 이 책을 읽어주시는 공덕이 있다면, 모두 빙부님께 회향(廻向)하고자 합니다. 나무아미타불!

　2009년 『불교해석학 연구』 이후 13년 만에 또 민족사의 신세를 지게 되었습니다. 윤창화 사장님 역시 불교교단의 오늘과 내일을 염려하는 마음에서 출가의 문제를 함께 고뇌해 온 입장이므로, 흔쾌히 저의 염원에 호응해 주셨습니다. 깊이 감사드립니다.

　이제 안정적인 연구생활을 할 수 있는 기반이 되어주는 현직(現職)의 생활 역시 머지않아 마감해야 합니다. '정년 이전에 학술서 10권'이라는 저 나름의 목표도 이제 마지막 한 권이 남았습니다. 원만성취, 원만회향이 되도록 불보살님의 가피를 기원하면서, 정진할 것을 다짐합니다.

불기 2566(2022)년 6월 1일

저자 김호성 합장

목 차

제4부 출가정신의 확장 ··· 251

국제정치와 출가정신의 구현 ··· 253
– 한일 간의 평화를 위한 불교의 역할

【 표 목차 】

제1부

인도의 출가정신

1장. 불교화된 효(孝) 담론의 해체
— '중국-유교' 및 '인도-힌두교' 전통과 관련하여

　중국·한국·일본의 동아시아 불교는 공히 효(孝)라고 하는 유교의 지배이데올로기로부터 억압당해왔다. 효를 앞세운 유교라는 권력으로부터 배불(排佛)과 법난(法難)의 아픔을 겪는 일이 적지 않았다. 이에 대한 불교 자체의 대응은 "그렇지 않다. 불교에도 효가 있다."는 식의 방어적 호교론(護敎論, apologetics)으로 시종일관하고 있었다. 어쩌면 그 시대적 분위기 속에서는 그러한 대론(對論) 역시 필요했을지 모른다.

　그러나 지금 시점에서 볼 때, 아직도 이러한 단순 논리로 대응하는 것은 문제가 있다고 생각한다. 우선, 유교에서 말하는 효는 단순히 '가족윤리의 효'만이 아니라 지배이데올로기의 효라는 차원이 있음에 주목해야 한다. 요컨대 효는 충(忠)과 하나가 된다. 그런 까닭에 효는 최고의 가치일 수 있었던 것이다. 그러나 불교에도 "효가 있다"고 할 때는, 그러한 중국-유교적 컨텍스트(context, 맥락)는 무시한 채 단순히 '가족윤리의 효'만을 내세워서, 우리에게도 그것이 있다는 식이었다. 유교 측을 설득하지 못한 데에는 이러한 개념 차이가 있었기 때문이다.

　이러한 점을 보다 분명히 하기 위하여, 나는 불교의 효를 '인도-힌두교'와 '중국-유교'라는 컨텍스트 속에 제각기 위치지우면서 비교해 보는 방법을 취한다. 굳이 인도-힌두교의 효를 함께 말하는 까닭은 애당초 '인도-불교'에서 효가 말해지는 맥락이 고려되지 않고서는, 불교의 입장이 올바로 이해될 수 없는 것으로 생각되기 때문이다. 인도-불교에서 말하는 효는 인도-힌두교적 컨텍스트 속에서 말해지는 것이고, 중국불교에서 말하는 효는 중국-유교적 컨텍스트 속에서 말해지는 것이다. 이들을 함께 대비함으로써 효와 관련된 문제에 대한 불교적 입장을 추출해 낼 수 있을 것이다.

그 결과 불교에도 유교에서 말하는 '가족윤리의 효'는 있지만, 그 이상의 지배이데올로기의 효(=충과 하나가 되는 효)는 말하지 않는 것으로 확인할 수 있었다. 그럼에도 불구하고 아직 "불교에도 효가 있다"라고 말하는 것은, 유교의 효 담론이 이미 불교/불교인 안에서 내면화되어 있다는 슬픈 자화상에 다름 아니다. 이제는 오히려 불교가 출가주의의 입장을 취하고 있음을 당당하게 드러내면서, 바로 그렇기 때문에 전근대의 가부장제 이데올로기를 불교는 처음부터 넘어서 있다는 사실을 밝혀야 할 것이다. 그것이 불교의 탈(脫)근대적 의미일 것이다.

이 글은 애당초 「인도불교의 효 양상(장춘석)에 대한 논평」(『불교학연구』 창간호, 한국종교학회, 2000. pp.353-361.)을 통하여 구상되고, 촉발되었다. 이를 바탕으로 하여 논문으로 구성하여 발표한 것이 ①「힌두교 전통에 비춰본 불교의 효 문제」(『인도철학』 제11집 1호, 인도철학회, 2001, pp.67-94.)이다. 다시 ②「불교화된 효 담론의 해체」(『무심보광스님화갑기념논총 불연록』, 2010, pp.529-548.)로 수정 보완하였다.

①과 ② 사이에 논지의 변화는 전혀 없다. 그러나 많은 수정과 보완을 거쳤는데, 그 주요 부분은 다음과 같다 : 첫째, 유교측의 효 담론과 관련하여, 그 영향이 미친 범위를 중국과 한국(조선)만이 아니라 일본(에도시대)을 포함하는 동아시아 불교사 전체로 넓혀서 생각하였다. 둘째, 동아시아 불교사에서 제기된 지배이데올로기의 효, 즉 유교적 효야

말로 푸코(Michel Foucault, 1926-1984)가 말하는 지식과 권력의 상관관계를 잘 보여주고 있다는 점을 보다 분명히 하였다. 제목에서 '담론'이라는 말을 썼는데, 그것은 푸코적 의미의 담론이었다. 이미 효가 그러한 지배이데올로기로서 담론화되었다는 점에서, 그 해체의 당위성을 이끌어내기 위해서이다. 그럼으로써 이 글이 지향하는 궁극적 목표가 보다 분명해졌다.

①에서는 가족주의라는 말을 썼고, ②에서는 가족중심주의라는 말을 썼다. 이 책에 재수록하면서는 양자를 혼용하기로 하였다. 유교 안에서 가부장제가 갖는 의미의 막대함을 강조할 때는 '가족주의'로, 가족윤리의 효가 갖는 비(非)사회적 성격을 강조하기 위해서는 '가족중심주의'라는 개념을 구별해서 쓴다.

한편 ③「佛敎化された孝の談論の解體 - '中國-儒敎'及び'インド-ヒンドゥー敎'と關聯して」, 『高知大學學術硏究報告』第62卷(高知 : 高知大學, 2013), pp.207-218.을 통해서도 일본에 소개되었다. 이는 ②를 요약한 축소판이었다.

②를 이 책에 재수록하면서 다소 수정과 보완을 하였다.

I. 출가, 불효의 길인가?

불법(佛法)은 시간과 공간을 초월하여 존재한다. 그러나 동시에 불법은 시간과 공간 안에서 존재한다. 시간과 공간을 초월해서 존재하는 불법은 붓다가 깨달았으며 우리가 장차 깨달을 법을 말하는 것이고, 시간과 공간 속에서 존재하는 불법은 붓다에 의해서 설해진 가르침이나 그

교단이 역사―사회적 맥락 속에서 다소간 다르게 존재해왔음을 말한다. 전자의 시공(時·空)을 초월해서 존재하는 불법에 대해서는 말하기가 어렵다. 언어도단(言語道斷)인 까닭이다. 그러나 후자의 시·공 안에 존재하는 불교에 대해서는 우리도 편안하게 말할 수 있다. 그것이 다양한 해석을 용납하기 때문이다. 더욱이 시·공은 단순히 불법이 담기고 자리하는 기세간(器世間)으로서 침묵하는 존재가 아니라, 불법의 변용을 부단하게 촉구하는 촉매제가 된다. 그런 만큼, 불법의 시·공 내적인 존재양상과 그 변화의 추이를 살피고자 할 때에는 시·공 그 자체에 대한 인식이 필요해 진다. 이러한 역할을 하는 시간과 공간을 나는 컨텍스트(context, 맥락)[1]이라 부른다. 맥락 속에 존재하면서, 그 맥락을 반영하는 불교의 모습을 가장 잘 드러내주는 테마의 하나가 효 문제이다.

1. 효가 문제되는 상황

불교가 태어난 시·공의 컨텍스트는 인도―힌두교[2] 전통이다. 그런데 중국으로 전파되면서는 또 다른 컨텍스트를 만나게 된다. 바로 유교와 노장사상 등인데, 특히 효 문제와 관련해서는 유교 전통과의 연관이 더욱 밀접하게 행해진다. 최초로 나타나는 영향의 모습은 유교로부터의

---

1) 타 문화/종교의 문헌을 읽을 때 타 문화/종교의 맥락은 배제한 뒤, 배제되지 않고 남겨지는 부분을 보편성(text)으로서 수용·토착화해야 할 것으로 주장한 글은 김호성 2000, 「바가바드기타의 윤리적 입장에 대한 비판적 고찰」, 『종교연구』 제19집(서울 : 한국종교학회), pp.85-86. 참조. 또한 우리의 맥락을 배제하지 않고 타 문화/종교의 문헌을 적극적으로 해석해야 함을 주장한 글은 김호성 2009, 『불교해석학 연구』(서울 : 민족사), pp.134-138. 참조.
2) 이 글에서 '중국-유교'와 '인도-힌두교'라고 표기한 것은 각기 '중국의 유교'나 '인도의 힌두교'와 다른 의미를 나타내기 위해서이다. 중국사회와 그 속에서의 유교, 또 인도사회와 그 속에서의 힌두교를 지칭한다.

비판이었다. 효를 무엇보다도 중시하는 유교의 입장에서 볼 때 얼핏 출가주의의 불교는 효를 말하지 않는 듯이 보인다. 기무라 기요타카(木村清孝)는 저간의 사정을 『모자이혹론(牟子理惑論)』의 한 구절을 인용하여 말하고 있다.

> 『효경』에는 "신체발부(身体·髮膚)는 부모로부터 받은 것이기 때문에 상하게 한다든가 하는 일이 있어서는 안 된다"라고 한다. 또한 증자(曾子)는 임종에 즈음하여 "나의 손을 꺼내고 나의 발을 꺼내어서 상처가 없는가 어떤가 조사해 달라"고 말하고 있다. 그런데 지금 사문은 머리를 깎는다. 이것은 도대체 어떻게 된 일인가. 그러한 사문의 행위는 성인의 말씀에 위배되고, 효자의 도리에 부합하지 않는 일이다. 당신은 언제나 즐겨 시비를 논하고 곡직(曲直)을 가리는데, 이 사문의 행위에 대해서 더구나 그것을 선한 일이라고 하겠는가.[3]

이러한 중국-유교 측의 입장은 중국의 역사에서만 확인되는 것은 아니다. 고려 말의 성리학 수입 이래 조선조를 거치는 동안 행해진 유교 측의 배불론과 억불(抑佛)정책의 내밀한 동기의 하나로서 기능했던 것 또한 사실이다.[4] 크게 보면 일본의 경우도 마찬가지라고 할 수 있다. 에도(江戸)시대에 유학자들에 의해서 제기된 배불론은 기본적으로 "초세속주의의 입장을 취한 불교는 세속에 대해서 엄격한 윤리를 결여하

---

3) 木村清孝 1979, 『中國佛敎思想史』(東京 : 世界聖典刊行協會), pp.20-21. 『모자이혹론』은 모자가 지은 『이혹론』을 말한다. "이 책은 유교·불교·도교 세 종교의 동이(同異)와 우열(優劣)을 논의한 것으로, 삼교 관계의 문헌으로는 가장 오래된 것이다. (……) 유송(劉宋) 명제(明帝, 465-472 재위) 이전에, 이 책이 존재했다는 것은 분명하다." 鎌田茂雄 1978, 『中國佛敎史』(東京 : 岩波書店), pp.14-15.
4) 조선조의 억불정책에는 정치경제적 이유가 더 우선적으로 평가되어야 할 것이다. 그러나 배불론에서는 효문제가 반드시 언급되었다.

고 있다"5)고 말하기 때문이다.

　이렇게 불교에 대한 유교 측의 억압적 담론에 대한 불교 측의 대응도
꾸준히 모색되어 왔다. 그것들은『부모은중경』과 같은 위경(僞経)의 제
작,「목련변문(目連変文)」과 같은 변문의 제작과 속강(俗講)의 시행, 또
나카무라 하지메(中村元)가 주장하는 것처럼 역경 시에 행해진 "효제부
모(孝諸父母)" 등의 문구 삽입6)이라든가, 호교론적 저술의 발표 등 다양
한 형태로 나타난다. 그러니까 이러한 대응의 저변에는 "우리 불교에도
효가 있다"는 논리가 흐르고 있다고 봐야 할 것이다. 이 점은 일본의
에도시대에도 마찬가지였다. "불교에서도 세속윤리가 성립할 수 있다"7)
고 하는 등 크게 보아서 중국이나 한국(조선)의 사정과 다르지 않다.

2. 불교와 가족윤리의 효

　실제 불교 경전 속에서 효라고 할 만한 윤리덕목들이 설해지는 경우
가 적지 않음은 사실이다.8) 그 중에서 가장 대표적으로 말해지는 경전
이『선생경(善生経)』이다.

　선생아! 사람의 자식 된 자는 마땅히 다섯 가지 일로 부모를 공경하
고 따라야 하느니라. 어떤 것이 다섯 가지인가? 첫째는 공양하여 받
들어 모심에 부족함이 없어야 하는 것이다. 둘째는 할 일이 있으면 먼

---

5)　末木文美士 1997,『日本佛教史』(東京 : 新潮社), p.252.
6)　中村元의 조사라고 한다. 장춘석 2000,「인도불교의 효 양상」,『불교학연구』창간
　　호(서울 : 불교학연구회). pp.319-320. 각주 14) 재인용.
7)　末木文美士 1997,『日本佛教史』(東京 : 新潮社), p.253.
8)　이에 대한 자세한 정리는 홍윤식 1998,「불교의 효관」,『한국사상사학』제10호(서
　　울 : 서문문화사), pp.167-176. 참조. 신성현 2000,「불교경전에 나타난 효」,『부처님
　　이 들려주는 효 이야기』(서울 : 조계종출판사), pp.101-125. 참조.

저 부모에게 알려야 하는 것이다. 셋째는 부모가 하는 일에 순종하여 거스르지 말아야 하는 것이다. 넷째는 부모의 바른 말씀을 감히 어기지 않는 것이다. 다섯째는 부모가 하는 바른 직업을 끊어지지 않게 하는 것이다. 선생아, 대저 남의 자식이 된 자는 마땅히 이러한 다섯 가지 일로서 부모에게 공경하고 수순(隨順)해야 한다.[9]

이러한 내용들을 살펴볼 때, 유교 측에서 일방적으로 행해진 비판 즉 "불교에는 효가 없다"는 주장이 터무니없음을 알게 된다. 유교 측의 논리에 대응하는 호교론으로서 일정한 의미가 인정된다는 말이다. 그런 점에서 나는 그러한 입장의 연구 성과를 존중한다. 그렇지만 효를 말한다면 일차적으로 중국-유교 측의 효를 떠올리지 않을 수 없는 상황에서 중국-유교의 효 개념과 그 의미맥락에 대한 고려 없이 행해지는 논의만으로는 정녕 불교에 효가 있었다면 어떤 효가 있었고, 어떤 효는 없었는지를 밝혀주지는 못한다고 본다. 따라서 나는 기존의 연구가 밝힌 불교경전에서 확인되는 부모에 대한 자식 된 도리로서의 효를 '가족윤리의 효'라고 정의하고, '가족윤리의 효'는 불교에도 있음을 인정한다.

그렇다고 해서 가족윤리의 효 안에서도 중국-유교의 그것과 인도-불교의 그것에 아무런 차이가 없다고 볼 수는 없다. 즉, 인도-불교의 효에는 아래에서 인용할 『불설부모은난보경(仏説父母恩難報経)』에서 보는 것과 같은 출세간주의/출가주의가 '가족윤리의 효'의 저변에 깔려 있다는 점을 간과할 수는 없다.

이러한 아들도 오히려 부모의 은혜를 갚는 데 부족함이 있다. 만약 부모가 믿음이 없으면 가르쳐서 믿게 하여 안온(安穩)함을 얻도록 해야

---

9)   대정장 1, p.71c.

하고, 계율이 없으면 계율을 주고 가르쳐서 안온함을 얻도록 해야 하며, 법문을 듣지 않으면 듣게 하여 가르쳐서 안온함을 얻도록 해야 하고, 아끼고 탐하면 기꺼이 보시하게 하여 즐거움을 권하고 가르쳐서 안온함을 얻도록 해야 하며, 지혜가 없으면 가르쳐서 지혜가 날카롭게 하며 즐거움을 권하고 가르쳐서 안온함을 얻도록 해야 한다.[10]

여기서 '이러한 아들'은 "오른쪽 어깨에 아버지를 올려서 지고, 왼쪽 어깨에 어머니를 올려서 지고 천년을 지내는"[11] 효자를 말한다. 그렇지만 그것만으로는 "부족하다"고 말하는 것이 인도-불교에서 말하는 '가족윤리의 효'이다. 이러한 특성은 중국-유교의 효에서는 찾아보기 어려운 특성이라 아니할 수 없다.

그런데 나는 이러한 차이를 인식하면서도 그 이상의 동질성을 보고자 한다. 부모에 대한 효를 강조하고 있다는 점에서 동질적이기 때문이다. 그 대신 여기서 의도하는 것은, 이제 불교의 효가 문제되는 시-공의 상황, 즉 컨텍스트를 감안해 가면서 논의할 필요가 있다는 것이다. 우선 불교에서의 효 존재 여부가 문제되었던 컨텍스트인 중국-유교의 효가 어떠한 의미맥락을 갖는지 추적함으로써 인도-불교의 효가 갖는 함의(含意)와는 어떻게 다른지 밝히고자 한다. 그런 뒤 애당초 불교가 출현케 된 컨텍스트인 인도-힌두교의 효는 어떠하였는지를 살펴보아야 한다. 그럼으로써 효라고 하는 지배이데올로기로 동아시아 사회의 불교를 억압했던 담론과 그러한 담론을 불교적으로 수용하여 내면화한 불교의 효 담론을 모두 해체코자 하는 것이다.

---

10) 대정장 16, p.779a.
11) 대정장 16, p.779a.

Ⅱ. 중국-유교적 컨텍스트와 효

효란 무엇인가? 어떤 함의(含意)를 갖는 것인가? 물론, 상식적으로 우리는 모두 다 효를 이해하고 있다. 어렸을 때부터 효를 교육받아 왔기 때문이다. 그러나 비록 부모에 대한 경순(敬順)과 봉양(奉養)이 보편적으로 강조되고 있다 하더라도, 중국-유교라는 컨텍스트가 끼친 영향을 배제하고서는 효를 올바로 이해할 수 없을 것이다. 불교의 효 문제를 논의하면서 우리가 중국-유교의 효가 무엇인지를 먼저 묻는 까닭이다. 중국-유교에서 말하는 효는 무엇인가? 과연 그러한 의미의 효가 인도불교에서도 설해지고 있었던 것일까?『논어』(1:6, 1:11, 2:5-8, 2:20-21, 4:18-21, 13:18)를 살펴볼 때, 대개 효를 가족윤리로서 설하고 있음을 알 수 있게 된다.

> 선생님께서 말씀하셨다 : "제자가 들어가서는 효를 하고 나와서는 공손하여 (……)"[12]
>
> 선생님께서 말씀하셨다 : "아버지가 살아계실 때는 그(자식의) 뜻을 살피고 아버지가 돌아가셨을 때는 그(자식의) 행동을 살펴서, 3년 동안 아버지의 도(道)를 고치지 않는다면 가히 효라 할 수 있으리라."[13]

효를 이렇게만 말한다면, "인도불교에서도 효가 있었다"고 할 수 있을 것이다. 앞서 언급한 바와 같이, 『선생경』을 비롯한 여러 경전에서 부모에 대한 자식의 도리와 보은행(報恩行)이 강조되고 있기 때문이다. 그

---

12) 『논어』1 : 6. 성백효 1992,『논어집주』(서울 : 전통문화연구회), p.22.
13) 『논어』1 : 11. 성백효 1992,『논어집주』(서울 : 전통문화연구회), pp.26-27.

러나 중국-유교적 컨텍스트를 감안해 본다면 그렇게만 말해질 수 없음을 주의해야 한다. 우선 효의 함의가 그렇게 단순하지 않아서 중국-유교의 효와 인도-불교의 효가 서로 다르기 때문이고, 또 다른 하나는 그러한 효가 양 사상 체계 안에서 차지하는 위상이 서로 다르기 때문이다. 먼저, 중국-유교의 효가 갖는 세 가지 함의를 정리해 본다.

첫째, 효는 충과 밀접하게 관련되어 있다는 점이 주목되어야 하리라 본다. 삼강오륜(三綱五倫)의 경우에서 쉽게 확인할 수 있거니와, "효로써 임금을 섬기면 충이 된다."[14]라거나 "군자가 부모를 섬기는 효를 다하니 충이 가히 임금에게 옮겨간다."[15]라고 『효경』은 말하고 있다. 『효경』의 종지(宗旨)를 분석하면서 효가 충과 어떻게 연결되고 있는지를 이성규(李成珪)는 이렇게 말하고 있다.

> 『효경』은 사실 『충경』이라고 해도 좋을 정도로 충을 위한 효, 충을 통한 효의 완성, 부명(父命)이 아닌 의(義)와 법(法)에 대한 복종, 부자관계의 군신관계화, 사친(事親)의 형식을 유지한 천하만민의 사군(事君) 강제, 법에 의한 불효의 엄벌 등을 지지한 입장이 강하여 (……).[16]

이를 통하여 중국-유교의 효는 가족윤리의 범위를 넘어 더 넓은 범위로 확충되고 있음을 알 수 있다. 그렇다면 인도-불교의 형편은 어떤가? 인도-불교에서도 효가 가족윤리의 한계를 뛰어넘어 충과 같은 국가윤리적 개념과 함께 설해졌을까? 인도불교 경전 안에서 우리는 부모에 대한 자식의 도리가 어떠해야 하는지를 찾아볼 수는 있지만, 그 어

---

14) 『효경』 사장(士章) 제5. 김덕균 2008, 『역주 고문효경』(서울 : 문사철), p.50.
15) 『효경』 광양명장(廣揚名章) 제14. 김덕균 2008, 『역주 고문효경』(서울 : 문사철), p.119.
16) 이성규 1998, 「한대 '효경' 보급과 그 이념」, 『한국사상사학』 제10호(서울 : 서문문화사), p.215.

디에서고 그러한 윤리덕목을 다시 충과 결합시켜 놓고 있음을 확인하지 못하였다. 나카무라 하지메에 의하면, 『정법염처경』과 같은 경전에서 네 가지 은혜를 이야기할 때조차 국왕의 은혜는 제외되었다 한다.[17]

둘째, 효는 바로 중국의 유교가 천하를 통치함에 있어서 그 지배이데올로기의 기능을 하였다. 당나라 현종(玄宗, 685-762)황제가 지은 『효경서(孝経序)』에는 "옛날에 명왕(明王)이 효로써 천하를 다스렸다."[18]라는 구절이 보인다. 그럴진대 효로써 천하를 통치하고, 효로써 천하의 질서를 유지하려는 그들의 입장에서 본다면 자못 불교는 장애물로 보였을 수도 있겠다. 왜 그토록 중국과 조선의 선비들이 불교 배척에 열을 올렸던 것인지를 알 수 있게 하는 대목이다. 그들이 생각하기에 그들과 같은 효를 말하지 않는 불교는 반체제(反体制)가 아닐 수 없었기 때문이다.

셋째, 효는 가족주의[19]와 연결된다. 이러한 특징은 사랑의 개념을 함께 고려해 볼 때 잘 드러나게 된다. 중국-유교에서 말하는 사랑의 개념은 맹자가 역설한 별애(別愛)이다. 맹자/유교의 별애설은 묵자/묵가의 겸애설(兼愛説)과 상반되는 것으로 평가받는데, 맹자는 이 겸애설의 타파를 자신의 사명으로 삼을 정도였다. 이제, 유교의 사랑 개념인 별애설을 알 수 있는 구절을 『묵자』에서 인용해 보면 다음과 같다.

---

17) 中村元 1978, 『原始佛教の生活倫理』(東京 : 春秋社), p.138. 그러니 「오종대은명심불망(五種大恩銘心不忘)」에서의 "각안기소 국왕지은(各安其所, 國王之恩)"은 후대의 일임을 알 수 있겠다.
18) 劉奎勝 1999, 『孝経』(済南: 山東友誼出版社), p.31.
19) 사회과학에서 가족주의(familism) 개념은 "가족에 대한 애착이나 관심이 다른 의욕과 행동을 압도하고 행동의 주도권을 잡는 생활태도'를 의미하며, 사회성원의 주 관심이 가족의 번영에 있기 때문에 한편으로는 개인주의와 다르며 한편으로는 민족주의나 국가주의와 대조를 이루기도 한다"(박광준 2018, 『조선왕조의 빈곤정책』(서울 : 도서출판 문사철), p.450)고 말한다. 유사한 개념으로는 가족부양우선주의, 가족책임주의 등이 있다.(박광준 2018, 『조선왕조의 빈곤정책』(서울 : 도서출판 문사철), p.450) 힌두 다르마에서 '가주기'를 건너뛸 수 없다고 강조하는 배경에는 이러한 가족주의의 의식이 놓여있었던 것으로 보아서 틀림없을 것이다.

(유교를 신봉하는 - 인용자) 무마자(巫馬子)가 묵자에게 말했다 : 나는 선생님과는 견해가 달라 겸애를 실천할 수 없습니다. 멀리 떨어진 월(越)나라 사람보다 이웃한 추(鄒)나라 사람을 더 사랑하며, 추나라 사람보다 우리 노나라 사람을 더 사랑하고, 노나라 사람보다 내 고향 사람을 더 사랑하고, 고향사람보다 우리 집안사람을 더 사랑하고, 집안 사람보다 부모를 더 사랑하고, 부모보다 내 자신을 더 사랑합니다. 모두 나와 더 가깝기 때문입니다.[20]

무마자의 이러한 입장이야말로 별애의 기본구조를 여실히 드러내는 것으로 평가된다. 이러한 별애설과 처음부터 타인의 부모님과 우리 부모님을 평등하게 잘 모시자는 묵자/묵가의 겸애설을 함께 생각해 보면, 맹자/유교의 별애설이 인간 심리의 기본적 성향에 더욱 잘 부합하는 것임을 알 수 있다. 유교가 동아시아의 지배이데올로기가 될 수 있었던 배경에는 이렇게 인간의 성향을 거스르지 않는 윤리규범을 제시하였음에도 한 이유가 있었을 것이다. 마찬가지 맥락에서 묵가의 집단이 종교적 교단으로 평가받는 데에는 이러한 고원한 이상을 추구하고 현실화하려고 했던 태도 역시 한 이유가 되었던 것은 아닐까 싶다.

그렇다면 불교의 사랑 개념인 자비는 어느 쪽에 더 가까울까? 불교 윤리의 핵심인 자비는 결코 자타의 선후와 원근, 그리고 경중을 차별하는 윤리일 수는 없다. 동체대비(同體大悲)는 자타가 둘이 아닌 연기(緣起)와 무자성공(無自性空)에 입각해 있는 허깨비와 같은 비지(悲智)에 다름 아니기 때문이다. 묵자/묵가가 공리주의적/실용주의적 사회상황에서 우러난 겸애를 말하고, 불교의 자비가 모든 존재의 차별성을 넘어서 있는 평등한 불성과 연기에 입각해 있다는 점에서, 불교의 동체대비와 묵

---

20) 『묵자』 경주(耕柱) 46. 신동준 2018, 『묵자』(서울 : 교보문고), p.252.

자/묵가의 겸애설이 합치하는 것은 아니다. 그러나 그렇다고 해서 맹자/유교의 별애설의 입장에서 볼 때 불교 역시 묵자/묵가와 다르게 보인 것은 아니었다. 불교 역시 "아비가 없는 것이다."[21]라고 비판되었던 묵자/묵가와 동질의 것으로 보였던 것이다.

가족윤리의 효 이외에 이러한 세 가지 함의를 더 갖추고 있는 중국-유교의 효를 인도-불교는 과연 말하고 있는가? 그렇지 않다.

다음 개념적 측면만이 아니라 그 사상체계 내에서 차지하는 위상에 있어서도 중국-유교와 인도-불교의 경우는 서로 다르다. 「중각고문효경서(重刻古文孝経序)」에서는 중국-유교의 효가 갖는 위상은 "선왕의 도는 효보다 더 큰 것이 없고 공자의 가르침은 효보다 더 앞서는 것이 없다."[22] 라는 글로써 간명하게 제시된다. 물론, 이 구절은 『효경』의 서문에 나오는 말임을 감안해서 이해해야 한다. 이 문장에서 효 대신에 인(仁)이나 예(禮)를 대입해야 한다고 주장하는 견해도 충분히 있을 수 있기 때문이다. 그러나 분명한 것은 적어도 효는 인이나 예와 같은 유교적 가치들과 서로 대등하게 자리매김할 수 있다는 점이다. 그러나 불교에서의 효는 그렇지 않다. 인도불교 경전 속의 효에 관한 말씀이 갖는 불교 내적인 위상이, 깨달음보다, 연기보다, 무아(無我)보다, 사성제(四聖諦)보다, 공(空)보다, 선(禅)보다 …… 효가 더 크고, 더 앞선다고 말할 수 있겠는가? 그렇게 말할 수 없음은 너무나 당연하다.

이렇게 볼 때, "불교에는 효가 없다"는 비판에 아무런 한정없이 조건반사적으로 "아니다. 우리 불교에도 효가 있다"고 응대하는 것이 꼭 적확(的確)하고 적절한 응대일 수 없음을 알 수 있는 것이다. 그러한 호교

---

21) 『맹자』 등문공(藤文公) 하. 성백효 1994, 『맹자집주』(서울 : 전통문화연구회), p.187.
22) 劉奎勝 1999, 『효경』(濟南: 山東友誼出版社), p.60.

론(護教論)은 다만 타자에 대하여 자기를 무조건적으로 옹호하는 '거친(sthūla) 호교론[23]으로서 그다지 설득력을 얻지는 못하리라 본다. 뿐만 아니라, 그러한 방어적인 호교론으로는 동아시아 불교를 사상적으로나 정치적으로 끊임없이 억압해 왔던 유교측의 지배이데올로기였던 효 담론을 무너뜨릴 수 없다. 그러한 반론이 못 미치는 거리 밖에서 유교의 효 담론은 여전히 맹위를 떨치면서 억압해 오고, 그러한 지배적 담론을 동아시아의 불교도들 역시 내면화하여 호교론을 만들어냈던 것이 동아시아의 불교사였다고 해도 과언이 아닐 것이다.

Ⅲ. 인도-힌두교적 컨텍스트와 효

"과연 인도불교에 효가 있었던 것일까?" 라는 문제를 판명하는 데 중국-유교적 컨텍스트를 고려하는 것만으로는 한계가 있다. 불교 발생의 토양이 된 인도-힌두교적 컨텍스트까지 고려해야 하는 이유이다. 불교에서의 효를 이해하기 위해서 삼자(힌두교-불교-유교)의 중심에 놓인 불교가 인도에서는 힌두교, 중국에서는 유교와 각기 어떻게 관련하였는가 하는 점이 중요하리라 보기 때문이다.

1. 『마하바라타』에 나타난 가족윤리의 효

인도-힌두교적 컨텍스트 속에 있는 효는 어떤 것일까? 가족윤리의

---

23) "거친 호교론은 자기 종교/종파/사상의 주장을 옹호하려는 목적의식으로 인하여 합리적 논증마저 벗어버리는 감정적 호교론을 말한다." 김호성 2009,『불교해석학 연구』(서울 : 민족사), p.42.

효는 어느 사회 어느 문명권에 있어서나 보편성을 갖는 것으로 판단되지만, 인도-힌두교에 있어서도 그에 대한 강조는 결코 중국-유교에 미치지 못할 바는 아니라고 평가된다. 이제 여기서는 인도-힌두교에서의 효가 과연 어떤 성격의 효이며 어떤 위상을 갖는지를 살펴보고자 한다. 이를 위해 먼저 서사시 『마하바라타Mahābhārata』를 중심으로 인도-힌두교 내에서 볼 수 있는 몇가지 효도 이야기를 살펴보고자 한다. 그렇게 함으로써 중국-유교의 효와 인도-힌두교의 효를 대응시키는 이 글의 방법론[24]이 더욱 그 타당성을 확보할 수 있을 것이기 때문이다.

중국의 효도 이야기에는 허벅지 살을 베어서 부모님에게 봉양하는 사례가 어쩌면 그 백미가 아닐까 싶다. 그러한 효도 이야기의 백미를 인도-힌두교에서 찾아본다면 『마하바라타』[25]에 나오는 비쉬마(Bhīṣima)의 불혼(不婚)이야기를 들 수 있을 것으로 나는 생각한다.

비쉬마는 『마하바라타』의 주인공들, 즉 판두(Pandu)의 다섯 아들과 드리타라쉬트라(Dhṛtarāṣhtra)의 백 명의 아들로부터는 모두 큰 할아버지가 된다. 즉 문중에서 가장 항렬이 높은 어른이다. 이들 사촌간의 왕위계승을 둘러싼 전쟁을 소재로 하고 있는 서사시가 『마하바라타』이지만, 사실 그 배경에는 불혼이야기에서 볼 수 있는, 비쉬마의 지극한 효가 한 계기가 되었던 것으로 평가할 수 있다.

드리타라쉬트라와 판두의 아버지는 비치트라비르야(Vicitravīrya, 실제는 Vyasa)인데, 그 탄생에는 아버지 샨타누(Śāntanu)에 대한 비쉬마의 효가 놓여있다. 샨타누는 어느날 어부의 딸 사티야바티(Satyavatī)를 보고 사랑에 빠지게 된다. 사티야바티의 아버지인 어부를 만나서 청혼

---

24) 비교문화사 내지 비교윤리학의 방법론이라 말해서 좋을 것이다.
25) 『마하바라타』의 형성과 내용의 개요에 대해서는 이재숙 2001, 「인도 대서사시의 종교문학적 성격」, 『종교연구』 제22집(서울 : 한국종교학회), pp.151-158. 참조.

했으나, 어부는 거절한다. 사티야바티가 왕과 결혼하여 낳게 될 아들이 결코 비쉬마의 경쟁자가 될 수 없다는 사실 때문이었다. 그도 그럴 것이 이미 샨타누는 비쉬마가 자신의 후계자가 될 것이라 선언했던 것이다. 이러한 모든 사정을 안 비쉬마는 어부에게 그의 아버지 샨타누와 사티야바티 두 사람의 결혼을 허락한다면 "기꺼이 왕위를 포기하겠다"고 말한다. 그러나 어부는 다시 비쉬마의 자식들조차 왕위에 대한 요구를 하지 않는다면 샨타누의 청혼을 받아들이겠다고 말한다. 이에 대하여 비쉬마는 맹서하여 말한다.

> 오늘부터 계속해서 나는 절대적인 순결 속에서 살아갈 것이며, 천상에 있는 불멸의 세계는 아들 없는 존재의 몫이 되리라.[26]

아버지의 결혼을 위해서 왕위는 물론, 스스로 독신을 선택하여 그 결과로 자식까지도 포기하겠노라 다짐한 비쉬마의 효는 보통 사람이라면 결코 할 수 없는 일이었다. 이러한 효도로 인하여 샨타누는 사티야바티와 결혼하게 되고, 그 사이에 비치트라비리야를 낳게 되었다고 한다. 이 비치트라비리야의 손자들이 판두의 다섯 아들과 드리타라쉬트라의 100명의 아들이었던 것이다. 이를 도표화하면 다음과 같다.

---

26) J.J.Meyer 1989, *Sexual Life in Ancient India*(Delhi : Motilal Banarsidass), pp.195-196. 참조. W.Buck 2000, *Mahabharata*(Delhi : Motilal Banarsidass), p.21.에는 사트야바티의 아버지 어부의 존재가 등장하지 않는다. 그 대신 한눈에 반한 산타누가 사티야바티를 데려가서 결혼하고 말았다. 물론, 비쉬마의 맹서내용은 동일하다. 그러나 그 극적 긴장은 떨어진다. Buck 역본이 초역(抄譯)이기에 그런 일이 생긴 것 같다.

표 1 : 샨타누의 후손들

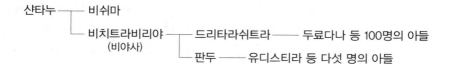

다음, 『마하바라타』에 의하면 인도−힌두교의 다르마(dharma)/효[27]가
아버지를 대상으로 한 것일 뿐만 아니라 어머니 역시 대상이 됨을 보여
준다. 그 실례는 판두의 다섯 왕자가 공동으로 드라우파디와 결혼하게
된 이야기[28] 속에 담겨져 있다. 판두의 다섯 왕자가 어머니 쿤티(Kunti)
와 함께 불타는 집을 떠나 여기저기 떠돌 때의 일이다. 그들은 판찰라
(Pañcala)왕국의 공주를 위한 스바얌바라(svayaṁvara)가 열린다는 소
식을 듣고, 거기에 참여하게 되었다. 스바얌바라는 전통적으로 크샤트
리야 계급을 위해서 베풀어지는 신랑간택의식이었다. 수많은 크샤트리
야들이 참가하였으나 강궁(强弓)을 들고 화살을 쏘아서 목표물을 명중
시킨 사람은 마침내 아르주나(Arjuna) 뿐이었다. 드라우파디(Draupadī)
로부터 "신랑감으로 선택한다"는 의미의 화환을 받은 아르주나 등 형제
들은 기쁨에 못 이겨 어머니에게 달려갔다. 어머니 쿤티는 드라우파디
가 화환을 주고서 손을 잡은 것이 아르주나 뿐임을 알지 못한 채 "다
같이 함께 즐기라"고 말하고 만다. 일처오부(一妻五夫)의 관계가 되는 것
이다. 그러한 결정에 대하여 당연히 신부인 드라우파디의 친정에서는
반대하였을 것이다. 드라우파디의 오빠 드리슈타듐나(Dhṛṣṭadhyumna)

---

27) 다르마는 '효'만으로 치환되는 것은 아니지만, 다르마 개념 안에는 효가 포섭되어
　　있다.
28) J.J.Meyer 1989, *Sexual Life in Ancient India*(Delhi : Motilal Banarsidass), pp.78-
　　87. ; pp.109-110. 참조.

는 말한다.

> 나는 그것(一妻多夫의 결혼 – 인용자)이 현실과 베다에 반하는 비법(非法, adharma) 이라고 생각합니다. 여러 남편에 한 아내, 그러한 일은 있을 수 없습니다. 고귀한 영혼을 가졌던 조상들도 이러한 관습은 갖지 않았으며, 우리도 관습과 법에 반하는 이러한 범죄를 결코 저질러서는 아니 되오.[29]

그러나 다섯 형제 중의 장남인 유디스티라는 "지상에서 가장 권위 있는 분은 자신들의 어머니이며"[30], 그래서 어머니의 말에 절대로 복종해야 한다는 입장을 굽히지 않았다. 이를 통해서 우리는 당시의 혼인제도의 다양성 내지 그 적법한 혼인에 대한 입장/해석의 차이를 짐작할 수 있겠으나, 이 글의 관심사는 그것이 아니다. 어머니에 대한 복종 때문에 아름다운 드라우파디에 대한 독점적 소유를 포기하는 아르주나의 다르마와 어머니 말씀은 받들어 행할 수밖에 없음을 말하는 다섯 형제의 다르마를 볼 수 있음을 주목코자 한다. 이 다르마에서 나는 인도-힌두교의 효를 보고자 한다.

형제공처(兄弟共妻)[31]의 혼인을 성립시킨 내면적 이유로서 드라우파디의 미모에 대한 다섯 형제 모두의 애끓는 사모의 념이나 "형제들의 다

---

29) J.J.Meyer 1989, *Sexual Life in Ancient India*(Delhi : Motilal Banarsidass), pp.109-110.
30) J.J.Meyer 1989, *Sexual Life in Ancient India*(Delhi : Motilal Banarsidass), p.110. ; 이재숙 2001, 「인도 대서사시의 종교문학적 성격」, 『종교연구』 제22집(서울 : 한국종교학회), p.167.
31) 중국의 경우에는 형이 죽으면 형수를 아내로 취하는 형태와 같은 전방제(轉房制)가 있기(김원중 1997, 『중국의 풍속』(서울 : 을유문화사), pp.139-140. 참조.)는 하나, 이는 형이 죽었을 경우의 일이고 형이 생존하고 있으면서 아내를 같이 공유한 경우는 아니다.

툼을 피하기 위해서"[32] 등으로 다른 분석들이 제시될 수 있다. 그러나 유디스티라의 말은 결코 외면적 명분 이상으로 이해되며, 어머니에 대한 그 시대 일반의 관념이 투영된 것으로 보는 데는 무리가 없는 것으로 생각된다.[33]

그렇다면 이러한 효도이야기를 낳게 된 인도-힌두교의 컨텍스트는 무엇이었을까? 절을 바꾸어 논의해 보자.

2. 효와 인도-힌두교적 가치관

중국-유교의 효에 보다 가까운 인도-힌두교의 개념은 다르마 안에서 찾아볼 수 있다. 다만 다르마에 다양한 의미[34]가 담겨 있으니, 효라는 윤리규범 역시 그 속에 담길 수는 있다. 그 외연의 크기로 보면 효와 다르마가 완전히 같은 것은 아니지만, 중국-유교의 효를 의식하며 인

---

32) 정승석 2001, 「인도의 가상현실과 종교적 전통」, 『종교연구』 제22집(서울 : 한국종교 학회), p.90.

33) 이러한 나의 입장에 대하여 심재관(沈載寬)은 "일처오부의 관계는 이미 아르주나의 어머니 쿤티와 신들이 맺은 관계에서 원형을 찾을 수 있다. 즉 신화적으로 해석해야 하지, 효도의 고사로 해석하는 것은 해석자의 지나친 해석이 아닌가" 라는 요지의 비평을 한 바 있다.(2000.11.4, 감신대, 한국종교학회) 물론, 이러한 일처오부의 고사는 『마하바라타』 속에 등장하는 이야기이다. 그리고 드라우파디를 정점으로 한 일처오부와 쿤티와 여러 신(1 : 3)의 관계가 구조적으로 동일함도 사실이다. 그러나 그렇게 구조적 방법으로만 이 이야기를 이해하게 된다면, 효는 보이지 않는다. 메마른 구조만 남는 것이다. 그런데 나는 구조를 보려는 것이 아니라 내용을 보려는 것이다. 『마하바라타』의 그러한 이야기 속에서 어머니에 대한 인도인들의 염(念)을 읽고자 한 것이며, 또한 『마하바라타』가 인도인들과 인도문화에 미친 영향을 고려할 때 충분히 그 속에서 인도-힌두교의 효를 읽을 수 있으리라 본 것이다.

34) 다르마는 동사 어근 √dhṛ(유지하다)에서 형성된 것으로 힌두 전통에서는 법규, 도리, 의무, 정의, 의식(儀式), 공덕, 자연의 법칙, 보편적 진리 등으로 번역된다.(이재숙 1999, 「마누법전의 다르마」, 『인도연구』 제4호(서울 : 한국인도학회), p.22.) 또 불교에 이르러서는 부처님의 가르침(法宝), 사물 존재(諸法無我), 요소(七十五法) 등의 의미를 더 띠게 되었다.

도-힌두교의 다르마가 갖는 함의를 정리해 보고자 한다.

인도-힌두교 전통에서 다르마는 인간이라면 추구해야 할 네 가지 목표(puruṣārtha), 즉 다르마(dharma, 제사), 까마(kāma, 愛), 아르타(artha, 利), 모크샤(mokṣa, 해탈)의 하나로서 설해진다. 네 가지 목표 중 전자의 셋은 세간적 가치이고, 후자의 모크샤만이 출세간적 가치이다. 인도인들은 자칫 상반하는 것으로, 양자택일적으로 받아들이기 쉬운 이들 가치를 조화롭게 추구하고자 하였다. 그 결과 고안된 것이 인간의 삶을 다시 네 주기(āśramadharma)로 나누는 것이다. 스승에게 나아가서 다르마를 배우는 범행기(梵行期, 학습기, brahmacarya), 가정생활을 하면서 자식을 낳고 가계를 경영하는 가주기(家住期, gṛhastha), 가정생활에서 물러나 숲으로 들어가서 수행생활을 하는 임서기(林棲期, 林住期, vanaprastha), 여기저기를 순례하면서 생을 정리하는 유행기(遊行期, 棄世期, saṁnyāsa)로 나뉘어진다. 이는 그가 재생족(再生族, dvija)[35]이라고 한다면, 누구도 어길 수 없는 삶의 규정이다. 이러한 인생목표와 생애주기[36]의 체제 안에서 볼 때 효는 다르마, 까마 그리고 아르타를 실행하는 것과 관련되는 세간적 가치라고 할 수 있다. 특히 가주기 동안에 실행해야 할 것으로 강조된다.

따라서 인도-힌두교 전통에서 효의 의미를 찾고자 할 때는 가주기의 다르마를 주목해야 한다. 그 가주기가 갖는 위상이 어떠한지 살펴보는 것만으로도 다르마의 위상을 이해할 수 있을 터인데, 『마누법전』은 다음과 같이 말하고 있다.

---

35) 사성계급 제도 중에서 상위의 세 계급을 말한다. 즉 마지막 수드라 계급은 재생족이 아니다.
36) 이 둘에 계급제도를 덧보태면 힌두 다르마(Hindu dharma)가 완성된다.

학습기, 가주기, 임주기, 기세기 이 네 가지의 각기 다른 인생기에서 가주기가 으뜸이다. (……) 베다 계시에도 이들 중에 가주기가 가장 뛰어나다고 하였으니, 그가 다른 셋의 의지가 되기 때문이다.[37]

가주기를 건너뛰면 안 된다. 임서기는 "가주기를 지내고 난 후, 바르게 자제하고 감각을 정복하여 숲에서 지내도록 한다."[38]고 규정되어 있기 때문이다. 물론, 이 규정에 대한 예외적 언급이 없는 것은 아니었다. 『자발라 우파니샤드』 4송에는 "만약 혹은 그렇지 않으면 범행기로부터 유행기로 나아가도 된다. 집[家住期]에서나 혹은 숲[林棲期]에서나 (바로 유행기로 나아가도 된다.)"[39]고 했다. 그러나 이러한 예외 규정이 정도(正道)는 아니었다. 『자발라 우파니샤드』에서 야갸발키야 역시 이러한 예외적 조항을 인정하기 바로 직전에 다음과 같은 원칙을 제시하고 있음을 보여주고 있기 때문이다.

> 범행기를 완벽하게 도달하고 나서 가주자(家住者)가 되어야 하고, 가주자가 되고 나서 임서자(林棲者)가 되어야 하고, 임서자가 되고 나서 유행기로 나아가야 한다.[40]

위에서 인용한 바 있는, 예외조항을 여는 말 "만약 혹은 그렇지 않으면(yadi va itarathā)"은 바로 이 구절에 이어지는 것이다. 그렇다면 왜 야갸발키야가 이러한 예외를 인정하였을까? 그것은 진정한 유행자의

---

37) 『마누법전』 VI. 87-89. : 이재숙·이광수 1999, 『마누법전』(서울 : 한길사), p.265. 문장은 인용자가 윤문하였다.
38) 『마누법전』 VI : 1 ; 이재숙·이광수 1999, 『마누법전』(서울 : 한길사), p.249.
39) S.Radhakrishnan 1968, *The Principal Upanishads*(London : George Allen & Unwin Ltd.), p.896.
40) S.Radhakrishnan 1968, *The Principal Upanishads*(London : George Allen & Unwin Ltd.), p.896.

조건이 "범행기 → 임서기 → 유행기를 순차적으로 밟았느냐 그렇지 않느냐"라고 하는 외형적/형식적 사실에서 판단할 것은 아니기 때문이다. "버리기를 행한 날 바로 그날 유행기에 들어가도 된다."[41]고 말하고 있음에서, 그의 진정한 의도는 '버림의 정신'을 강조하는 것으로 이해할 수 있을 것이다. 야갸발키야의 말 중에 전자와 후자, 즉 정규(定規)와 예외(例外) 중에서 예외가 더 우선시될 수 없음은 라다크리쉬난의 주석에 의하면 더욱 분명해 진다. 라다크리쉬난에 의하면, 『마하니르바나탄트라(Mahā-Nirvāṇa-Tantra)』 Ⅷ.18에서는 다음과 같이 말하고 있다 한다.

어머니들, 아버지들, 아이들, 부인들, 인척들, 친척들,
이들을 버리고서 유행기에 든 자, 그는 중죄를 범한 자가 될 것이다.[42]

이를 통해서 보면, 가주기를 거치지 않고 유행기로 들어갈 수도 있다는 야갸발키야의 언급은 실제로 비노바 바베(Vinoba Bhave, 1895-1982)[43]와 같은 예에서 보듯이 볼 수는 있으나, 아주 예외적이라 해야 할 것이다. 그런 점에서 여전히 힌두전통은 강고한 아쉬라마 체제를 지키고 있었던 것으로 보아야 할 것이다.

이렇게 인도-힌두교의 효 개념을 다르마와 연결시켜서 인생목표와 생애주기 시스템 속에서 이해하게 될 때 부각되는 것이 인도-불교의

---

41) S.Radhakrishnan 1968, *The Principal Upanishads*(London : George Allen & Unwin Ltd.), p.896.
42) S.Radhakrishnan 1968, *The Principal Upanishads*(London : George Allen & Unwin Ltd.), p.897. 재인용.
43) 간디의 제자이자 사상적 후계자인 비노바 바베는 10세의 나이에 평생 브라마차리야(독신수행자)가 되기로 결심하고 20세에 집을 떠났으므로 가주기를 거친 것으로 볼 수는 없다. 비노바에 대한 자세한 이력과 사상은 칼린디 2000. 참조.

출가(出家, pabbajjā)문제이다. 비록 선행 연구자들이 보여준 바와 같이, 인도-불교의 경전이 가족윤리의 효를 언급하고 있다 하더라도, 여전히 인도-불교의 출가는 문제가 된다.[44] 부왕 정반왕이 싯다르타의 출가를 그토록 반대[45]한 이유도 이해할 수 있겠다. 싯다르타 태자의 출가는 가 주기를 지난 뒤 노년에 이르러 행해지는 힌두 전통의 출가가 아니었기 때문이다. 가주기를 행하지 않고서 출가를 앞당겨서 실천하였던 것이 다. 따라서 가주기에 행해야 할 여러 가지 다르마 역시 준수/실행하지 않은 것이 된다.

싯다르타의 출가는 그 자체로서 이미 불교의 독립이 이루어졌음을 의 미함과 동시에 인도문화사에 있어서 패러다임의 전환이 이루어진 것으 로 나는 본다. 불교가 힌두교 밖에서 독립적인 종교로서 성립가능했던 것은 바로 붓다의 출가가 힌두 다르마-힌두교의 출가시스템-를 따르 지 않았다는 점[46]에서 찾을 수 있다. 그러나 힌두 전통의 입장에서 본 다면, 이는 다르마의 파괴로 비쳐질 수밖에 없다. 이렇게 인도-힌두교 적 맥락 속에서 행해진 붓다의 출가가 인도-힌두교의 다르마를 어기고 서 이루어졌다는 사실은 중국-유교에서 불교를 비판한 것과 같은 맥 락에서 인도-힌두교 역시 불교를 비판할 수 있었음을 짐작케 한다. 인 도-불교와 비교해 보았을 때 중국-유교의 효와 인도-힌두교의 다르마

---

44) 그런 만큼 중국-유교의 입장에서 불교를 볼 때, 비록 가족윤리의 효를 설하는 경 전을 소개하거나 위경(僞經)을 만드는 일 등만으로 중국-불교의 효문제가 완전히 해소되었다고 볼 수 없었으리라는 점은 이해할 수 있다.

45) 『붓다차리타 Buddhacarita』 9-11장에서 다루어지고 있다. 이러한 붓다의 출가가 갖는 정치·사회학적 함의에 대해서는 김호성 2009, 『힌두교와 불교』(서울 : 여래), pp.23-31. 참조.

46) 현재에도 인도-힌두교의 입장에서 가능하면 불교를 힌두교 안으로 포용하면서 불 교의 독자적 정체성을 부인하려는 포용주의적 태도를 취하는 경우가 많은데, 불교 와 힌두교의 차이 내지 분리는 그 교리적·철학적 측면에서 보다, 이렇게 힌두 다르 마의 준수 여부를 기준으로 할 때 더욱 분명해 질 것이다.

는 공히 재가주의적/세간주의적 성격이 강함을 알 수 있다.

나는 힌두교 윤리와 유교 윤리의 동질성의 하나로서 현실주의를 지적한 바 있는데[47], 그러한 특징은 다시 여기서 살펴본 바와 같은 재가주의적 특성을 통해서 더욱 강화되었음을 알 수 있다. 물론 인도-힌두교의 재가주의와 중국-유교의 재가주의는 서로 다른 차원에 놓여있음이 사실이다. 중국-유교의 경우와는 달리 인도-힌두교의 재가주의는 출가주의를 그 저변에 깔고 있는 재가주의이다. 그런 점에서 인도-불교의 출가주의[48]의 입장과 중국-유교의 재가주의는 가장 대척적인 위상을 점한다. 그러나 인도불교의 출가주의를 대상으로 놓고 볼 때에는 인도-힌두교의 재가주의는 중국-유교의 재가주의와 동궤(同軌)에 놓을 수 있는 것이다.

3. 효의 인도-힌두교 내적 위상

다음으로 생각해 보아야 할 것은, 인도-힌두교 전통 안에서 가족윤리의 다르마가 차지하는 위상이 얼마나 절대적인가 하는 점이다. 중국-유교 전통에서는 효를 기반으로 한 질서체계가 천하를 다스리는 데

---

47) 김호성 2000, 「바가바드기타의 윤리적 입장에 대한 비판적 고찰」, 『종교연구』 제19집(서울 : 한국종교학회), p.98. 참조.

48) 과연 불교를 출가주의로 볼 수 있는가? 나는 인도-불교는 출가주의로부터 시작했다고 본다. 그리고 현재 한국-불교 역시 기본적으로 출가주의가 그 주류를 형성하고 있는 것으로 판단한다. 그리고 앞으로도 그러한 기본적 성격은 쉽게 변하지 않을 것으로 전망해 왔는데, 한국불교의 경우 최근에 이르러 출가자의 감소라고 하는 이른바 '저출가(低出家)' 현상이 심화되고 있다. 이 저출가 현상이 앞으로의 불교를 어떻게 바꾸게 될지 쉽게 전망하기 어렵다. 한편, 대승불교의 공(空)·입불이법문(入不二法門) 사상에 이르러 비로소 출가주의가 '이념적으로'나마 극복되었다. 출가와 재가, 출가주의와 재가주의에 대해서는 김호성 2011, 「효, 출가, 그리고 재가의 딜레마」, 『불교학연구』 제30호(서울 : 불교학연구회), pp.499-535. ; 김호성 2020, 『정토불교성립론』(서울 : 조계종출판사), pp.94-135. 참조.

까지 확장되고 있었음은 앞서 살펴본 바 있다. 과연, 인도-힌두교 역시 그와 같았을까? 나는 이 문제에 대한 해답의 실마리를 힌두교의 성전 『바가바드기타』에서 제시된 아르주나의 회의와 그에 대한 크리쉬나의 응답 속에서 찾아볼 수 있을 것으로 판단한다. 이미 아르주나의 회의가 갖는 의미와 크리쉬나의 응답 속에 나타난 윤리적 입장에 대한 비판적 고찰[49]을 시도한 바 있다. 그러나 그들의 회의와 응답의 논리를 효문제라고 하는 맥락에서 조명하는 것 역시 가능할 것으로 생각된다. 효는 부자관계의 일이 제일의(第一義)적이긴 하지만, 그것이 갖는 위상을 파악하기 위해서 그 범위를 '가족의 법도(kuladharma)' 전체에로 확대하여 살펴보려는 것이다.

주지하다시피, 『바가바드기타』(실은 『마하바라타』[50])에서의 전쟁은 왕위 계승을 둘러싼 사촌들 사이의 싸움이지만, 그 내용을 들여다 보면 할아버지와 손자, 처남과 매부, 삼촌과 조카, 스승과 제자[51] 등 도저히 피아(彼我)로 분열될 수 없는 관계의 사람들이 적군과 아군으로 갈라져서 죽이고 죽어야 하는 처참한 반인륜적/반윤리적 상황임을 절감하게 된다. 그러니 아르주나가 "전쟁에서 친족을 죽이고서 나는 어떤 좋은 일

---

49) 김호성 2000, 「바가바드기타의 윤리적 입장에 대한 비판적 고찰」, 『종교연구』 제 19집(서울 : 한국종교학회), pp.83-103. 참조.

50) 『바가바드기타』는 『마하바라타』 제6권의 일부인데, 이를 따로 독립시켜서 읽어왔다. 그때 이름이 『바가바드기타』이다.

51) 인도에서 스승과 제자의 관계는 『타이티리야 우파니샤드』 I.11.2. 속에서 엿볼 수 있다. "어머니를 신으로 여기고, 아버지를 신으로 여기며, 스승을 신으로 여기고, 손님을 신으로 여겨라. 허물이 없는 행위들이라면 무엇이든지 받들어져야 하며, 다른 것들은 아니된다."(S.Radhakrishnan 1968, *The Principal Upanishads*(London : George Allen & Unwin Ltd.), p.538.) 스승은 부모와 마찬가지이며, 신과 마찬가지인 존재이다. 그런 까닭에 스승과 제자는 부자지간과 마찬가지다. 이렇게 사부일체(師父一體)를 말한다는 점에서 중국-유교적 가치와 인도-힌두교적 가치가 다르지 않음을 알 수 있다.

제1부 인도의 출가정신 43

도 발견할 수 없다."[52]라고 말하면서 그의 활을 던지고 주저앉아 울부짖는 것은 당연하다 하겠다. 그런 상황 속에서 굳이 전쟁을 한다면 그 것은 결국 '가족의 법도'가 소멸하는 일이 아닐 수 없으리라.

> 가족이 멸망하는 곳에서는
> 영원한 가족의 법도들이 소멸하게 되며
> 법도가 소멸하게 되면
> 온 가족이 비법에 휩싸이게 됩니다.[53]

또 가족의 법도가 소멸하게 되면 가문의 여인이 타락하여 종성(種姓)의 혼란을 초래할 것이며[1:41], 그 결과 조상들 역시 지옥에 떨어지리라는 것을 이렇게 말한다.

> 난잡함이 일족을 살해하는 자들과 그 일족을
> 지옥으로 떨어지게 합니다.
> 왜냐하면 이러한 조상들은
> 조령(祖靈)에 대한 공물과 성수(聖水)를 공양하는 의식들을 받지 못하기 때문입니다.[54]

조상들은 그들의 후손/아들이 올려주는 제례에 의해서 조도(祖道, piṭryāna)에서 벗어나 신도(神道, devayāna)에 이를 수 있는 것이다. 요

---

52) 『바가바드기타』 1 : 31. 이 책에서 BG 원문의 인용은 기본적으로 Bhāskara 사본에 의지하고 있는 Robert.N.Minor 1982, *Bhagavadgītā : An Exegetical Commentary*(New Delhi : Heritage Publishers)와 그 구두점 방식을 따르면서, 유포본(대표적으로 S.Radhakrishnan 1976)을 대조한다.

53) 『바가바드기타』 1 : 40. Robert N Minor 1982, *Bhagavadgītā : An Exegetical Commentary*(New Delhi : Heritage Publishers), p.21.

54) 『바가바드기타』 1 : 42. Robert N Minor 1982, *Bhagavadgītā : An Exegetical Commentary*(New Delhi : Heritage Publishers), pp.23-24.

컨대, 여기서 아르주나가 하는 회의의 이유는 그 배경에 가족의 법도가 놓여있다. 가족의 법도를 온전히 지키기 위해서는 동족상잔을 피해야 한다는 입장이다. 여기서 말하는 가족의 법도 속에서 우리는 인도-힌두교의 효를 확인할 수 있을 것으로 판단한다.

그런데 아르주나가 가졌던 회의의 이유가 가족의 의무였다면, 아르주나의 회의를 불식시키고자 시도하는 크리쉬나는 참전의 명분(名分) 중 하나로 계급의 의무(svadharma)를 내세운다. 크리쉬나의 말을 들어보자.

> 또한 자기 계급의 의무를 고려하고 나서는
> 흔들릴 수 없을 것이다.
> 정의의 전쟁보다도
> 더 뛰어난 다른 것이 크샤트리야에게는 있지 않기 때문이다.[55]

> 그러나 만약 그대가
> 이러한 정의의 전쟁을 하지 않는다면
> 그때에는 자기 계급의 의무와 명예를 저버리고서
> 악을 취하게 될 것이다.[56]

여기서 다르마 개념은 보다 특수하게 자기계급의 의무로 한정된다. 즉 자신이 속한 계급의 의무를 말한다. 크샤트리야 계급의 다르마/의무는 전쟁에 종사하는 것 아닌가.[57] 그러므로 그대는 그러한 의무를 준수

---

55) 『바가바드기타』 2 : 31. Robert N Minor 1982, *Bhagavadgītā : An Exegetical Commentary*(New Delhi : Heritage Publishers), p.52.
56) 『바가바드기타』 2 : 33. Robert N Minor 1982, *Bhagavadgītā : An Exegetical Commentary*(New Delhi : Heritage Publishers), p.54.
57) "(왕의) 다르마(의무)는 정복이니, 그는 도전에 대해 등을 돌려서는 안된다."(『마누법전』, 10 : 119, 이재숙·이광수 1999, 『마누법전』(서울 : 한길사), p.442.) "크샤트리야는 이 다르마에 의거하여 전쟁에서 적을 죽이는 일을 기피해서는 안 된다."『마누법전』 7

하라는 논리이다. 물론, 이러한 논리만으로 아르주나가 설득당한 것으로 볼 수는 없다. 뒤이어 또 다른 각도에서 설득이 계속되기 때문이다.

그럼에도 불구하고 나는 '아르주나의 회의 vs 크리쉬나의 응답'이라는 대립에서 '가족적 의무 vs 계급적 의무'의 구조를 읽어내고자 한다. 전자를 인도-힌두교 전통의 효라고 할 수 있다면, 후자는 인도-힌두교 전통에서 효보다 앞서고 그것을 뛰어넘는 지배이데올로기로서 카스트 체제가 놓여있음을 보여준다. 앞서 인도-힌두교의 효를 인생의 목표와 인생의 주기와 관련하여 논의한 바 있으나, 그것과 함께 생각하면 인도-힌두교의 효를 포함하는 다르마 개념 역시 인도-힌두교 사회에서는, 그것이 지배이데올로기로 작용하고 있음을 확인할 수 있겠다. 그러나 동일하게 사회체제와 연관된 지배이데올로기라고 하더라도 가족적 의무보다 계급적 의무가 우선이라는 점에서 "효보다 더 큰 것이 없다"라거나 "효보다 앞서는 것이 없다"라고 말할 수는 없는 것이다. 이 점에서 중국-유교의 효가 갖는 위상과 인도-힌두교의 효가 갖는 위상에 차이가 있음을 확인하게 된다.

4. 효와 가부장제적 특성

다음으로 우리가 주목해야 할 것은 효를 포함하고 있는 인도-힌두교 전통의 다르마 개념에서도 가부장제[58]적 종법(宗法)질서를 확인할 수 있는 것 아닌가 하는 점이다. 가부장제적 종법질서라는 개념 역시 중국-유교의 대표적 개념인데 인도-힌두교 역시 그 성격을 같이하는 것

: 98, 이재숙·이광수 1999, 『마누법전』(서울 : 한길사), p.282.
58) 이 글에서 논의하는 가주기, 가부장제, 가족주의(가족중심주의)와 같은 개념들은 서로 깊이 연관되어 있는 개념들이다.

으로 본다. 이에 대해서 나는 이미 『바가바드기타』를 중심으로 가족주의 문화, 여성에 대한 차별적 태도, 조상들에 대한 봉제사(奉祭祀)의 강조, 계급질서의 유지 등 인도─힌두교에서 가부장제를 구성하는 여러 내포(內包)들을 확인할 수 있었다.[59] 이제 다시 본고의 맥락에서 살펴볼 때, 인도─힌두교의 다르마 개념 속에서 보이는 가부장제적 특성으로서 특히 중요한 것은 가문의 계승의식과 조상에 대한 봉제사이다.

우선 가문의 계승의식을 확인해 보자. 『브리하드아란야카 우파니샤드』I.5.16.에서는 "인계(人界)는 다른 행위/제례에 의해서가 아니라 아들에 의해서만 얻어진다."[60]고도 말한다. 또 『타이티리야 우파니샤드』 I.11.1에서는 베다를 가르친 스승이 가주기에 들어가는 제자에게 주는 생활상의 지침(anuśāsanā)이 설해져 있다. 그 중에 "자손을 단절하지 말라"[61]고 말라는 덕목이 제시되어 있다. 이러한 가문의 계승의식이 강조될 때 남아선호(男児選好)[62] 사상이 싹틈은 불문가지(不問可知)의 일일 것이다.

이러한 가문의 계승의식과 남아선호 사상은 바로 조상에 대한 봉제사[63]를 해야 하기 때문이다. 인도의 종교에서는 아들만이 돌아가신 조

---

59) 김호성 2000, 「바가바드기타의 윤리적 입장에 대한 비판적 고찰」, 『종교연구』 제19집(서울 : 한국종교학회), p.88.
60) 『브리하드아란야카 우파니샤드』 1.5.16. ; S.Radhakrishnan 1968, *The Principal Upanishads*(London : George Allen & Unwin Ltd.), p.178.
61) 『타이티리야 우파니샤드』 I.11.1. ; S.Radhakrishnan 1968, *The Principal Upanishads*(London : George Allen & Unwin Ltd.), p.537.
62) 오늘날 인도에서 빈번하게 일어나고 있다고 보도되는 여성에 대한 성적 폭력에 대해서, 그 이면에 이러한 남아선호가 불러온 성비(性比)의 불균형이 가로놓여 있다는 분석도 없지는 않다.
63) 『마누법전』 제3장에서 설하는 '가주기의 다르마' 항목에서 설하는 조상에 대한 봉제사 관련 구절은 매우 다양하다. 그 소제목만 들어본다 : 조상에 대한 제사, 조상의 제사, 조상제사에서 배제되는 자, 조상제사의 식순, 조상의 내력, 조상제사의 중요성, 조상제사의 장소와 절차, 조상제사의 음식, 조상에게 소원함과 그 결과, 조상

상들을 위해 희생제를 거행할 수 있었으며, 희생제를 지내야만 저승에 있는 조상들이 구원을 받을 수 있다고 믿었다. 그래서 아들은 지옥에 떨어져 있거나 유령들 속에 있는 조상들을 구해내서 천상의 세계로 인도해야 할 의무가 있었다.[64] 그럼에도 불구하고, 아들을 낳지 못한다면(=가문이 계승되지 않는다면) "동굴 속에서 박쥐처럼 머리를 거꾸로 한 채"[65] 도현(倒懸)의 고통을 맛보아야 한다고 말해진다. 그들을 구할 수 있는 유일한 방법은 아들을 통해서이다. 다른 방법이 없다. 스스로의 능력으로는 아들을 생산해내지 못할 저주에 갇힌 판두왕은 그의 부인 쿤티에게 다음과 같이 말한다.

실로 자식은 세상에서 법에 부합한 채로 머물 수 있는 장소이다. 나는 희생제를 올렸으며, 자선을 행하였으며, 금욕을 행하였으며, 고행의 맹서를 철저히 지켰다. 그러나 이 모든 선행조차도 아들 없는 사람의 죄를 결코 씻어주지 못한다. 자식이 없는 나는 순수하고 평안한 세계에 도달할 수 없다.[66]

이렇게 볼 때 인도-힌두교의 다르마 윤리와 중국-유교의 효 윤리는

제사에서의 재물의 효과, 조상제사에 적합한 때, 그외 조상제사에 대한 것 등이다. 이재숙·이광수 1999, 『마누법전』(서울 : 한길사) p.21. 「차례」에서 정리하였다.

64) J.J.Meyer 1989, 앞의 책, p.146. 중국의 경우에도 자식/후사(後嗣)가 중시되는 것은 같은 맥락이다.(김원중 1997, 『중국의 풍속』(서울 : 을유문화사), p.26. 참조.) 다만, 중국에서는 제사를 통해서 조상들이 더 좋은 세계로 인도된다는 관념이 없다. 즉 천도(薦度)관념이 없다고 볼 수 있다. 오히려 제사를 지내는 것은 선조의 은혜를 되새기거나 후손들이 받을 재앙에 대한 두려움 때문이었다.

65) J.J.Meyer 1989, *Sexual Life in Ancient India*(Delhi : Motilal Banarsidass), p.147.

66) J.J.Meyer 1989, *Sexual Life in Ancient India*(Delhi : Motilal Banarsidass), p.150. 불교의 우란분절의 의의를 말할 때 "거꾸로 매달려 있는 고통을 풀어주는 해도현(解倒懸)에 있다"고 말하는데, 이러한 인도-힌두교의 컨텍스트 속에서 불교의 우란분절 역시 이해될 수 있다.

공히 가부장제적이라는 점에서 공통점이 있는 것으로 평가된다. 힌두교와 유교가 공히 "가(家)"를 중히 여기는 윤리를 제시하고 있다면, 불교의 윤리는 "가"를 결코 그들처럼 높이 자리매김하고 있지는 않는 것이다. 나카무라 하지메는 불교가 당시 인도의 가족제도를 비판하거나 논란하는 등의 문제제기를 하지는 않았다고 말한다.[67] 그러나 나카무라가 말하는 가(家, kula) 개념은 씨족적 사회구성을 의미하는 것으로, 나의 개념과는 다른 차원이다. 유교는 가 자체가 하나의 사원 역할을 담당하고 있다는 점, 힌두교 역시 유교와는 달리 많은 사원을 갖고 있으나 여전히 가정이 의례의 공간으로서 주요한 의미를 갖고 있다는 점, 브라만 계급이 사원에만 소속되지 않고서 마을에서 여느 사람들과 함께 생활하고 있다는 점 등을 감안할 때 그 가의 위상이 높음을 알 수 있다. 불교에서의 가의 위상과는 분명히 대비되는 것이다. 내가 인도─힌두교의 다르마 개념과 중국─유교의 경우를 동일하게 가부장제적이라고 평가하는 까닭이다.

Ⅳ. 출가, 가부장제의 탈피

이 글은 중국─유교적 컨텍스트에서 나온 "불교에는 효가 없다"고 하는 주장에 대한 불교측의 대응이 불교경전 속에 나타나는 효에 대한 불설(佛說)의 제시로 "불교에도 효가 있다"고 말하는 것만으로는 불충분하다는 문제의식에서 출발한다. 즉 불설 속에 나타난 효에 관한 자료에

---

67) 中村元 1978,『原始佛敎の生活倫理』(東京 : 春秋社), p.129.

서 우리는 자식의 부모에 대한 도리로서의 효에 대한 가르침이 불교 내적으로 존재하고 있음을 확인한 바 있다. 이를 나는 '가족윤리의 효'라고 규정하였다. 효라는 개념이 '가족윤리의 효'만을 의미한다면, 그 대답은 당연히 불교에도 "있다"라고 해야 할 것이다. 여기까지가 선행 연구자들의 결론이다. 불교 안에 가족윤리의 효가 존재한다는 사실에 대하여 나 역시 이의[68]가 없다.

그러나 나의 문제의식은 한국에서 살아가는 우리가 효라고 말할 때에는 이미 우리의 의식·무의식 속에는 전통/영향사(影響史)로서 깊이 각인된 유교적 컨텍스트가 그 속에 배어있음을 잊어서는 안 된다는 점이다. 즉 유교적 컨텍스트를 감안할 때 "불교에도 효가 있느냐?"는 질문은 "인도-불교에도 중국-유교와 같은 효가 있느냐?"라는 질문으로 구체화되어야 한다는 것이다. 여기서 중국-유교적 컨텍스트 속의 효가 어떤 함의를 갖는 개념인지를 따져볼 필요가 제기된다. 그런 연후에, 과연 그와 같은 효 개념이 인도-불교에서도 있었는지를 물어야 하는 것이다.

물론, 중국-유교의 효가 가족윤리의 효로서 출발했음은 주지하는 바이다. 그러나 중국-유교의 효는 다만 가족윤리라는 한계 안에 머물지 않는다. 첫째, 충과 함께 말해지고 효로부터 충으로 나아가야 한다고 말해진다. 둘째, 중국-유교의 효는 천하를 질서짓는 지배이데올로기로서 기능을 하였다. 셋째, 효는 묵가의 겸애설과는 달리 우리 집, 우

---

68) 다만 이제는 이러한 '가족윤리의 효'에서 '사회적 효'로 나아가야 할 것으로 본다. 고령화사회 내지 고령사회에서 치매 등의 중증 노인성질환을 앓는 부모에 대한 책임을 자식들의 효에서만 찾는 가족중심주의는 올바른 해결책이 될 수 없음이 이미 밝혀졌다. 그 대신 장기요양보험 등 '사회적 효'라는 관점에서 가족중심주의를 대체하는 노력이 행해지고 있다. 이때 '가족중심주의'를 극복하는 논리를 불교의 '출가'에서 확인해 보는 것도 의미 있는 일일 것으로 생각된다.

리 아버지부터라고 하는 가족중심주의/별애설과 연결된다. 그렇다면 인도-불교에서도 이러한 특징들을 확인할 수 있는가? 전혀 그렇지 않다. 효는 충과 함께 말해지는 것도 아니고, 천하를 질서짓는 지배이데올로기의 성격을 갖는 것도 아니었으며, 가족중심주의와 연결되지도 않는다. 오히려, 불교는 동체대비를 말하면서, 가족중심주의를 넘어서 있는 것이다. 뿐만 아니다. 보다 중요한 것은 효가 차지하는 중국-유교 사상 체계 내에서의 위상이다. 중국-유교의 효가 "효보다 더 큰 것이 없고, 효보다 더 앞선 것이 없다"라고 말해질 수 있는 가치임에 비하여 인도-불교의 효는 그렇게 말할 수는 없다. 연기보다, 무아보다, 삼법인보다, 사성제 … 등의 근본교리 그 어느 것보다도 더 크고 더 앞서는 가치라고 말할 수 없는 것이다. 그럴진대 "불교에도 효가 있느냐?" 라는 질문에, 아무런 한정도 없이, 이러한 배경에 대한 설명이 없이, 그저 가족윤리의 효가 있다고 해서 "불교에도 효가 있다"고 말할 수는 없다는 것이다.

여기서 다시 나의 논의는 인도-불교의 효 문제를 보다 분명히 하기 위해서 인도-힌두교의 컨텍스트를 파악할 필요를 느낀다. 인도-불교의 효는 인도-힌두교 사회 속에 놓여있었던 인도 사람들과 그 가족/가정 안에서의 문제이고, 그 가정은 다시 그 사회 속에 존재하고 있기 때문이다. 이렇게 함으로써 인도-힌두교적 컨텍스트와 중국-유교적 컨텍스트를 대비코자 하는 것이다. 이를 위해서 우선, 나는 인도-힌두교 안에서 어떤 효도 이야기가 있었는지 찾아보았다. 중국-유교의 효와 대비(對比)하기 위해서는 피부에 와닿는 실례(實例)가 필요했기 때문이다. 그것은 모두 『마하바라타』에서 가져왔는데, 하나는 스스로 독신의 맹서를 세우고 지킴으로써 아버지의 재혼을 성사시킨 비쉬마의 금혼(禁婚)이야기와 판두 아들들이 취하게 되는 일처오부의 관계에서 드러나는 어머니에 대한 순명(順命)이야기였다. 이를 통해서 우리는 인도-힌두교 역시 중국-유교와 마찬가지로 효를 강조하고 있음을 확인할 수 있었다.

그렇다면, 인도-힌두교적 컨텍스트 속에서 효는 어떤 의미와 위상을 갖는 것일까? 우선 효에 대응하는 개념은 역시 다르마(dharma) 속에서 찾을 수밖에 없을 것 같다. 비록 그 외연(外延)이 효보다 다르마가 훨씬 넓다고 생각되지만 말이다. 그리고 그 다르마는 인생목표와 생애주기 속에서 파악되는데, 효와 관련해서 중요한 것은 가주기(家住期, grhastha)이다. 『마누법전』에 의하면, 가정생활을 하면서 자식을 낳고 길러서 가문을 계승하고 조상에 대한 봉제사의 의무를 다하는 가주기가 여타의 인생기보다 강조된다. 그런데 불교의 경우에는 싯다르타 태자의 출가에서 보듯이 가주기를 건너뛰어서 임서기로 가는 출가를 감행했으니, 가주기를 가장 중요시하는 인도-힌두교의 사회체제/지배이데올로기에 정면으로 배치되었던 반체제였다고 할 수 있으리라. 물론, 가(家)의 중시라는 점에서 인도-힌두교의 입장과 중국-유교의 입장은 동일했던 것으로 평가된다.

다음, 인도-힌두교 내에서 효의 다르마가 갖는 위상이 중국-유교에서 효가 차지하는 위상만큼이나 강한가 하는 점을 문제로 삼을 수 있었다. 그 결과 우리는 『바가바드기타』에서 보이는 아르주나의 회의(懷疑)와 크리쉬나의 응답이 각기 가족의 법도(kuladharma)와 자기계급의 의무(svadharma)를 명분(名分)으로 부전(不戰)과 참전(參戰)의 논리로 대립하였으며, 마침내는 계급의 의무가 가족의 법도 보다 우위에 서게 되었다는 점에서 인도-힌두교의 효가 중국-유교에서처럼 다른 무엇보다 중대하고 우선적이라고 할 수 없음을 확인하였다. 그것보다 더 크고 강한 것이 카스트(Caste)질서라고 말할 수 있다. 이 점은 인도-힌두교의 효/다르마와 중국-유교의 효가 갖는 위상의 차이로서 주요한 의미를 갖는다고 평가할 수 있다. 그러나 반드시 차이만 존재하는 것은 아니다. 동일성 역시 존재하기 때문이다. 그것은 가족중심주의의 특징을 띠는 효의 강조가 가부장제와 결부되고 있다는 점이다. 인도-힌두교의 경우, 그것은 가문의 계승과 조상에 대한 봉제사의 강조에서 확인할 수 있었다.

이렇게 볼 때, 비록 그 위상에 있어서 인도-힌두교에서의 효/다르마가 점하는 위상이 중국-유교의 그것보다는 약하다고 하더라도 대동소이라고 말할 수 있을 것이다. 더욱이 인도-불교의 출가주의의 입장과 대비할 때 인도-힌두교에 내포된 출가주의는 그보다 약하다. 또 인도-힌두교와 중국-유교는 공히 재가주의적 입장(가주기의 효 강조)이 강하다는 점에서 인도-불교의 출가주의(다만 가족윤리의 효 존재 여부가 문제인 것은 아님)는 공히 양자로부터 비판대상이 되지 않을 수 없었다. 이상의 논의를 도표로 정리하면 다음과 같다.

표 2 : 효에 대한 유교, 힌두교, 불교의 관점 비교

	가족 윤리	+ 충(忠)	가부 장제	지배이데 올로기	위상	특성	사랑 개념
유교	○	○	○	○	일의적 (一義的)	세간 주의	별애
힌두교 (다르마)	○	○	○	효〈카스트	일의적	'세간+출 세간'주의	섬김 (sevā)
불교	○	×	×	×	이의적 (二義的)	출세간 주의	동체 대비

본론의 Ⅱ장에서는 중국-유교적 컨텍스트의 효와 인도-불교의 효가 달랐음을 살펴볼 수 있었는데, Ⅲ장에서는 또다시 중국-유교적 효

와 인도-힌두교적 컨텍스트의 효가 대동소이하기에 인도-힌두교적 컨텍스트의 효/다르마에 비추어 보더라도 인도-불교의 효는 다른 것임을 알 수 있었다. 이런 의미에서, "불교는 인도-힌두교적인 효/다르마나 중국-유교적 효를 말하지 않는다"고 해야 옳을 것이다.

그렇다고 해서 무슨 문제가 있다는 말인가? 오히려 불교는 출가주의라고 하는 점을 명확히 하고, 그것이 갖는 의미를 재해석함으로써 동아시아 불교사에서 오랫동안 보여온 유교적 지배이데올로기의 효가 권력으로서 기능하는 담론의 질서를 내면화하고, 방어적 호교론으로서 불교를 지키려는 입장에서 벗어나야 한다. 그럴 때 불교는 가부장제(가족중심주의가 그 내포의 하나로서 존재하는) 이데올로기를 벗어나서, 인간의 해방에 기여하는 가르침이 될 것이다. 그리고 지금은 바로 그러한 불교의 사회적 역할을 요구하고 있으며, 그 가능성은 바로 붓다의 출가에서 상징적으로 나타나 있는 아름다운 전통을 불교가 갖고 있다는 점이다.

2장. 붓다의 출가를 보는 힌두교의 관점
— 비베카난다(S. Vivekananda)의 『붓다와 그의 메시지』

붓다는 출가 이후 깨달음을 얻어서 부처가 되었다. 그러나 그 깨달음에 안주하는 자리(自利)적 삶으로 시종하지 않았다. 널리 자비의 말씀을 전하는 중생제도의 실천적 삶을 살았다. 이 두 가지 붓다의 얼굴을 균형 있게 인식할 필요가 있다. 그럴 때 비로소 우리의 '출가적 삶' 역시 깨달음과 실천이라는 두 개의 수레바퀴를 온전히 갖추게 될 것이기 때문이다.

그러나 많은 이들이 붓다의 삶에 대한 평가에서 전자, 즉 깨달음의 획득자라는 측면에 강조점을 두어왔다. '실천행자 붓다'라는 또 다른 모습을 망각해 왔던 것이다. 이러한 얼굴에 대한 조명은 불교 안에서보다는 힌두교의 개혁자 비베카난다에 의해서 행해졌다.

비베카난다는 서양에 힌두교를 전했을 뿐만 아니라 실천적 베단타를 주장하면서, 힌두교의 새로운 종파라 할 수 있는 '라마크리쉬나 미션'을 설립하였다. 종래 지혜의 획득을 통한 해탈에 초점을 두었던 아드바이타 베단타와 달리 사회적 실천을 강조하는 그는 붓다와 불교에 대하여 많은 언급을 남기고 있다. 특히 근현대 인도사상가들 중에서 아예 불교로 개종해 버린 암베드카르를 제외하고, 그만큼 붓다와 불교를 많이 언급한 사람은 없었다. 특히 붓다를 이상적 실천행자로 평가하였다. 이는 붓다가 가진 여러 특성 중 하나를 강조한 것으로 보이며, 붓다의 자비실천을 그렇게 이해하는 것도 가능한 것으로 보았다.

문제는 힌두 전통 안에서 네 번째 인생기에 해당하는 유행자로서 붓다를 이해하는 것이었다. 여기에는 세속을 떠난 유행자를 세속 안에서의 실천행자로 전환시키려는 비베카난다의 의도가 투영되어 있다. 그러나 실천행자가 곧 유행자라고 한 뒤에, 붓다 역시 유행자라고 하는 관점에는 간과할 수 없는 문제가 개재되어 있다. 하나는 유행자 산냐시들이 붓다처럼, 사제자들의 문화를 비판하면서 자비실천의 이타행을 했던가 하는 점이다. 다른 하나는 붓다는 가주기(家住期)의 의무를 건너 뛴 출가자인데, 가주기의 의무를 다 하고 난 뒤의 출가자인 유행자와 동일시 할 수 없다는 점이다.

그렇게 비베카난다는 불교의 출가가 갖는 함의를 충분히 인정하지 않았는데, 그 이유는 불교를 힌두 전통의 개혁 정도로 보았기 때문이다. 붓다를 베다의 개혁자라고 말함으로써, 비베카난다의 붓다관은 불교를 있는 그대로 인정하는 것이 아니라 힌두교 속으로 포용해 버리고 마는 포용주의적 관점을 갖고 있었던 것이다. 이리하여 비베카난다 안에서 불교는 다시 한 번 사라지고 말았다.

그렇지만 우리는 비베카난다를 비평 – 긍정적 측면과 부정적 측면을 함께 공관(共觀)한다는 점에서 – 함으로써 붓다의 '출가의 삶'은 실천행자의 삶이었음을 확인할 수 있게 될 것이고, 중생제도를 위한 세속 안에서의 실천의 문제를 오늘의 출가자들에게 화두로서 제시하게 될 것이다.

이 글은 애당초 「비베카난다의 붓다관에 대한 비평 — 유행(遊行, sannyāsa)과 출가(出家, pabbajjā)를 중심으로 —」라는 제목으로 『인도철학』 제29집(인도철학회, 2010), pp.137-172에 발표하였다.

이 책에 수록하기 위하여, 소제목을 붙이면서 글의 구조를 좀 더 세분화하였으며 수정과 보완을 거듭하였다.

I. 붓다, 출가자인가 유행자인가

1999년 7월 30일. 처음 인도에 가서 하룻밤을 자고 난 뒤, 델리대학교로 향했다. 도서관 앞에 시커먼 옷을 입은 사람의 동상이 서 있다. 가까이 다가가 보니, 비베카난다(Swami Vivekananda, 1862-1902)였다. 이때의 여행기에는 내가 어떤 이유로 베비카난다에 대해서 관심을 갖고 있었는지 기록되어 있다.

> 비베카난다는 엄밀한 의미에서 서양에 힌두교를 처음 전한 선교사이다. "가난한 자를 섬기는 일이 신을 섬기는 일"이라면서 '실천적 베단타(Practical Vedānta)'를 주장한 힌두교 개혁론자이다. 전통적 베단타학파는 오직 참된 실재는 브라만(아트만) 뿐이며 현실 세계는 모두 허깨비(幻影, māyā)라 말한다. 그래서 현실세계의 개혁을 위한 실천에는 소홀할 수밖에 없었다고 비베카난다는 평가한 것이다. 그렇게 전통적 베단타가 소홀히 했던 '실천'을 비베카난다는 지향하게 된다. 그 길만이 인도 민중들을 구원하는 것으로 보았기 때문이다. 그런 맥락에서 비베카난다는 '붓다'를 높이 평가한다. '이상적인 실천행자(karma-yogin)는 부처님'이라고 종종 붓다를 인용하고 있는 것이다. 홀로 숲속에서 명상에 잠기는 것이 산냐신(sannyāsin, 遊行者)이 아니라, 붓다처럼 중생을 위하여 행각(行脚)하는 삶을 사는 것이 진정한 산냐신이라 평가한다. 비베카난다 속에 있는 불교, 그것은 현대 인도에 있어서 불교의 존재양상을 찾아갈 때 반드시 살펴야 할 한 측면이라 할 것

이다.[1]

이 짧은 글 안에는 당시 비베카난다에 대해서 내가 갖고 있었던 관심의 방향이 제시되어 있다. 크게 세 가지 사항에 대해서이다.

첫째, 비베카난다는 그의 사상 및 실천을 '실천적 베단타'라 불렀다는 점이다. 위의 인용에서 말한 '전통적 베단타'는 샹카라(Śaṅkara, 700-750)의 불이일원론 베단타(Advaita Vedānta)를 가리킨다. 비베카난다는 샹카라의 불이일원론 베단타의 문제점을 비판함으로써, 그와는 다른 스스로의 사상적 입장을 내세웠던 것이다.[2] 불교의 술어를 빌어서 말하면, 이는 새로운 교판(敎判)[3]을 제시한 것이라 보아도 좋을 것이다. 그의 베단타사상을 실천적이라 했는데, 'practical'의 의미에는 '실제적·실용적·실무적·실질적·실학적'의 의미가 두루 포괄되어 있다. 따라서 불이일원론 베단타가 갖는 약점을 보완하려는 의지를 적극적으로 표명

---

1) 김호성 2002, 『배낭에 담아온 인도』(서울 : 여시아문), pp. 15-16. 비베카난다는 1893년 미국 시카고에서 열린 '세계종교회의'에 인도의 힌두교 대표로 참석하여 연설한다. 이후 미국과 유럽에서 강연여행을 하였다.

2) 산스크리트(범어)로 Vedānta는 Veda와 anta를 합성한 말이다. 베다는 힌두교의 가장 오래된 성전인데, 그 말 자체의 뜻은 '지식·지혜'라는 의미이고, anta는 '끝·정수(essence)'이라는 말이다. '베다의 끝'이라는 말은 베다(계시서, śruti) 문헌의 가장 끝에 위치하는 우파니샤드(Upaniṣad)를 가리키기도 한다. 우파니샤드가 베다 문헌 중 가장 정수라는 뜻에서, 베단타는 '베다의 궁극적 의미'로 이해할 수 있다. 그런데 '학파로서의 베단타'는 힌두교의 육파(六派)철학 중 하나로서, 우파니샤드에서 설해진 내용을 좀 더 정치하게 논리를 세워서 철학화한 학파를 말한다. 이 베단타 학파를 대성한 인물이 샹카라이고, 그의 사상을 불이일원론(不二一元論, Advaita) 베단타라고 한다. 샹카라는 비유하자면 마치 유교의 성리학에서 주자(朱子)가 차지하는 위상을 생각하면 될 것이다. 그런 샹카라의 베단타의 형이상학적 측면을 이어가면서도 실천적 측면을 강조한 새로운 베단타를 비베카난다가 열었던 것이니, 마치 유교에서 성리학에 대응한 실학(實學)이 출현한 것에 비유해 볼 수 있을 것으로 본다.

3) 교판의 의의에 대해서는 김호성 2009, 『불교해석학 연구』(서울 : 민족사), pp.74-84. 참조.

한 것으로 생각된다.

둘째, 비베카난다는 그의 실천적 베단타의 핵심적 이념으로 '행위의 길(karma-yoga)'을 제시하였다. 이는 샹카라의 불이일원론 베단타가 '지혜의 길(jñāna-yoga)'에 주의를 집중했던 것과는 다른 측면이다. 물론, '행위의 길'에는 이미 '지혜의 길'이 전제[4]되어 있음을 간과해서는 안 되지만, 그렇다고 해서 '지혜의 길' 밖에 '행위의 길'이 따로 존재한다는 사실 역시 외면해서는 안 될 것이다. 특히 사회봉사(social service)를 주된 목적으로 삼는 라마크리쉬나 미션(Ramakrishna Mission)[5]을 설립하여 구체적 행동을 전개한 점을 감안한다면 더욱 그렇다. 그렇게 '행위의 길'을 강조하면서, 비베카난다는 그 길을 걸었던 가장 모범적 실천행자(karma-yogī)로서 붓다를 내세우고 있는 것이다.

셋째, 이상과 같은 두 가지 붓다상(像)을 갖고 있는 비베카난다에게서 어쩌면 근대 인도 속에 불교가 어떻게 존재하고 있었던가를 알 수

---

4) 김호성 1992, 「바가바드기타의 카르마요가에 대한 윤리적 조명」, 『인도철학』 제2집(서울 : 인도철학회), pp.134-138. 참조.

5) "델리의 빠르간즈 다 와서 라마크리쉬나 미션을 방문했다. 일행은 피곤해 했지만, 내 관심사이기에 데리고 갔다. 중앙의 신전에는 여러 신들 대신에 비베카난다의 스승 라마크리쉬나 상(像)이 안치되어 있고 힌두들이 예배하고 명상한다. (……) 입구 게시판에 있는 글을 옮겨 둔다.
"이념 : 자아의 해탈과 인류에의 봉사
목적 : 중생들에게 구현된 영원한 종교와 라마크리쉬나와 비베카난다의 가르침을 수행하고 전파하는 것
모토 : 포기 그리고 봉사, 종교들의 화해
방법 : 노동과 신앙
정신적 방법 : 사원에서의 봉사, 토요일과 일요일에 행하는 법회, 성자와 구세주(Saviours)의 생신 의식, 개인적 인터뷰
문화적 방법 : 도서실 무료이용, textbook 보시와 도서관 이용, 어린이를 위한 일요학교, 경전과 여러 언어로 된 라마크리쉬나와 비베카난다의 책 할인 판매
박애활동 : 무료 진료소, 무료 병원(Free T.B.Clinic), 재난 구제활동."(김호성 2002, 『배낭에 담아 온 인도』(서울 : 여시아문), p.168) 이 게시판을 통해서 라마크리쉬나 미션의 지향성과 활동 내역을 대강 그려볼 수 있을 것이다.

있지 않을까 기대해 본 것이다. 만약 그렇다고 한다면, 그것은 암베드카르(Bhimrao Ramji Ambedkar, 1891-1956)의 신불교(Neo-Buddhism)가 도래하기 전에 '힌두교 안에서 존재하던 불교의 모습'의 한 예가 될 수 있을지도 모를 일이었다.

나는 이 중 세 번째 사항에 대한 비베카난다의 응답이 긍정적인지, 아니면 부정적인지를 곧바로 조사할 수 없었다. 붓다와 불교에 대한 비베카난다의 직접적 언급을 찾아 모으는 일이 쉽지 않았기 때문이다. 『비베카난다 전집(*The Complete Works of Swami Vivekananda*)』전 9권이 있긴 하지만 그 바다에 뛰어들어 모래를 헤아릴 수 없었다. 다행히 2010년 2월 인도 콜카타 하우라(Howrah)역에 있는 "Advaita Ashrama"[6] 서점에서 비베카난다의 『붓다와 그의 메시지(*Buddha and His Messages*)』라는 제목의 소책을 한 권 입수하게 되었다. 이 소책에는 붓다와 불교를 제목으로 제시한 비베카난다의 강연이나 그에 대한 신문기사 8편을 제1부로 하고, 다른 주제의 강연에서 언급된 붓다와 불교에 대한 비베카난다의 발언을 각기 발췌하여 모은 것들을 제2부로 하였다.[7]

이 글을 통하여 나는 『붓다와 그의 메시지』에 나타난 비베카난다의 붓다관을 찾아보고, 그에 대한 나의 비평을 제시하고자 한다. 위의 인용문에 나타난 것처럼, 1999년도 무렵 나의 선이해(先理解, pre-understanding)는 비베카난다가 붓다를 카르마요기로 보고, 산냐시로

---

6) 비베카난다가 세운 '라마크리쉬나 미션'의 출판부에서 경영하는 작은 서점(혹은 책 판매 부스)을 발견, 『붓다와 그의 메시지』와 『비베카난다가 본 바가바드기타(*Bhagavadgītā as Viewed by Swami Vivekananda*)』를 발견, 구입할 수 있었다.
7) 일차적으로 이 소책의 독서를 통하여 논의해야 할 비베카난다의 말들을 추출하였다. 하지만 각주에서 출전을 표기할 때는 『전집』의 페이지까지 함께 제시하게 될 것이다.

보았다는 정도였다. 그러나 이 글을 준비하는 과정에서, 베다의 개혁자라는 붓다의 이미지 또한 확인할 수 있었다. 따라서 이 세 가지 이미지(像)에 대하여 차례로 살펴보기로 하자.

II. 붓다 = 실천행자(karmayogī)

1. 이타행의 실천

비베카난다는 스승인 라마크리쉬나(Sri Ramakrishna, 1836-1886)를 만나기 전에 "붓다의 모습(vision)을 보았다"[8]고 하며, "세계종교의 다른 어떤 창시자도 붓다만큼 스와미지(Swamiji)[9]를 매혹시키고 그에게 영향을 미치지는 못했다"[10]고 말해진다. 붓다에 대한 비베카난다의 호감은 가히 열광적이라 해도 좋을 정도이다. 그의 불교에 대한 관심은 초기 불교의 승가(saṁgha)를 벤치마킹하여 라마크리쉬나 미션을 설립할 정도였으니, 불교교단 자체에 대해서도 결코 적은 것은 아니었다. 그러나 『붓다와 그의 메시지』의 제2부에서 붓다와 불교에 대한 언급의 횟수가 각기 27회와 11회로 차이나는 데서도 확인할 수 있듯이, 보다 집중적으로 착목(着目)한 것은 붓다에 대해서이다.

그렇다면 비베카난다는 어떤 맥락에서 붓다를 좋아했던 것일까? 이

---

8) S.Vivekananda 2009, *Buddha and His Messages*(Kolkata : Advaita Ashrama), p.3.
9) '지'는 우리말로는 '님'에 해당된다. '스와미'는 비베카난다에 대한 존칭인데, '정신적 스승' 또는 '학식있는 브라만(바라문)'이라는 뜻이다.
10) S.Vivekananda 2009, *Buddha and His Messages*(Kolkata : Advaita Ashrama), p.4. 이는 비베카난다의 말이 아니라 소책자 편집자의 말이다.

에 대해서 『붓다와 그의 메시지』의 편집자는 "붓다의 삶, 특히 그의 포기/출가, 끝없는 자비심, 진리에 대한 두려움 없는 추구, 그리고 단호한 독립심"[11]이라 말한다. 실제로 이 네 가지 중에서 뒤의 두 가지는 앞의 두 가지, 즉 포기/출가와 끝없는 자비심을 실천하는 데 있어서 갖추어야 할 마음가짐이라 볼 수도 있다. 결국 네 가지 덕목은 다시 '포기/출가 → 끝없는 자비심의 실천'으로 모아질 수 있는 것이다. 포기/출가를 통하여 자비심을 실천한다는 이념은 주목할 만하다.

이렇게 볼 때, 우리는 불이일원론 베단타에서 강조하는 개인적 해탈(mokṣa)에의 관심이 비베카난다에게서는 그렇게 우선적이지 않다[12]는 점에 주목하게 된다. 물론 '포기/출가'를 지혜의 길(jñāna-yoga)의 맥락에서 해석할 수 없는 것은 아니지만, 비베카난다는 그런 의미로 해석하지 않는다. 오히려 선(善)의 실천에서 종교의 진수를 보고 있는 것이다. 붓다에 대해서 이렇게 말한다.

그는 다른 사람에게 선을 행하기 위하여 태어났다. 남들은 신을 찾고, 그들 자신을 위해 진리를 찾았다. 그러나 그는 그 스스로를 위해서 진리를 알고자 하지 않았다. 그는 사람들이 고난에 처해 있기에 진리를 찾았다. 어떻게 그들을 도울 것인가 하는 것이 그의 유일한 관심사였다. 그의 생애를 통해서 그는 결코 그 스스로를 위하는 일을 생각조

---

11) 여기서 '포기/출가'로 옮긴 말의 원어는 renunciation이다. 이는 마음속의 집착을 내려놓고 포기하는 것을 의미하는 말이기도 하고 집을 떠나서 수행자가 되는 것을 의미하는 말이기도 하므로, 그 중의성(重意性)을 다 살리기 위하여 '포기/출가'로 표기한 것이다.

12) 비베카난다의 스승 라마크리쉬나 자신은 신비적 종교체험을 거듭한 종교가의 이미지가 강하지만, 그 당시 가난한 인도 민중들의 구제에도 큰 관심을 갖고 있었다. Satya P. Agarwal 1997, *The Social Role of the Gītā : How & Why*(Delhi : Motilal Banarsidass), pp.53-54. 참조.

차 하지 않았다.[13]

이러한 비베카난다의 해석은 흔히 현대의 불교학자들이 말하는 해석, 즉 "붓다는 중생제도를 위해서 출가해서 깨침을 얻은 것이 아니라 스스로의 고뇌를 해결하기 위하여 출가해서 깨침을 얻었다"는 것과는 차이가 있다. 오히려 그는 전통적인 대승불교에서 말하는 붓다관을 반복한다. 붓다는 중생제도를 위하여 진리를 찾았노라고 말이다. 이미 그의 스승 라마크리쉬나는 무분별삼매(無分別三昧, nirvikalpa samādhi)에 이르는 길을 물어온 제자 비베카난다에게 다음과 같이 경책한다.

　너는 인류를 위하여 많은 선을 행할 수 있는 힘을 스스로 갖고 있으면서도 그저 너 자신의 해탈만을 걱정할 만큼 둔하리라고 나는 결코 생각하지 않았다.[14]

이러한 라마크리쉬나의 언급은 훗날 비베카난다의 '실천적 베단타'를 형성하는 뿌리를 이룬 것으로 보인다. 개인의 깨달음이나 해탈과 같은 문제는 그의 관심사 밖이었다. 이 점은 이른바 '칸냐쿠마리(Kanyakumari)의 전회(轉回)'라고도 할 수 있는 사건에서도 볼 수 있다. 칸냐쿠마리는 인도의 이른바 '땅끝마을'인데, 그곳 육지에서 얼마 떨어

---

13)　S.Vivekananda 2009, *Buddha and His Messages*(Kolkata : Advaita Ashrama), pp.27-28. ; S.Vivekananda 2006, *The Complete Works of Swami Vivekananda* Ⅷ(Kolkata : Advaita Ashrama), pp.103-104. 비베카난다는 이렇게 평가하고 해석한다. 그뿐이다. 그는 결코 "불교의 경전 어디에 이런 말이 있으므로, 나는 이렇게 해석하는 것이다"라는 식의 근거를 제시하지 않는다. 따라서 나 역시 그렇게 그 근거를 묻지 않기로 한다. 다만 그러한 해석이 어떠한 의의를 갖고 있는지 나 나름으로 평가하고 해석할 뿐이다.

14)　Satya. P. Agarwal 1997, *The Social Role of the Gītā : How & Why*(Delhi : Motilal Banarsidass), p.57.

지지 않은 바위섬[15])에서 비베카난다는 명상을 한 일이 있다. 1893년 세계종교회의에 참여하기 전의 일이었다. 그때 "산냐시의 삶에 대한 그의 이해와 태도에 전회(transformation)가 일어났던 것이다."[16]) 오직 이웃을 돕고, 선을 실천함이 있을 뿐이다. 해탈 역시 그러한 결과로 자연스럽게 따라올 수 있을 것이다. 여기서 나는 수(隋)나라 신행(信行, 540-594)이 세운 삼계교(三階敎)의 다음과 같은 관점을 상기하게 된다.

> 북주(北周) 무제(武帝)의 파불(破佛)사태(574-577)로 세상이 어지럽자 승옹(僧邕)은 대행산맥 깊숙한 곳 백록산에 몸을 숨기고 거기서 종신(終身)할 생각을 하고 있었다. 그러한 승옹에게 신행이 사람을 보내어 타이른다 : 산골에서 홀로 득도하고 홀로 부처되어 어쩌겠다는 것인가, 슬프디 슬픈 저 백성들이 보이지 않는가. 중생제도를 우선으로 삼아서 인간세상을 두루 이롭게 하는 것(濟度爲先 弘益人間)이 출가승으로서의 마땅한 도리가 아니겠는가.[17]

먼저 중생들에게 서비스를 다하고, 중생들을 섬기라는 것이다. 그들을 위해서 사는 삶, 그것이 진정 종교인의 삶이라 말하는 것이다.

2. 동기 없는 실천

비베카난다는 이타행의 실천자로서 붓다를 보고 있다. 물론 "이타행을 하라", "다른 사람에게 이익을 베풀라"는 이념은 대승불교나 삼계교

---

15) 지금은 비베카난다를 모신 예배소와 비베카난다 관련 서적을 파는 서점 등 이 있는, 일종의 비베카난다기념관이 되어 있다. 수많은 사람들이 참배하고 있다.

16) O.N.Krishnan 2005, *Hindutva or Dhammatva?*(New Delhi : Asian Publication Services), p.145.

17) 조홍윤 1994,「부록 : 축도장정」,『사천강단』(서울 : 우반), p.350.

에서만 찾을 수 있는 것은 아니다. 『바가바드기타(Bhagavadgītā)』(이하, 『기타』로 약칭함)와 같은 힌두교 텍스트 안에서도 발견할 수 있다. 비베카난다가 『기타』를 좋아한 까닭이다. 『기타』에는 행위를 통해서도 해탈에 이를 수 있다는 카르마요가(karma-yoga)가 설해져 있기 때문이다. 비베카난다는 『기타』의 카르마요가가 갖는 두 가지 측면에 주의를 기울였다. 하나는 행위하라는 것이며, 다른 하나는 아무런 결과에 대한 집착이 없이 행위하라는 것(niṣkāma karma)이다.

이 중에서도 특별히 어려운 것은 후자이다. 행위하라는 말이 갖는 함의는 명상을 통하여 지혜를 얻기 위해서는 세속을 벗어난 은둔 — 포기(renunciation)에 대한 아드바이타 베단타적 의미는 이것이다 — 을 통해서가 아니라, 세속 안에서 살아라, 실천하라는 것이다. 이는 정히 '실천적 베단타'를 지향하는 비베카난다의 입장에서는 중요한 메시지가 아닐 수 없다. 하지만 그보다 더욱 중요한 것은 후자이다. 행위를 하는 것도 물론 중요하지만 집착없이, 아무런 목적없이 행위하는 것이 더욱 중요한 것이다. "오직 일 자체를 위해서 일하라"는 말이다. 예술에 오직 아름다움만을 추구하는 유미주의(唯美主義)가 있고, '예술을 위한 예술'을 부르짖는 예술지상주의가 있는 것처럼, "오직 일 자체를 위해서 일하라"는 입장은 유로주의(唯勞主義), 혹은 노동지상주의[18]라 말해서 좋을 것이다. 이러한 유로주의, 노동지상주의를 실천한 전범으로서 붓다가 제시된다. 그는 말한다.

---

18) 예술지상주의에는 다소간 부정적인 뉘앙스가 있음이 사실이다. 하지만 여기서 내가 카르마요가를 유로주의, 노동지상주의라고 말할 때는 그러한 부정적인 의미를 넣어서 쓰는 말은 아니다. 다만 그러한 특징을 새로운 용어로서 강조해 보고 싶었을 뿐이다.

실로 카르마요가의 가르침을 실천으로 옮긴 한 사람에 대해서 나는 몇 마디 하였다. 그 사람은 붓다이다. 그는 이(카르마요가 —인용자)를 실천에 옮긴 바로 그 사람이다. 붓다를 제외한 세상의 모든 예언자들은 이기적이지 않은 행동을 함에 있어서 어떤 외적인 동기를 갖고 있었다.[19]

그는 돈을 위해서나 명예를 위해서나 다른 어떤 것을 위해서가 아니라, 아무런 동기도 없이 최선을 다했다. 그리고 누구든 그렇게 할 때, 그는 붓다가 될 것이고, 그로부터 이 세계를 변화시킬 수 있을 만큼의 일을 할 수 있는 힘이 나올 것이다. 이 사람(붓다 —인용자)은 바로 카르마요가의 가장 높은 이상을 보여주고 있다.[20]

어떤 결과를 생각하면서 어떤 행위를 하는 것은 카르마요가가 아니다. 만약 그렇다고 한다면, 가정되는 결과가 행위를 일으키는 하나의 외적 동기가 될 것이다. 카르마요가는 그러한 외적인 동기를 갖지 않는다.[21] 나는 "제사를 목적으로 하는 행위 외에 모든 행위는 속박되어 있다"는 『기타』 3:9를 해석하면서, 그 점을 여실히 깨달을 수 있었다. '제사를 목적으로 하는 행위'는 '제사를 목적으로 하는 제사'의 의미다. 행위(karma)의 본래적/베다적 의미에 의례/제사의 의미가 내포되어 있기 때문이다. 제사를 목적으로 하는 제사는 자기목적의 행위이다. 행위의

---

19) S.Vivekananda 2009, *Buddha and His Messages*(Kolkata : Advaita Ashrama), pp.65-66. : S.Vivekananda 2005, *The Complete Works of Swami Vivekananda I*(Kolkata : Advaita Ashrama), pp.116-117.
20) S.Vivekananda 2009, *Buddha and His Messages*(Kolkata : Advaita Ashrama), p.67. : S.Vivekananda 2005, *The Complete Works of Swami Vivekananda I* (Kolkata : Advaita Ashrama), p.118.
21) 물론 이는 『기타』의 컨텍스트를 배제한 채, 『기타』의 시(詩)를 해석하는 독서법에 입각할 때 가능한 해석이다. 컨텍스트를 감안하면, 『기타』의 행위 역시 '전쟁의 승리 – 왕권의 차지 – 다르마의 수호'와 같은 동기가 있게 된다.

외부에 목적이 없다. 행위의 외부에 목적이 있게 되면, 그 행위는 수단으로 전락하게 된다. 『기타』의 가르침은 제사만이 아니라 우리의 모든 행위에서 행위 자체를 목적으로 삼고, 그 순간순간에 집중하라는 의미로 받아들여야 한다. 비베카난다가 볼 때, 붓다만이 이러한 외적 동기가 없었다는 말이다.

3. 비베카난다의 한계

『금강경』에서 말하는 무주상보시바라밀(無住相布施波羅蜜)의 가르침을 상기해 본다면, 자아(ātman)의 소멸을 통해서 자아에의 집착마저 버리게 될 때, 비로소 그 행위는 완성된 행위(karma-yoga)가 될 수 있다. 이 점에서는 『기타』의 이상이나 『금강경』의 이상이 다르지 않다.[22] 이 점에서, 중요한 것은 '자아의 소멸(無我)'이라는 불교의 가르침이다. 현대 인도의 사상가 크리쉬난(O.N.Krishnan)은 비베카난다의 스승 라마크리쉬나에게 이러한 '자아의 부정(I-negation)' 내지 '자아의 부재(Selflessness)'가 있었으며, 바로 그러한 점에서 라마크리쉬나의 힌두교에는 '사문전통(沙門傳統)의 불교(Shramanic Buddhism)'적 성격이 있다[23]고 말한다. 그런데 비베카난다에게 오면 그러한 '사문전통'으로부터 벗어났다, 즉 힌두교에서 말하는 '자아의 긍정' 내지 '자아의 실체'에 집착하고 있었다고 비판하는 것이다[24].

---

22) 김호성 1992, 「바가바드기타의 카르마요가에 대한 윤리적 조명」, 『인도철학』 제2집(서울 : 인도철학회), pp.127-142. 참조.
23) O.N.Krishnan 2005, *Hindutva or Dhammatva?*(New Delhi : Asian Publication Services), p.143. 인도종교는 바라문교·힌두교의 전통을 '브라만 전통'이라 말하며, 자이나교·불교 전통을 '사문전통'이라 나누어 부른다.
24) O.N.Krishnan 2005, *Hindutva or Dhammatva?*(New Delhi : Asian Publication

물론 후술할 것처럼, 불이일원론 베단타의 형이상학적 입장에 대한 그의 충실한 계승이나, 붓다의 출가와 힌두 전통의 유행이 서로 다르다는 점을 간과한 뒤 붓다를 힌두 전통에서 말하는 유행자의 전범이라고 말하는 것 등을 생각하면, 그에게 사문전통에 대한 고려가 전혀 보이지 않는 것도 사실이다. 그렇지만 다음과 같이 말할 때도 있음을 공평하게 보아줄 필요는 있을 것 같다.

> 힌두들은 그(붓다 —인용자)의 교설을 결코 이해하지 못한다. 그러나 나는 그 뒤에 있는 동기는 이해할 수 있다. 그것은 이기심 때문이다. 스승(붓다 —인용자)은 말했다. 이기심이 세상의 거대한 저주이다. 우리는 이기적이고, 거기에 저주가 있다. 이기심을 위한 동기는 없어져야 한다. 그대는 (강과 같이) 흘러간다. — 지속되는 현상이다. 신은 없고, 영혼도 없다. 그대의 발로 서고, 선을 위하여 선을 행하라. — 벌이 무서워서도 아니고, 어디 (좋은 세상 - 인용자)에 가려는 (목적을) 위해서도 아니다. 그 동기는 다음과 같다 : 나는 선을 하기를 원한다. 선을 하는 것이 선이다.[25]

힌두들이 결코 이해하지 못하는 붓다의 교설은 무아이다. 비베카난다 역시 그렇다. 그렇지만 왜 그렇게 붓다가 무아설을 강하게 이야기했는지 이해는 한다는 것이다. 이기심을 제거하기 위한 윤리적 동기에서였다고 본다. 이러한 관점 역시 문제는 있다. 결코 붓다의 무아설이 윤리학의 차원에서만 제기된 것은 아니기 때문이다. 윤리적 의미가 있을 수는 있지만, 애당초 무아설은 존재론적 차원에서 제시된 것이다. 그

Services), p.154.

25) S.Vivekananda 2009, *Buddha and His Messages*(Kolkata : Advaita Ashrama), p.41. ; S.Vivekananda 2005, *The Complete Works of Swami Vivekananda I* (Kolkata : Advaita Ashrama), p.529.

존재론적 차원의 무아설에 대해서는 비베카난다 역시 동의하지 않고 강한 비판을 제기한다. 그러나 적어도 그 하나의 측면, 즉 윤리학의 차원에서는 이러한 이해가능성을 열어두고 있다는 것에 대해서, 우리는 그만큼의 의미부여에 인색할 필요는 없으리라 본다.

이상 우리는 '붓다=이상적 실천행자'라는 이미지에 대해서 살펴보았다. 이는 비베카난다의 붓다관의 중핵을 이루고 있는데, 거기에는 분명 대승불교의 영향이 엿보인다. 이에 대해서 크리쉬난은 다음과 같이 평가하고 있다.

> 그가 인정하든 인정하지 않든 그는 베단타 사상에, 열반의 아름다운 축복을 포기하고 자비심으로 그의 삶을 모든 중생들에 대한 봉사로 헌신하는 보살이라는 오래된 이상을 덧보탰다. 이러한 첨가는 비베카난다에게 그의 베단타를 실천적 베단타가 되게 하였다.[26]

그러므로 만약 대승불교에서 말하는 보살도의 이상을 우리 시대에도 구현하는 것이 필요하다면, 또한 개인의 깨달음이나 해탈에 대한 관심과 추구가 불교의 모든 것이라는 생각이 지나치게 편향된 관점이라 생각한다면, 비베카난다가 긍정적으로 높이 평가하는 붓다상(像) 내지 불교의 이미지를 우리 역시 수용할 필요가 있을 것이다. 그 부분은 견해를 같이할 수 있는 부분이다.

---

26) O.N.Krishnan 2005, *Hindutva or Dhammatva?*(New Delhi : Asian Publication Services), p.148.

Ⅲ. 붓다 = 유행자(sannyāsī)

1. 실천행자 = 유행자

1) 출가의 윤리학

비베카난다의 실천적 베단타는 샹카라의 불이일원론 베단타와 그 형
이상학적 입장은 같이하면서도, 수행론적 차원에서는 다른 길을 걷는
다. 명상을 통한 지혜의 획득이 아니라 대중에 대한 봉사를 선호한 것
이다. 이를 위해서 그는 1897년 라마크리쉬나 미션을 설립한다. 이는
고타마 붓다의 승가를 모델로 삼았으며, 그로부터 지대한 영향을 받
았다. 그는 붓다의 가르침이 폭넓게 전파된 데에는 분명 교단의 존재
가 있었기 때문이라 보았다. 그 반면 "조직의 결여는 힌두 사회(Hindu
Society)의 심각한 결함이라 믿게 되었다."[27] 비베카난다의 평가는 정곡
을 찌른 것이었다.

승가의 존재야말로 불교가 널리 전파되는 데 큰 역할을 담당했기 때
문이다. 만약 공동체의 규율(vinaya, 律)을 정해서 함께 수행하는 제도
(saṃgha, 僧伽)가 마련되지 않았다고 한다면, 불교의 존재는 어떤 모습
으로 전해져 왔을지 의문이다. 어쩌면 고립된 개인의 수행자들이 수행
하다가, 법의 상속자 없이 죽음으로써 법이 사라졌을지 모른다. 또 하
나 비베카난다의 실천적 베단타와 같이, 사회봉사와 같은 공공의 일은

---

27) Satya. P. Agarwal 1997, *The Social Role of the Gītā : How & Why*(Delhi :
    Motilal Banarsidass), p.76. 재인용.

조직이 없이는 불가능하다. '홀로결사'[28]만으로는 큰일을 할 수 없는 것이 사실이다.

그러나 여기에는 위험 역시 따른다. 조직을 하면 권력이 형성되고, 그것을 사이에 두고 집착하기 쉽다. 봉사를 위해서 조직이 필요하였으나, 어느덧 조직이 조직 그 자체를 목적으로 삼을 수도 있기 때문이다. 이는 하나의 딜레마이다. 그렇다면 길은 없는 것일까? 해답은 있다. '홀로결사' 역시 그러한 문제점으로 인해서 고안된 대안이지만, 비베카난다는 그보다는 조직구성원들의 수행에 기대를 건다. 바로 이 조직 — 불교의 승가와 같은 라마크리쉬나 미션 — 에 들어오는 한 사람 한 사람의 개인이 모두 '포기(renunciation)'를 실천한 출가자라면 가능하다고 본 것이다. 여기서 출가의 윤리학이 요구된다.

출가, 이 전통은 고타마 붓다에게서 비롯되는 것만은 아니다. 붓다 이전부터 인도에는 이 출가의 전통이 규정되어 있었기 때문이다. 비베카난다는 불교 이전부터 존재해 오던 전통적 출가자 — 임주자(林住者, vanaprasthā)와 유행자(遊行者, sannyāsī) — 중에서, 보다 완벽하게 버린 유행자를 그들 출가자의 선례(先例)이자 이상적 모델로 삼는다. 이들 유행자의 모습에 대해서 『마누법전』 6:80-81은 다음과 같이 규정하고 있다.

그가 아무런 욕심 없이 모든 감정에 대해 그대로 느낄 때, 그는 영원히 이 세상에서나 저 세상에서나 행복을 얻는다.

이러한 법도로써 천천히 모든 것에 대한 집착을 버리면, 양쪽 세상 모

---

28) 나의 '홀로결사' 개념에 대해서는 김호성 2016, 『결사, 근현대 한국불교의 몸부림』 (서울 : 씨아이알), pp.348-352. 참조.

두에서 자유로워 지고 브라흐만에 들어가 자리 잡는다.[29)]

『마누법전』 6:81에서 설해지는 '양쪽 세상'은 두 가지 대립되는 가치들을 상징한다. 나라야나의 주석에 따르면, "고통과 기쁨, 더위와 추위, 기아와 배부름, 명예와 모욕 등 서로 대조적인 것을 의미한다."[30)] 두 극단을 버리고 마음의 평안을 이루는 경지에 대해서는 『기타』에서도 많이 설하고 있는데, 예를 들어 2:15에서는 "괴로움과 즐거움을 평등히 여기는 현자(賢者)는 불사성(不死性)에 적합하다오"[31)] 라고 하였다. 더 나아가서, 이렇게 대립과 분별을 넘어서는 것 그 자체는 바로 실천의 기반이 된다. 그것이 목적이 아니라, 그러한 입각지에 서서 행위하는 것이 목적이다. 『기타』 2:48은 그런 뜻에서 인구에 널리 회자(膾炙)되고 있다.

> 다남자야여, 요가에 머물러서 집착을 버리고서 성공과 실패를 평등히 여기며 행위를 하시오. 요가는 평등성이라 말해진다오.[32)]

『기타』에서 카르마요가 ― 위에서 인용한 2:15와 2:48 역시 그러한 의미를 지니고 있다 ― 의 의미는 바로 재가(在家)의 윤리라는 점이다. 힌두교의 생애주기에 관한 법(āśramadharma)에 따르면, 그것은 두 번째 가주자(家住者, gṛhasthā)에 해당하는 다르마였던 것이다. 기실 『기타』의 컨텍스트를 감안해 보더라도, 아직 출가하기 전에 가정생활을 하면서 각 카스트의 규정(varnadharma)에 따라서 자기계급의 의

---

29) 이재숙 이광수 1999, 『마누법전』(서울 : 한길사), p.263.
30) 이재숙 이광수 1999, 『마누법전』(서울 : 한길사), p.263.
31) Robert N. Minor 1982, *Bhagavadgītā : An Exegetical Commentary*(New Delhi : Heritage Publishers)p.38.
32) 『바가바드기타』 2 : 48. Robert N. Minor 1982, *Bhagavadgītā : An Exegetical Commentary*(New Delhi : Heritage Publishers)p.74. '다남자야'는 '아르주나'의 별명이다.

무(svadharma)를 다 이행해야 하는 때에 주어지는 가르침이었던 것이다. 사회생활을 하는 재가자 — 가주자 — 에게 그러한 높은 차원의 수행이 요구되었다. 앞선 본 것처럼, 『기타』 2:15에서 말하는 평등성(samatvā)에 설 수 있다[33]고 한다면, 실로 몸은 재가하고 있더라도 마음은 출가한(身不出家, 心出家) 출가자라 할 수 있을 것이다. 반드시 몸이 집을 떠나야 할 필요는 없을지도 모른다. 이것이 종래 힌두교가 갖고 있던 관점이었다.

문제는 위에서 살펴본 『마누법전』의 규정과 『기타』의 서술이 각기 유행자와 재가자/가주자(家住者)를 대상으로 한 것이라는 점에 있다. 동일한 윤리가 서로 다른 입장에 있는 사람들에게 골고루 요구되었던 것이다. 그렇기에 『기타』에서 설하는 것과 같은 재가자의 윤리를 출가자 역시 갖고서 다시 재가자를 위한 봉사의 삶을 살도록 요구함으로써, 앞서 말한 출가교단의 자기모순을 극복하고자 비베카난다는 의도했던 것이다.

2) 힌두적 출가 개념의 개혁

비베카난다는, 앞서 서술한 바와 같이, 힌두의 출가 개념을 개혁하였다. 가주기의 실천행자(카르마요기)에게 해당되는 이상을 가장 잘 구현한 사람들로서 유행자(sannyāsī)를 등치(等値)시킨 것이다. 유행자는 재가자가 아니라 출가자임에도 불구하고 말이다. 비베카난다의 야심찬 실험이라 아니할 수 없다.

---

33) 대승불교의 『유마경』에서 말하는 '불이의 경지에 들어가는 것(入不二法門)'에 비견할 수 있을 것이다.(이에 대해서는 김호성 2002, 『대승경전과 禪』(서울 : 민족사), pp.128-129. 참조.) 『유마경』 역시 유마거사를 통해서 재가불교의 모습을 설하고 있는 만큼, 양자 모두 재가의 전제로서 평등성(=入不二, advaya-praveśa)을 요구한다는 점에서 같은 입장을 취하고 있는 것으로 보인다.

종래 힌두 전통의 유행자는 세간을 떠나서 집착을 버리고, 평등성에 도달함을 목적으로 삼고 있었다. 즉 집착을 여윈 자일 수는 있으나 세속 내적 실천자는 아니었다. 무집착에서 우러나온 이타적 봉사를 실천하는 사람이라 할 수는 없었다. 사회 속의 존재가 아니라 사회 밖에서 개인의 해탈, 그것도 죽음을 눈앞에 둔 방랑자였던 것이다. 그러한 굳어진 이미지, 굳어진 유행자 산냐시의 정체성을 비베카난다는 바꾸고 싶었던 것이다. 그래서 그 스스로 산냐시가 되었고, 라마크리쉬나 교단에 들어오는 수행자들도 산냐시의 자기정체성(self-identity)을 갖도록 요구했던 것이다. 비베카난다는 다음과 같이 말한다.

> 우리는 산냐시들이다. 우리는 나무 밑에서 자고, 그 전에 우리가 했듯이 나날의 걸식(bhikṣā)으로 살아가야 할 준비를 해야 한다.[34]

이러한 정신무장을 한 사람들, 집착이 없으며, 대립의식을 넘어섰고, 무소유와 고행의 생활을 감수하면서, 대중에게 봉사하는 산냐시. 비베카난다는 이러한 새로운 산냐시상(像)을 창출코자 하였다.

그런데 문제는 힌두교의 역사적 전통 안에서 이러한 산냐시의 전범을 찾기가 쉽지 않다는 것이다. 샹카라를 비롯해서, 수많은 요기들이 있었고, 수많은 지혜행자(sthitaprajña), 수많은 믿음행자(bhakta)[35]들이 존재했지만, 그 누구도 고타마 붓다만큼 타인에 대한 자비심으로 그들의 이익과 안락을 위해서 유행하지는 않았다. 그만큼 자비심이 깊

---

34) Satya. P. Agarwal 1997, *The Social Role of the Gītā : How & Why*(Delhi : Motilal Banarsidass), p.81. 재인용.

35) 지혜행자는 지혜에 확립된 채 행을 행하는 사람을 말하는데, 『기타』 2 : 54-72에서 설해진다. 또 믿음행자는 말 그대로 믿음의 길(bhaktiyoga)을 실천하는 사람을 말한다. 『기타』 12 : 13-20에서 설해진다.

고, 그만큼 자비실천에 앞장선 성자가 없었던 것이다. 아가르왈(Satya P. Agarwal)은 이 점을 다음과 같이 지적하였다.

비베카난다는 붓다에 의해서 산냐사(sannyāsa)의 기능에 얼마나 큰 변화가 생기게 되었는지를 지적하였다. 젊은 산냐신(sannyāsin)인 그 (붓다)는 앉아서 죽음이나 생각하고 있지 않았으며, 설법을 하면서 사람들을 돕기 위해 다녔다. 비베카난다에 따르면, 그것은 위대한 개혁이었다.[36]

비베카난다는 스스로 붓다를 '이상적 카르마요기'로서만 아니라 산냐시의 전범이라면서 다음과 같이 말하기도 했다.

사실 말하자면 산냐사의 제도는 붓다와 함께 기원했으며, 형해화(形 骸化)된 이러한 제도에 생기를 불어넣은 것은 그이다.[37]

물론 우리는 산냐사(유행기)를 갖는 제도가 붓다 이전부터 힌두 전통 안에서 이미 존재했음을 알고 있다. 그만큼 비베카난다는 앞서 살펴본 것처럼, 카르마요기(실천행자)의 전범이라 말한 붓다를 다시 산냐시의 전범이라 추앙했던 것이다.

붓다의 유행은 중생제도를 위한 적극적인 전도(傳道)여행이었다. 붓다를 산냐시들의 모범으로 생각하는 비베카난다의 평가가 옳다면, 또

---

36) Satya. P. Agarwal 1997, *The Social Role of the Gītā : How & Why*(Delhi : Motilal Banarsidass), p.84. '산냐사'는 포기·유행·출가의 행위 자체를 뜻하고, '산 냐신'은 그러한 행위를 하는 사람을 가리킨다. '산냐신'은 명사 기본형이고 '산냐시' 는 '산냐신'의 남성, 명사, 주격 형태이다.
37) S. Vivekananda 2009, *Buddha and His Messages*(Kolkata : Advaita Ashrama), p.72. ; S.Vivekananda 2006, *The Complete Works of Swami Vivekananda VI* (Kolkata : Advaita Ashrama), p.508. 이는 비베카난다와 제자들의 문답을 기록한 「Conversations and Dialogues」에서의 발췌이다.

한 그러한 점에 동의할 수 있다면 우리는 비베카난다의 '붓다=산냐시'론이 산냐시 제도에 새로운 생기를 불어넣어서 되살렸다는 점을 인정할 수 있을 것이다. 어쩌면 비베카난다는 새로운 개념의 산냐시를 창조했다 말해서 좋을 것이다.

2. '유행자 붓다'론의 문제점

1) 인도종교사 = '사제자 vs 예언자'의 대립

비베카난다의 '유행자 붓다'론의 긍정적 측면에 대해서는 위에서 살펴보았다. 물론 '유행자 붓다'론은 붓다가 지닌 한 측면을 두드러지게 강조하는 효과가 있다. 다른 측면이 보이지 않게 되는 문제가 있지만, 그런 이유로 해서 보다 뚜렷하게 부각되고 보다 강조되어야 할 측면을 강조하는 것에 대해서까지 부정적으로 평가해야 할 이유는 없다고 본다.

그런데 문제는 다른 곳에서 발생한다. '유행자 붓다'론과 관련해서, 비베카난다는 인도종교사를 크게 '사제자의 종교'와 '유행자의 종교' 사이의 대립으로 본다는 점이다.

> 붓다가 태어났을 때, 인도에는 위대한 정신적 지도자, 예언자(prophet)가 부족했다. 이미 강력한 사제들의 집단이 있었다. 여러분들이 유대의 역사 — 그들이 어떻게 두 유형의 종교적 지도자들, 즉 사제자들과 예언자들을 갖게 되었는지, 사제자들은 사람들을 무지 속에 붙들어 놓고서 그들의 마음 속에 미신들을 집어넣었는지 — 를 기억한다면 상황을 보다 잘 이해할 수 있을 것이다.[38]

---

38) S. Vivekananda 2009, *Buddha and His Messages*(Kolkata : Advaita Ashrama),

인도종교사를 서술함에 있어서 유대-기독교의 역사를 가지고 오는 것은 비단 청중이 서양인들이기 때문만은 아닌 것 같다. 비베카난다에게는 오히려 그러한 패러다임이 새롭게 '실천적 베단타'를 건설하려는 입장에서 볼 때, 좀더 효과적이라 생각되었기 때문이 아니었을까 싶다. 이에 대해서 아가르왈은 이렇게 평가하고 있다.

> 비베카난다는 인도의 운명을 의례가 중심이 된 사제제도, 정통, 광신주의, 미신, 그리고 종교적 불관용 등과 연결지었다. 사제계급은 종교의 진정한 정신을 망각함으로써 대중들을 하나의 의례에서 다른 의례로, 하나의 나쁜 관습으로 밀어 넣음으로써 보통 사람들을 바보로 만든다고 비베카난다는 말하였다.[39]

이러한 평가가 무리인 것으로 생각되지는 않는다. 지나친 의례주의 등에 대해서는 이미 『기타』 2:43-44에서도 비판이 이루어지고 있으며, 그 이전에 고타마 붓다에 의해서도 비판[40]된 바 있기 때문이다. 그러므로 부정적 이미지를 갖는 종교집단 — 사제자들(priests) — 이 존재했음은 짐작할 수 있다. 이는 모든 종교의 역사에서 흔히 존재해 왔기 때문이다. 권력을 갖고서 주류로서 군림해온 세력이라 보아서 좋을 것이다.

그나마 다행인 것은 이러한 사제자 집단에 대항하면서, 진정한 종교의 모습을 추구해 간 창조적 소수자(creative minority)가 존재해 왔다는 점이다. 비베카난다는 그러한 창조적 소수자를 예언자, 즉 산냐시에게서

---

p.72. ; S. Vivekananda 2006, *The Complete Works of Swami Vivekananda Ⅷ* (Kolkata : Advaita Ashrama), p.93.

39) Satya.P.Agarwal 1997, *The Social Role of the Gītā : How & Why*(Delhi : Motilal Banarsidass), pp.63-64.

40) 김호성 1999, 「바가바드기타와 구라단두경에서 본 조선불교유신론의 의례관」, 『불교학보』 제36집(서울 : 동국대 불교문화연구원), pp.204-207. 참조.

찾았다는 데 우리는 주의를 기울여야 한다. 그는 이렇게 말하고 있다.

> 사제들이 번창하고 있었을 때, 산냐신이라 부르는 시인—예언자
> (poet-prophet)들 또한 존재했다. 모든 힌두들은 그들의 카스트가
> 무엇이든지 정신적인 경지(spirituality)를 얻기 위해서, 그들의 일을
> 포기하고 죽음을 준비해야만 한다. 이 세상에서는 그들에게 흥미로
> 운 것이 더 이상 없었다. 그들은 물러나서 산냐신이 되어야만 한다.
> 산냐신들은 사제들이 고안해 낸 2천 가지의 의례들과 아무런 관계가
> 없었다.[41]

이렇게 비베카난다는 구약의 종교사에서 보는 것처럼, 인도종교사를
'사제자 vs 예언자'의 대립구도로 이해한다. 그런 뒤 "사제자들과 치룬
전투에서 승자는 붓다였다"[42]고 말한다.

2) 유행자는 예언자가 아니다

이러한 비베카난다의 역사관에는 문제점 역시 적지 않게 내포되어
있음을 지나쳐서는 아니된다. 무엇보다 구약의 예언자와 힌두교의 산냐
신은 그 성격이 다른데, 이 점을 비베카난다는 간과하고 있다. 타락한
사제자들이 보여주는 모습은 대동소이하겠으나, 그에 대응하여 저항하

---

41) S.Vivekananda 2009, *Buddha and His Messages*(Kolkata : Advaita Ashrama),
   p.17. ; S.Vivekananda 2006, *The Complete Works of Swami Vivekananda Ⅷ*
   (Kolkata : Advaita Ashrama), p.95. 산스크리트 명사 기본형은 sannyāsin이고, 그
   남성 단수 주격형태가 sannyāsī이다. 이 글에서는 인용 원문에서 '산냐신'이라 쓰
   고 있기에 산냐시와 산냐신을 혼용한다.
42) S.Vivekananda 2009, *Buddha and His Messages*(Kolkata : Advaita Ashrama),
   p.20. ; S.Vivekananda 2006, *The Complete Works of Swami Vivekananda Ⅷ*
   (Kolkata : Advaita Ashrama), p.97.

는 창조적 소수자의 모습은 다르기 때문이다.

구약에서는 그러한 역할을 예언자들이 담당한다. 그들은 타락한 사제들을 향해서 대갈(大喝)을 아끼지 않는다. 사제들만이 아니라 당시의 권력자들에게도 비판의 창끝을 겨눈다. 예를 들면 예언자 아모스는 다음과 같이 신의 목소리를 전한다.

너희가 내게 번제나 소제를 드릴지라도 내가 받지 아니할 것이요. 너희의 살찐 희생의 화목제도 내가 돌아보지 아니하리라.[43]

너희의 허물이 많고 죄악이 중함을 아노라. 너희는 의인을 학대하며 뇌물(賂物)을 받고 성문에서 궁핍한 자를 억울하게 하는 자로다.[44]

전자는 제사의례에 대한 비판이며, 후자는 권력자에 대한 비판이다. 이렇게 예언자는 목숨을 돌아보지 않고, 불의를 규탄하고, 불의를 행하는 것은 마침내 심판받으리라 경고한다. 그것이 구약에서 말하는 '예언자'의 의미다. 바로 그러한 구약의 예언자들의 연장선상에 신약의 예수가 자리하고 있는 것이다. 예수는 예언자이다.

하지만 그렇다고 해서 예수가 산냐시이기도 한 것일까? 비베카난다는 붓다를 산냐시로 본 것과 마찬가지로 예수에 대해서도 "세속을 포기한 수도자(sannyasin, 포기자)였다"[45]고 말한다. 예수가 예언자임은 물론 옳은 말이다. 하지만 구약-신약의 예언자들과 인도의 힌두전통에서 보는 유행자를 동치(同値)시킬 수는 없다. 가주기의 의무를 다하고, 죽

---

43) 아모스 5 : 22.
44) 아모스 5 : 12.
45) 길희성 1994, 「힌두교적 관점에서 본 그리스도교」, 『포스트모던 사회와 열린 종교』(서울 : 민음사), p.235.

음을 준비해야 할 시기에 이르러서 정신적인 것을 추구하면서, 이곳저곳 성지를 순례하는 산냐시와 예언자는 다른 존재들이다. 산냐시는 출가자이지만, 예수를 포함한 예언자들이 허망한 세상의 욕망과 집착을 완전히 끊어버렸다 하더라도, 그들이 곧 인도의 전통적인 성자와 같은 성격의 종교인이라 볼 수는 없다. 길희성은 이 점을 보지 않음으로써 비베카난다의 '예수=산냐시'론에 이의를 제기하지 않는다. 어쩌면 그의 관심사가 신관(神觀)에 집중되어 있었기 때문인지도 모르겠다.

예언자는 몸은 재가하고 있으나 산냐시는 몸의 출가를 감행했기 때문에 양자는 서로 다른 신분이다. 물론 그보다 더욱 중요한 것은 타락한 사제들에 대한 비판의 실천여부, 개혁의 실천여부일 것이다. 나 자신 과문 탓인지는 알 수 없으나, 실제로 힌두 전통에서 산냐시들이 브라만 사제들에 대해서, 마치 구약-신약의 예언자들이 행한 것과 같은 강력한 비판을 실천했다는 이야기를 들은 적이 없다. 물론 우파니샤드나 『기타』에서 번잡한 의례에 대한 비판의 목소리가 없는 것은 아니지만, 그럴 경우에도 사제자들의 권력이나 모순의 핵심에 놓여있는 카스트제도를 비판한 것이라 보기는 어렵다. 오히려 그러한 역할을 보다 분명히 한 것은 불교나 자이나교와 같은 사문전통이었을 것으로 생각된다. 문제는 비베카난다가 사문전통을 사문전통 자체로서 인정하지 않음으로써 인도종교사 전체의 왜곡으로 이어졌다는 점이다. 만약 사문전통을 사문전통으로 인정하였더라면, 오늘날 인도철학의 역사가들이 분류하는 것처럼, 인도종교사는 '브라만 전통 vs 사문 전통'으로 보았을 것이며, 억지로 '사제자 vs 유행자'의 대립구도를 제시하지 않았을지도 모른다.

그러나 이렇게 보는 대신 비베카난다는 '브라만 → 산냐신'의 구조를 '브라만 vs 산냐신'으로 말한다. 따라서 우리가 주의해야 할 것은 비베

카난다가 '브라만 vs 산냐신'이라고 주장하더라도, 그것이 곧 '브라만 →
산냐신'이라는 연속성을 갖고 있다는 점이다. 설사 힌두 전통 안에서
'사제자 vs 유행자'의 대립이 있었다 하더라도, 그것은 구약의 종교사가
보여주는 '사제자 vs 예언자'의 선명한 대비와 상응하는 것으로 보기는
어렵다는 점이다. 브라만 역시 가주기를 마치고 나면 임주기를 거쳐서
유행기로 옮겨가야 하는 것이다. 물론 정주(定住)하고 있는 브라만 사제
와 그러한 권력을 내려놓고 났을 때의 산냐시의 입장이 다를 수 있다.
그러나 기본적으로 그들 사이에는 동일계열의 연속성이 존재하는 것으
로 생각된다. 여기에 문제가 있다. 오히려 브라만 사제들에 대한 보다
강력한 비판세력은 붓다였고, 붓다의 승가였음에도 불구하고 말이다.

비베카난다에게는 불교를 힌두교와 독립된, 하나의 새로운 종교로
인정할 수 없었기 때문이다. 힌두교의 틀 속에서 적절한 자리를 불교에
게 만들어 주어야 했던 것이다. 지금 필요한 것은 산냐시의 새로운 개
념에 가장 적절한 모범으로서 붓다의 이미지 뿐이었다. 그리하여 붓다
를 산냐시라고 말함으로써, 붓다의 이미지를 산냐시들에게도 소급적용
하게 되었던 것이다.

IV 붓다 = 베다의 개혁자

1. 불교, '머리' 없는 '마음'

붓다의 이미지를 산냐시에 덧씌우는 데서 비베카난다는 멈추지 않는
다. 아예 붓다를 베다 전통의 개혁자로 보고 있는 것이다. 그는 다음과

같이 말한다.

> 힌두의 종교는 두 부분으로 나누어진다. 의례적인 것과 정신적인 것이다. 정신적인 부분은 특히 승려들에 의해서 연구된다. 거기에는 카스트가 없다. 가장 높은 카스트의 사람도, 가장 낮은 카스트의 사람도 인도에서는 승려가 될 수 있다. 그래서 두 카스트는 평등하게 된다. 종교에서는 카스트가 없다. 카스트는 그저 사회제도일 뿐이다. 샤카무니(Shakya Muni) 그 자신은 승려였다. 그리고 그가 숨겨진 베다로부터 진리를 가지고 와서 온 세계에 그것을 넓혔다고 하는 것은 그의 영광이었다.[46)

카스트가 그저 사회제도만이 아니라, 힌두교라는 종교에 의해서 강화되고 지지[47)되어 왔음은 주지하는 바이다. 그럼에도 불구하고 비베카난다는 이렇게 말하고 만다. 그러면서 힌두의 종교가 갖는 두 부분 중에서 의례적인 것 — 이는 카스트제도와도 연계되는 것으로 보이지만 — 이 아니라, 정신적인 것 속에 샤카무니, 즉 붓다를 자리매김한다. 그런 붓다는 베다로부터 시작되는 힌두 전통 안에 자리하는 하나의 개혁자일 뿐이라 말하는 것이다.

이리하여 불교의 존재는 힌두교 안에 포섭되고 만다. 비베카난다의

---

46) S.Vivekananda 2009, *Buddha and His Messages*(Kolkata : Advaita Ashrama), p.46. ; S.Vivekananda 2005, *The Complete Works of Swami Vivekananda I* (Kolkata : Advaita Ashrama), pp.21-23. 1893년 9월 26일, 시카고 세계종교회의에서 행한 연설, "Buddhism, The Fulfilment of Hinduism(불교, 힌두교의 완성)"의 일부이다.

47) 그 뚜렷한 예가 『리그베다』 10권에 수록되어 있는 「원인가(原人歌, puruṣa sukta)」이다. 거기에서는 "브라흐만이 그의 입이었으며 / 그의 두 팔은 라자냐가 되었고 / 그의 두 넓적다리는 바이샤가 되었으며 / 그의 발에서는 수드라가 생겨났도다."(정승석 1984, 『리그 베다』(서울 : 김영사), p.231)라고 하면서, 사성계급 모두가 신(puruṣa)의 육체로부터 분할되었다고 말한다.

논리는 전형적인 포용주의(inclusivism)의 논리이다. 불교는 참 좋은 면이 많다. 그런데 사실 그것은 힌두 전통 밖에 따로이 존재하는 것이 아니라, 힌두 전통 안에 존재한다. 붓다가 그렇게 의례 비판, 카스트 비판을 행한 것은 베다로부터 시작되는 힌두 전통에서의 일탈이 아니라, 베다의 진정한 가르침을 회복하려는 힌두 전통 안의 개혁일 뿐이라는 논리이다. 그래서 드디어 불교는 힌두교 안에서 자기자리를 배치 받게 된 것이다. 불교와 힌두교는 하나이지, 둘이 되어서는 안 된다. 이러한 논리다. 그의 말을 좀 더 들어보자.

> 불교 없이 힌두교는 살 수 없고, 힌두교 없이 불교는 살 수 없다. 양자의 분리가 우리들에게 보여준 것이 무엇인지 깨달아야 한다. 불교도는 브라만들의 머리와 철학 없이는 설 수 없고, 브라만들 또한 불교도들의 마음 없이는 설 수 없다. 불교도와 브라만들의 분리는 인도가 쇠락한 원인이다. 그것이 인도에 삼천만의 거지들이 북적대는 이유이고, 왜 인도가 지난 천 년 동안 정복자들의 노예가 되었는가 하는 이유이다. 그러므로 위대한 스승의 가슴, 거룩한 영혼, 훌륭한 인간적 힘을 갖고서 브라만들의 훌륭한 지성에 참여 해야 한다.[48]

우선, 그는 "불교 vs 브라만교(힌두교) = 마음 vs 머리"의 관계로 본다. 불교는 머리는 없고, 마음만 있다. 여기서 '마음'은 앞서 살펴본 것처럼, 중생제도에 나서는 대승보살의 자비심을 가리킨다. 대승불교의 보살이 갖는 자비심보다 더 강력한 '마음'을 힌두 전통 안에서는 찾아볼 수 없다. 그러므로 그것이 필요하다.

---

48) S.Vivekananda 2009, *Buddha and His Messages*(Kolkata : Advaita Ashrama), p. 48 : S.Vivekananda 2005, *The Complete Works of Swami Vivekananda I* (Kolkata : Advaita Ashrama), p.23.

하지만 불교에는 없는 것도 있다. 즉 '머리'이다. 여기서 말하는 '머리'는 형이상학을 말한다. 형이상학의 차원에서 보면, 무아를 말하는 불교는 베단타에서 말하는 아트만과 같은 형이상학적 실체를 인정하지 않는 것으로 비베카난다는 보고 있다. 불교의 무아는 형이상학적 실체의 부정이 아니라 오히려 인정이라고 말하는 관점[49]도 있고, 또한 비판불교에서는 대승불교의 '불성' 개념 역시 베단타적인 것이라 말하면서 비불교적이라 비판하고 있지만, 비베카난다와 같은 베단틴(Vedāntin, Vedantist)이 보기에는 오히려 그렇지 않다는 것이다. 불교에서는 아트만과 같은 형이상학적 실체를 상정하지 않음으로써 '머리'를 결여한 채 '가슴'만 갖고 있는 것이라 말한다. '머리' 없이 '가슴'만 있을 때는 윤리적 성격만 갖는 사회적 종교가 될 수밖에 없을지도 모른다. 개인의 해탈과 관련하는 것이 '머리'기 때문이다.

비베카난다가 보는 것처럼, 불교에 '머리'가 없는 것은 아니다. 형이상학 차원의 논의를 비움으로써 형이상학을 거부했을 뿐이다. 하지만 그러한 태도 역시 형이상학의 문제에 대한 나름의 입장 표명이라 볼 수 있다. 베단타는 아트만과 같은 상정된/가상된 실체개념으로 '머리를 채웠다'고 한다면, 불교는 그렇게 하지 않음으로써 '머리를 비웠다'고 말할 수 있다. 맑게 비워놓을 수 있을 때, 비로소 자비의 마음이 일어날 수 있다고 본 것이다.

어쨌든 형이상학의 차원에서 볼 때, 불교와 힌두교는 서로 다르다는 점을 비베카난다는 인정하고 있는 셈이다. 그렇게 형이상학에 대한 태

---

49) 예컨대 고익진(高翊晉)은 놀랍게도, 베단타적 불교 이해가 올바른 이해라고 주장하고 있다. 이에 대한 비판은 김호성 2006, 「반야심경의 주제에 대한 고찰」, 『불교학보』 제44집(서울 : 동국대 불교문화연구원), pp.43-47. 참조.

도가 다른 것을 같은 종교라 말할 수 있는가? 윤리적 차원에서는 같은 부분도 있을 수 있고, 다른 부분도 있을 수 있다. 사회 속의 존재로서 타자와의 만남을 해야 하기 때문이다. 그러나 종교의 정체성을 말할 때 가장 결정적일 수 있는 형이상학적 차원에서 '채움'과 '비움'으로 서로 상반되는 입장을 갖고 있는데, 어떻게 붓다를 다만 "베다로부터 진리를 가지고" 온 베다의 개혁자라고만 말할 수 있을까? 이런 점에서도 비베카난다의 포용주의적 관점은 타당성이 없는 것으로 비판받아서 마땅할 것이다.

다시 위의 인용으로 돌아가서 생각해 보자. 비베카난다는 현실적으로 인도에 삼천만의 거지가 있고, 지난 천년 동안 외세(=무슬림+영국)의 지배를 받게 된 것도 불교와 힌두교가 분리되었기 때문이라 말한다. 얼핏 생각하면 "불교 없이 힌두교는 살 수 없고, 힌두교 없이 불교는 살 수 없다"고 했기에, 서로를 인정하고 공존하는 존이(存二)[50]의 태도를 표방한 것으로 보기 쉽다. 그러나 그렇지 않다. 붓다 이후의 불교에 대한 비베카난다의 부정적 인식을 그대로 표출한 것이다. 불교가 힌두 전통 밖에서 별립(別立)/독립하였기 때문에 삼천만의 거지가 있게 되었고 천년 동안이나 외세의 지배를 받게 되었다는 것이다.

또 이미 천 년의 역사를 인도 속에서 함께 살아온 무슬림에 대해서 '정복자'라 표현하는 데에서, 우리는 비베카난다가 '인도=오직 힌두교의 나라'라고 주장하면서 '힌두국가'를 건설하려는 정치이념인 "힌두트

---

50) 나는 『이샤 우파니샤드』에 대한 샹카라와 오로빈도의 해석을 비교하면서, 샹카라의 포용주의적 태도를 '귀일(歸一)'이라 하였으며 오로빈도의 다원주의적 태도를 '존이(存二)'라 표현한 일이 있다. 김호성 2001, 「이샤 우파니샤드에 대한 샹카라와 오로빈도의 해석 비교」, 『인도철학』 제10집(서울 : 인도철학회), pp.124-131. 참조.

바(Hindutva)의 선구자였다"는 크리쉬난의 평가[51]에 동의하게 되는 것이다. 이미 12세기 이후 인도의 역사에서 자취를 감추다시피 한 불교에 모든 책임을 전가하고 있다. 이미 사라진 불교가 어떻게 삼천만의 거지를 탄생시킨 '보이지 않는 손'으로 작용했다는 말일까? 불교의 책임이 그렇게 크다고 하다면, 인도 역사의 중심에 서 있었던 힌두교의 책임은 어느 만큼일까? 비베카난다는 그에 대해서는 말이 없다. 오히려 그가 말하는 사제자 집단에 대해서 강력한 비판의식을 갖고 있었던 불교의 평등주의적 입장이 인도의 역사에 계속적으로 영향력을 행사할 수 있었다고 한다면, 인도의 역사는 다소 달라졌을지도 모른다. 나는 오히려 그 역(逆)의 가능성을 물어보고 싶은 것이다.

2. 유행과 출가

우리는 앞에서 힌두 전통의 산냐시에다가 붓다의 이미지를 덧씌우는 기제(機制)를 살펴보았다. 그리하여 붓다는 이제 '힌두교로부터 독립된 불교'라고 하는, 새로운 종교의 창시자가 아니라 힌두교 안의 인물로 자리매김 되었음을 밝히고, 그러한 비베카난다의 관점에 대해서 비판해 보았다. 그러나 아직 남아있는 비판의 논리가 하나 더 있다. 그것은 바로 그가 힌두 전통의 '산냐시'와 불교의 — 붓다가 모범적으로 보여준 — '출가자'가 다르다는 점을 망각하고 있다는 점이다.

주지하는 것처럼, 인도종교사를 배경으로 해서 붓다의 출가를 생각해 본다면 그 특징은 보다 분명히 드러난다. 힌두 전통의 출가는 그들

---

51) O.N.Krishnan 2005, *Hindutva or Dhammatva?*(New Delhi : Asian Publication Services), p.154. 크리쉬난의 이 책은 힌두트바에 대한 가장 철저한 분석과 비판을 하고 있는 것으로 평가받고 있다.

의 생애주기에 대한 규칙(āśramadharma)이 규정한 것처럼, '가주기를 마친 뒤의 임주기와 유행기'로서의 출가이기 때문이다. 하지만 붓다의 출가는 가주기의 다르마(의무)를 포기하고서 감행한 출가였다.[52] 따라서 결정적으로 다를 수밖에 없다. 힌두교와 불교가 서로 다른 종교로서 갈라설 수밖에 없는 결정적 이유는, 바로 이 출가의 유형이 질적으로 다르다는 현실에서 온 것이 아닐까 싶다. 물론 앞서 지적한대로, 형이상학적 차이 역시 매우 본질적인 것이기는 하지만 말이다. 그렇기에 이러한 사회문화적 차이를 무시한 채 붓다를 산냐시의 전범으로 보고서, '산냐시 붓다'를 말하는 것은 어폐가 있다 할 것이다. 더욱이 힌두교의 유행(遊行, sannyāsa)과 불교의 출가(出家, pabbajjā)가 다를진대 불교의 독립적 존재를 부정하고, 붓다는 그저 힌두교를 완성시키려 나타난 예언자로 평가함으로써, 즉 불교를 힌두 전통 안으로 끌어들임으로써 불교의 부재를 확인하려는 비베카난다의 관점은 자기모순으로 가득 찬 것이라 비판하지 않을 수 없다.

그런데 아나 다를까, 비베카난다 역시 불교의 출가가 함축하고 있는 '가주기 건너뛰기'의 문제에 대해서 모르고 있었던 것은 아니었다. 이에 대해서 웨버(Edmund Weber)는 다음과 같이 지적하고 있다.

> 많은 부차적인 언급들 속에서, 비베카난다는 불교에 대해서, 또 불교와 힌두교의 관계에 대해서 특별한 주의를 기울이고 있다. 그는 불교도들(Bauddhas)을 비난했는데, 그들이 "해탈 이외에 이 인생에서 필요한 것은 아무 것도 없다. 그대가 누구이든 와서, 모두 해탈하라"(V 447)고 설교하고 있기 때문이었다. 그는 (불교의 출가에서는 ―인용자)

---

52) 이 양자의 차이에 대해서는 김호성 2009, 「두 유형의 출가와 그 정치적 함의」, 『인도철학』 제26호(서울 : 인도철학회), pp. 9-31. 참조. 이 글은 '출가의 의미 찾기'라는 점에서 그 글의 후속편이라 할 수 있을 것이다.

스와다르마(svadharma), 즉 모든 사람이 그의 삶 속에서 완수해야만 하는 세속적 일들이 아무도 도망갈 수 없는, 필요한 의무로서 간주되지 않았기 때문에, 그러한 현실도피(즉 불교의 출가 —인용자)를 무책임한 것으로 간주하였다. 비베카난다는 불교도에게 묻는다 : "그것 — 각자의 세속적 의무를 무시하고서 해탈의 길을 가는 것 — 이 여전히 가능한가?(V447)" 그래놓고서 힌두 경전으로 하여금 대답케 한다 : "그대는 가장(家長, householder)이다. 그러므로 그대 스스로 가사에 관심을 가져야 한다. 그대는 그대의 타고난 의무(svadharma, natural duty)를 다해야 한다."(V447-448)[53]

붓다와 붓다의 사후 그의 제자들로 이루어지는 불교를 애써 구분하고자 하는 비베카난다가 '불교도들'에게 행한 비판이라 볼 수도 있지만, 그러한 불교도들의 '가주기 건너뛰기'로서의 출가가 붓다에게서 시작되었으므로 곧바로 붓다에 대한 비평이라 해도 좋을 것이다.[54] 이러한 긴 인용을 통해서 내가 말하고 싶은 것은 '타고난 의무'를 포기하고 출가하는 것이 옳으냐 그르냐 하는 점이 아니다. 당연히 힌두교의 입장에서는 그러한 출가를 비판할 수 있다. 문제는 이러한 비베카난다의 말에서도 알 수 있는 것처럼, '타고난 의무'를 행하지 않고서 행하는 불교의 출가

53) Edmund Weber 1997. "Swami Vivekananda and the Buddhism", *Journal of Religious Culture*(Journal für Religionskultur). No.05b.
http://web.uni-frankfurt.de/irenik/relkultur05b.pdf 인터넷으로부터의 인용이라서 쪽수를 기입할 수 없다. 'V'는 『비베카난다 전집』 제5권을 가리킨다. 해당 부분은 "The East and The West"에서의 발췌 인용이다.
54) 이 글에서 말하는 '산냐시'는 인생의 주기(aśramadharma)의 넷째 단계인 유행기의 산냐시를 말하는 것이었다. 이에 대해서 축소해석이 아닌가, 라고 하는 의견이 있을 수 있다. 하지만 불교의 출가가 가주기의 의무를 다하지 않았다고 비판하는 비베카난다의 입장을 고려해 볼 때, 비베카난다가 말하는 산냐시는 가주기를 다한 뒤의 산냐시임을 알 수가 있다. 다만, "우리는 산냐시들이다"라는 말과 같이 어떤 맥락에서는 굳이 유행기의 산냐시만이 아니라 그저 '집착을 버리고서 집을 떠나서 걸식하면서 방랑하는 수행자'라는 의미로 쓰이는 경우도 없지 않겠지만 말이다.

와 그것을 충실히 이행하고 난 뒤에 행하는 힌두교의 유행이 질적으로 다르다는 점이다.

그러므로 그렇게 질적 성격이 다른 붓다의 출가에서 확인되는 미덕을 힌두 전통의 유행기의 산냐시들에게 가져가서 덧씌우는 일이 잘못임을 말하고 싶은 것이다. 더욱이 그러한 질적 차이를 인식하고 있으면서도 그것을 비판의 자료로서만 활용할 뿐, 그러한 차이를 갖는 독립적 종교의 탄생을 인정하지 않고, 여전히 힌두교 안에 위치지움으로써, 힌두교 밖에 불교가 없다는 포용주의적 태도가 얼마나 자가당착에 빠져있는가 하는 점을 드러내고자 한다. 그뿐인가, 라마크리쉬나 미션의 잡지에 실린 논문에서 비베카난다의 법손(法孫)인 프라산나트마난다(Swami Prasannatmananda)[55]는 이렇게 말하고 있다.

> 사원과 승려를 갖고 있는 불교라 불리는 종교가 인도에 있었다고 상상해서는 아니 된다. 그런 것은 없었다. 그저 불교는 언제나 힌두교와 함께였다.[56]

비베카난다보다 한 걸음 더 나아갔다. 그러나 비베카난다의 논리를 따라가다 보면, 그 끝에 이러한 억지주장이 기다리고 있음을 보게 된다. 씁쓸한 일이지만 말이다.

---

55) 라마크리쉬나 미션의 출가자들의 법명(法名)은 모두 '스와미 … 난다(Swami … nanda)'로 끝난다. 스와미 비베카난다의 계승자라는 의미에서 일 것이다.
56) Swami Prasannatmananda 2010, "Swami Vivekananda's Views on Buddhist Monasticism", *Bulletin of the Ramakrishna Mission Institute of Culture*(May), p.231. http://www.sriramakrishna.org.bulletin/b510rp2.pdf.

V. 출가자 붓다, 실천행자 붓다

비베카난다는 길지 않은 생애를 살다 갔으나, 큰 족적을 남겼다. 1893년 시카고에서 열린 세계종교회의(Parliament of Religions)를 계기로 서양에 힌두교를 소개하였을 뿐만 아니라, 샹카라의 불이일원론 베단타를 계승하면서도 종래에는 결여되었던 사회성을 덧보탬으로써 '실천적 베단타'를 확립하였다. 또한 그러한 이념을 실천하기 위한 조직으로서 '라마크리쉬나 미션'을 세웠으니, 가히 힌두교의 역사에 새로운 종파를 개종(開宗)한 조사(祖師)라 평가해도 크게 틀리지 않을 것이다.

동시대의 다른 신힌두교(Neo-Hinduism)의 지도자들과는 달리, 비베카난다는 불교에 대한 많은 언급을 남기고 있다. 한편으로는 찬양하고 또 다른 한편으로는 비판하면서, 마침내는 힌두교 속으로 붓다를 집어넣어 버렸다. 과연 어떤 점에서 붓다를 찬양하면서 배우고자 하였으며, 어떤 점에서 비판하였던 것일까? 또 어떠한 논리로 붓다를 힌두교 속으로 포용해 버렸던 것일까?

종래 이러한 문제에 대해서는 우리 학계는 물론이고, 세계 학계에서도 그다지 많은 연구가 보고된 것은 아닌 것 같다. 나는 직접적으로 붓다 내지 불교를 언급한 비베카난다의 글을 편집한 『붓다와 그의 메시지』를 분석해 보았다. 그 결과, 비베카난다는 다음과 같은 세 가지 붓다상(像)을 구축한 것으로 파악되었다. 이에 대해서는 각기 나름의 비평을 가하였는데, 이를 간략히 요약해 본다.

첫째, '실천행자 붓다'이다. 영국 제국주의 지배 하에 놓여있었던 인도의 현실을 예민하게 의식하고 있었던 비베카난다는 힌두교의 변신, 베단타의 개혁을 지향하게 된다. 대중에의 봉사라는 방향이었다. 물론 그러한 이념은 『기타』의 카르마 요가에서 찾아볼 수 있는 것이었다. 문제는 『기타』가 카르마 요가를 그토록 강조하였지만, 현실적 전범을 갖고 있지 못했다는 점이다. 스스로 집착과 욕망을 포기한 채 자비로운 마음으로 대중들에게 봉사하는 삶을 살았던 인물로 붓다가 재인식된 이유이다. 그리하여 '실천행자(karma-yogī) 붓다'의 얼굴을 크게 부각하였다. 물론, 우리는 붓다의 얼굴이 '자비실천의 얼굴' 하나로 단일화될 수는 없다고 생각하지만 비베카난다의 이러한 평가와 수용은 붓다의 얼굴, 내지 붓다의 가르침 안에서 '자비실천'의 카르마 요가적 측면(=대승적 보살행)을 더욱 강조한 것으로 볼 수 있다. 이 점은 긍정적으로 평가한다. 물론 이 점에서 우리는 비베카난다에게 미친 대승불교의 영향을 볼 수 있게 된다.

둘째, '유행자 붓다'이다. 다시 비베카난다는 붓다를 산냐시로 본다. 카르마 요기이면서 동시에 산냐시이다. 사실 비베카난다는 힌두 전통의 종교를 '사제자 vs 유행자'의 대립구조로 이해한다. 산냐시들은 사제자들의 타락상을 비판하는 존재였다고 말하는 것이다. 마치 기독교의 구약에서 나오는 예언자처럼 말이다. 이러한 그의 역사인식에는 '유대교의 사제자 vs 예언자(=구약의 예언자+신약의 예수)'라고 하는 서양기독교를 보는 인식이 투영(project)되어 있다. 과연 힌두전통의 생애 주기(āśramadharma)의 네 번째 단계인 산냐사(sannyāsa, 遊行期)를 살았던 산냐시를 유대-기독교 전통의 예언자와 동일시할 수 있을까? 그럴 수는 없다고 본다. 예언자들과 상대적으로 비교해 보았을 때, 예언자들이 사제자들에 대해서 비판했던 만큼의 비판을 유행자들 역시 사제자들에게 했던 것일까? 사제자들의 의례주의나 카스트차별에 대해서 말이다. 그렇게 보기는 어렵다고 나는 생각한다. 이렇게 힌두 전통 안에서는 결여된 이미지를 새롭게 보완하면서, 새로운 이미지 창출에 도움을 주는 존재가 바로 붓다였다. 붓다를 유행자라고 함으로써 유행자상(像)의 변천을 시도하였던 것인데, 실제 힌두 전통 속의 유행자 역시 붓다와 같은 삶을 살았던 것처럼 말하는 데까지 나아간 것으로 보인다.

셋째, '베다의 개혁자 붓다'이다. 붓다가 힌두 전통의 산냐시가 된 만큼, 붓다 역시 힌두 전통 속의 인물일 뿐이라는 이야기가 자연스럽게 성립된다. 붓다는 불교라는 새로운 종교의 창시자가 아니라, 베다 종교의 개혁자로서 베다 종교의 참된 정신을 펼친 사람에 지나지 않는다. "불교, 힌두교의 완성(Buddhism, the Fulfilment of Hinduism)"이라 비베카난다가 말했을 때 역시, 『마태복음』(새번역) 5:17에서 "나는 율법이나 예언자의 말을 폐하러 온 것이 아니라, 완성하러 왔다"고 말한 예수의 이미지를 붓다에게 덧씌우고 있는 것이다. 이렇게 비베카난다는 다양한 종교의 가치와 존재의의를 있는 그대로 인정하는 종교다원주의자(religious pluralist)가 아니라 다른 종교의 가치를 인정하는 척 하지만 실제로는 자기종교 속으로 포괄해 버리고 마는 포용주의자(inclusivist)에 지나지 않았던 셈이다. 그러나 이러한 그의 논리는 두 가지 점에서 자가당착적이다. 하나는 종교의 본질적 차이를 규정하는 형이상학의 차원에서 불교와 힌두교의 차이를 인정하지 않았다는 점이다. 불교와 힌두 전통의 형이상학이 같지 않음을 그 역시 지적하고 있지 않았던가. 다른 하나는 불교의 출가가 가주기에 행해야 할 자기의무(svadharma)를 행하지 않은 것임을 강력히 비판함으로써, 그 스스로 힌두 전통의 산냐사와 불교의 출가(pibbajjā, pravrajyā)가 질적으로 다름을 잘 알고 있었기 때문이었다. 결국 붓다의 출가는 힌두 전통의 산냐시가 되기를 거부함으로써, 힌두 전통의 종교와는 다른 새로운 종교로서의 '불교의 탄생'으로 이어졌던 것이다.

요컨대 비베카난다는 '카르마 요기 붓다'를 말함으로써 어느 일면에서는 붓다의 긍정적 측면을 부각시켰지만, 다시 '산냐시 붓다'와 '베다의 개혁자 붓다'를 말함으로써 불교를 불교 그 자체로서 인정한 것이 아니라 힌두교 속에 포용해 버리고 말았던 것이다. 불교와 인도종교사를 모두 왜곡했던 것이다. 이로써 비베카난다 안에서나마 불교가 살아있기를 기대한 나의 희망과는 달리, 비베카난다 안에서 오히려 불교는 다시 한 번 더 죽고 말았던 것이다. 그것이 바로 비베카난다를 중심으로 살펴 본 '현대 인도 안에서의 불교의 부재양상'이었다. 역사는 어쩔 수 없이 그렇게 흘렀다. 그러나 철학은 포용과 부재로부터 불교의 출가를 구출해 내야 하는 것이다. 그때 비로소 불교적 출가의 정체성을 지킬 수 있을 것이기 때문이다.

제2부

한국의 출가정신

1장. 실계(失戒)의 윤리와 화쟁(和諍)의 언어
– 원효의 삶과 『보살계본지범요기(菩薩戒本持犯要記)』

　애당초 내가 원효의 『보살계본지범요기』에 대해서 관심을 갖게 된 계기는 『천수경』과 관련있었다. 『천수경』의 "수리 수리 마하수리 수수리 사바하"의 정구업진언(淨口業眞言)이나 "나모라 다나다라 야야 (……) "의 신묘장구대다라니(神妙章句大陀羅尼)와 같은 진언을 통해서 입으로 지은 업을 소멸하는 것을 '제1의 진언수행'이라고 규정하였다. 그리고 『보살계본지범요기』에서 원효가 그토록 세밀하게 분석하면서 역설하고 있는 것처럼 일상생활 속에서 나를 높이면서 남을 깎아내리지 않는 언어생활이야말로 '제2의 진언수행'이 된다고 보았다. 실제 우리들이 살아가는 모습을 성찰해 본다면, 자기를 찬탄하고 다른 사람을 비방하는 것으로 인하여 시비와 불화가 적지 않기 때문이다. 그러한 폐단은 비단 일반사회에서만이 아니라 불교교단이나 대학에서도, 인간들의 집단이라면 어디에서나 쉽게 발견할 수 있는 것이었다.

　그러한 점에 주의를 환기하고자 쓴 글이 ① 「'독송용 천수경'에 대한 언어적 재해석과 그 적용」(『불교학보』 제41집, 2004)이라는 논문이었다. 이는 나중에 『천수경의 새로운 연구』(민족사, 2006) 속에 수록되어 있는데, 237에서 351쪽에 이르는 장편(長篇)의 논문이었다. 그 논문의 5장 1절('자찬훼타계의 수지', pp.276-305)이 바로 원효의 『보살계본지범요기』

에 입각하여 화쟁언어학을 제시하는 부분이었다. 하지만,『보살계본지범요기』의 성격론에 대한 종래의 이해방식을 비판하고 새로운 견해를 제시하는 부분이 있었으나, 전체 글의 성격에 묻혀서 그 논의가 원효 연구자들에게 알려지거나 읽히기는 어렵게 되어 있었음도 사실이었다. 이에 5장 1절을 다시 뽑아내고 앞뒤로 '머리말'과 '맺음말'을 붙여서 새롭게 발표하게 된다. ②「『보살계본지범요기』의 성격론에 대한 재검토」(『원효학연구』 제9호, 2004, pp.63-92.)라는 제목의 글이었다.

그러고 나서 18년의 시간이 흘러갔다. 이 책『출가정신의 전개』를 편집하면서, '실계자 원효'의 지계의식과 화쟁언어학은 승단의 화합을 유지하기 위한 중요한 덕목이라는 점에서, 또 그를 통해서 원효 나름의 출가정신을 알 수 있다는 점 역시 새삼 인식하게 되었다. 어떤 의미에서든 '실계'의 문제는 출가와 결코 뗄 수 없는 주제가 아니던가. 기실 이미 '실계자 원효'의 문제에 대해서 나는 몇 편의 논문을 통하여 다룬 바 있다.

예컨대 '실계'와 '결혼' 문제를 일본 정토진종 신란(親鸞, 1273-1262)의 경우와 대비해서 논하기도 하였고(김호성 2020, 「일본 정토불교와 관련해서 본 원효의 정토신앙」,『불교학보』 제90집), 실계한 '소성거사 원효'와 같은 경우에도 왕생이 가능한지 문제를 제기한 뒤 그 답을 바로 원효의 『무량수경종요(無量壽經宗要)』에서 찾아보기도 했고(김호성 2020, 「소성거사 원효'의 왕생가능성」,『불교연구』 제53집), 또 일본 정토문의 호넨(法然, 1133-1212), 신란, 그리고 잇펜(一遍, 1239-1289)이 가졌던 '재가와 출가에 대한 관념'을 논의하면서 원효의 경우를 함께 공관(共觀)한 바(김호성 2017, 「출가, 재가, 그리고 비승비속」,『정토불교성립론』)도 있었다.

그렇지만 원효의 삶에서 하나의 전환점을 가져다 준 실계라는 사건이 그의 계율의식과 관련된다고 하는 점은 '김호성 2004, 「독송용 천수경'에 대한 언어적 재해석과 그 적용」 논문의 제3장 '원효의 삶과 『보살계본지범요기』'만을 따로 떼어내서 다시금 다룰 필요가 있었다. 사실 「'독송용 천수경'에 대한 언어적 재해석과 그 적용」에서는 그 제목에서부터 '성격론'이 중심을 이루고 있었기에, 제3장의 논의는 다소 의미가 잘 드러나지 않았던 것도 사실이었다. 그리하여 2004년 이후 학계에서 이루어진 연구성과들을 다시 점검하고 흡수하여, 이 책에 수록할 목적으로 ③ 「실계(失戒)의 윤리와 화쟁(和諍)의 언어 - 원효의 삶과 『보살계본지범요기』 -」를 완성하였다. ③에서는 성격론 부분을 배제함으로써, 이 책의 주제와 더욱 긴밀하게 연관될 수 있게 되었다. ①에서 해당하는 부분을 찾아본다면, pp.291-305가 될 것이다. 출가정신을 드러내고자 했던 실례를 우리 불교 안에서 찾고자 할 때, 어찌 원효가 제외될 수 있겠는가.

③은 '김호성 2004, 「'독송용 천수경'에 대한 언어적 재해석과 그 적용」에서 논지가 바뀐 것은 없다. 하지만 ②의 제3장이 아무런 절 구분도 없이 긴 논의만으로 이어져 있었으나, 이번에는 전체 본문을 두 개의 장으로 나누고, 각 장에 다시 두 개의 절을 두었다. 그러다 보니, 사실상 대폭 수정과 보완이 이루어진 셈이다. 이것으로 '원효의 계율'에 대한 고찰은 막을 내린다. 앞으로는 '원효의 정토사상'에 대해서만 집중적으로 천착하려고 한다. 이미 9편을 발표하였으나, 아직 써야 할 논문의 주제가 많이 남아 있기 때문이다.

I. 실계자에게도 지계의식(持戒意識)은 있는가?

출가자는 누구나 출가자로서 지켜야 할 계율을 짊어지고 불도를 향해서 걸어가고 있다. 어떤 예외도 있을 수 없다. 계를 잘 지킬 때 개인의 성불은 물론이고, 승가(승단)의 질서나 화합이 유지될 수 있다. 그런 점에서 출가정신을 논의할 때는 반드시 지계의식의 문제를 논의해야 한다.

그런데 유감스럽게도, 출가자로 출발하였으나 애당초의 발원과는 달리 계를 잃어버리는 일 역시 없지 않다. 계율의 측면에서 보자면, 그러한 출가자는 '승려로서 실패한 분[1]'일 수 밖에 없다. 일리 있는 평가이다. 문제는 그렇다고 해서, 원효(元曉, 617-686)와 같은 분을 외면할 수는 없다는 데 있다. 외면할 수 없는 정도가 아니라, "시대가 지날수록 거사로서의 이미지를 탈색시키고 재차 고승으로서의 이미지[2]로 사람들은 원효를 평가해 왔다.

그런 만큼 원효가 실계했다고 해서, 그의 삶과 사상, 가르침 등을 다 외면할 수는 없다. 더욱이 우리의 선입견과 달리, 비록 실계했다 하더라도 그 나름으로 지계의식이 투철한 바 있다고 하면 더욱 더 그럴 것이다. 바로 그런 점이 투영되어 있는 저술이 있는데, 바로『보살계본지범요기(菩薩戒本持犯要記)』(이하, 『지범요기』로 약칭함)이다.

이 글은 원효의 실계와 『지범요기』를 함께 고찰해 보고자 한다. 먼저 일연(一然, 1206-1289)의 『삼국유사(三國遺事)』와 찬녕(贊寧, 919-1002)의 『송고승전(宋高僧傳)』이 전하는 원효 기록을 검토함으로써 그의 실계

---

1) 도일 2017, 「부처님 법에 혼돈의 한국불교 치유할 길이 있습니다」, 『법보신문』 제 1388호(2017년 4월 19일), 서울 : 법보신문사.
2) 남동신 2013, 「원효의 생애와 사상」, 『한국불교사연구입문(상)』(서울 : 지식산업사), p.235.

문제를 재검토한다. 그런 뒤 『보살계본지범요기』를 분석하면서 '실계자 원효'를 비방했던 것으로 생각되는 당시 신라 불교 상황에 대한 원효의 대응 속에서 그의 지계의식의 정체성(正體性, identity)을 찾아본다. 그 럼으로써 개인 차원을 넘어서 교단의 차원에서 '출가'의 문제를 생각하 는 원효의 출가정신을 읽을 수 있을 것이다.

Ⅱ. 원효의 실계 문제

현재 전하는 원효의 전기류(傳記類)에서 우리는 어떤 사건의 선후관 계나 저술의 선후관계를 확인할 수 있는 정보를 그다지 많이 볼 수는 없다. 따라서 원효의 삶에 대해서는 어떤 확정적인 정보를 근거로 하여 말하기 어려운 부분도 상당히 많을 것이다. 그럼에도 불구하고, 추론의 영역으로 들어가서라도 원효의 삶과 그 속에서의 그의 의식(意識), 그리 고 몸짓까지를 재구성해 볼 필요는 있다.

1. 『삼국유사』 기록의 이해

원효의 삶과 저술 사이에 하나의 가교(架橋)를 세우고자 할 때, 무엇 보다 중요한 실마리가 되어주는 것은 바로 그의 실계라고 나는 본다. 『삼국유사』에 의하면, 그 정황은 다음과 같다.

스님이 일찍이 어느 날 미친 듯이 노래를 불렀다. "누가 자루 없는 도끼 를 주겠는가. 하늘 바칠 기둥을 베리라." 사람들이 다 그 뜻을 알지 못 했다. 그때 태종 임금이 그 노래를 듣고서는 "이 스님이 아마도 귀한 부인을 얻어서 현명한 아들을 낳고 싶어서 하는 말일 터이다. 나라에 큰 현인이 있다면 그 이익이 막대할 것이다."라고 하였다. 그때 요석궁(오늘날의 學院이 그것이다.)에 과부가 된 공주가 있었으니, 궁리(宮吏)에게 원효를 찾아서 데리고 들라고 명령하였다. 궁리가 명령을 받잡고, 그를 찾았는데 남산으로부터 와서 민천(蚊川, 沙川, 사투리로는 牟川 또는 蚊川이라고도 한다. 또한 다리는 楡橋라고 말한다.)을 지나다가 만났다. (원효가 – 인용자) 일부러 물에 빠져서 옷이 젖었으므로 궁리가 스님을 요석궁으로 인도하여 옷을 갈아입고 말리게 하였으니, 그로 인하여 머물러 자게 되었다. 공주가 과연 임신하여 설총(薛聰)을 낳았다. 설총은 태어나면서부터 명민하여서 경전과 역사에 정통하였으니, 신라 십현(十賢) 중의 한 분이다. 우리말(方音)로써 중국과 우리나라의 풍속(方俗)과 사물의 이름을 회통(會通)하였으며, (유교의 – 인용자) 여섯 가지 경전과 문학을 해석하였으니, 오늘에 이르기까지 우리나라(海東)에서 (유교 – 인용자) 경전의 이치를 밝힘에 힘쓰는 자는 전해 받아서 끊어짐이 없었다.[3]

일연(一然)이 전하는 이러한 이야기를 생각해 보면, 우선 떠오르는 점은 그의 실계가 상당히 의식적인 행위였음을 알 수 있게 한다. 파계는 대상경계에 마음이 끄달리게 되어서 스스로를 제어하지 못하여 일어나는 수동적인 행위라고 할 때, 원효의 실계[4]는 그것과는 다른 성격을 보여준다. 매우 능동적이고 적극적이며, 심지어는 계획적[5]인 모습까지도

---

3) 『삼국유사』, 한불전 6, p.348a.
4) 김호성 2004, 「'독송용 천수경'에 대한 언어적 재해석과 그 적용」, 『불교학보』 제41집(서울 : 동국대 불교문화연구원)에서는 '파계(破戒)'라는 말을 썼다. 그런데 김호성 2020, 「'소성거사 원효'의 왕생가능성」, 『불교연구』 제53집(서울 : 한국불교연구원) 이후로는 '실계(失戒)'라는 말을 쓴다. 일연은 원효의 행위를 '파계'라기 보다는 '실계'로 평가했다는 점에 뜻이 있다고 보았기 때문이다. 원효 스스로도 『지범요기』에서 '실계'라는 말을 2회 쓰고 있다.(『보살계본지범요기』, 한불전 1, p.585a-b. 참조.) 그러므로 이 글에서는 김호성 2004, 「'독송용 천수경'에 대한 언어적 재해석과 그 적용」의 '파계'를 모두 '실계'로 고친다.
5) 이 점은 여러 학자들이 공히 인정하는 바인데, 『삼국유사』에 그 근거가 있기 때문

보여주고 있다. 그의 실계행위가 고상한 목적의 성취를 위한 방편시현 (方便示現)과 같은 인상마저 주고 있는 것이다. 그의 실계를 사실상 보살행의 하나로서 이해할 수 있는 것도 그러한 맥락에서이다.

그래서인지 그가 요석궁의 과공주, 즉 설총의 어머니와 함께 정착생활을 했다는 언급은 없다. 비록 아들 설총을 낳기는 했지만 말이다. 그렇지 않았으리라[6] 생각된다. 일연이 그의 삶을 불기(不羈)라고 평가[7]했을 때, 그것은 계율이라고 하는 규범에 묶여있지 않았다고 하는 의미만이 아니라, 그것을 벗어던지고 난 무애(無碍)의 삶에도 묶이지 않았다는 두 측면을 모두 다 함의하고 있는 것으로 해석되어야 할 것이다.

그 다음으로 주목되는 것은, 그의 행위가 어떻게 이해될 수 있는가 하는 문제와는 무관하게 그 스스로의 의식은 계율의 외면성(外面性)을 허물지 않았다는 점이다. 계율의 조목에서 드러나 있는 계상(戒相)을 무시하지 않았다. 오히려 겉으로 드러난 형식적인 측면에 복종하면서 그 스스로를 평가하는 엄밀성을 보여준다. 이 점은 종래 흔히 간과되어 왔다고 생각되는데, 이를 확인하기 위하여 앞에서 인용한 부분을 바로

이다. 아타고 구니야스(愛宕邦康)는 "신라 왕실 주도의 (……) 국가 프로젝트라"(愛宕邦康 2018, 「元曉撰『無量壽經宗要』研究方法改革論」, 『불교학보』 제82집(서울 : 동국대 불교문화연구원), p.22.) 보고 있고, 최병헌은 "왕권을 강화하는 정치개혁을 추진하는 국왕과 왕실의 입장에서, 거리낌 없는 행동으로 교단의 비판을 받으면서도 대중들의 지지를 이끌어 낼 수 있는 인물로서 원효를 주목한 것은 당연했다."(최병헌 2021, 「무덤 속 깨달음·요석공주와의 만남은 원효불교 읽는 핵심 키워드」, 『법보신문』 제1610호 (2021년 11월 24일)고 본다. 또한 김호성 2020, 「일본 정토불교와 관련해서 본 원효의 정토신앙」, 『불교학보』 제90집(서울 : 동국대 불교문화연구원), pp.91-92. 참조.

6) 원효의 실계를 결혼으로 보는 관점(후지 요시나리 2017, 「원효와 신란의 만남과 대화」, 『불교철학』 제12집(서울 : 동국대학교 불교대학 세계불교학연구소), p.192, 참조)에 대해서 나는 일본 정토진종의 개조 신란(親鸞, 1173-1262)의 경우와 대비하면서 반대의견을 제시한 바 있다. 김호성 2020, 「일본 정토불교와 관련해서 본 원효의 정토신앙」, 『불교학보』 제90집(서울 : 동국대 불교문화연구원), pp.87-94. 참조.

7) 『삼국유사』의 원효 이야기 제목을 일연은 '원효불기'라고 했다. 불기는 어디에도 얽매이지 않았다는 뜻이다.

이어서 좀 더 읽어볼 필요가 있다.

> 원효가 이미 계를 잃고서(失戒) 설총을 낳은 뒤로는 속인의 옷으로 바꾸어 입고서 스스로를 소성(小姓)거사라고 하였다. 우연히 광대가 춤을 추며 큰 박을 두드리는 것을 만났는데, 그 형상이 괴이하였다. 그 형상을 본받아서 도구를 만들었는데, 『화엄경』의 "일체에 무애(無碍)한 사람이 한 길로 생사를 벗어난다"고 하는 말씀으로써 '무애'라고 이름하였다. 이에 다시 노래를 지었으니 세상에 유통하고 있다. 일찍이 이를 지니고 천촌만락(千村萬落)을 다니면서 노래도 하고 춤도 추면서 노래로써 교화하여 귀의케 하였으니, 나무꾼, 독 짓는 사람, 그리고 사냥꾼의 무리로 하여금 모두 부처님의 이름을 알게 하여 "나무……"라고 그 이름을 일컫게 하였으니, 원효의 교화가 컸을진저.[8]

원효의 이러한 행위 속에는 그의 내면세계가 잘 투영되어 있다. 얼핏 보면, 앞서 말한 보살행이라는 차원과 모순되는 것처럼 보이지만 그렇지 않다. 그의 실계가 목적적이라는 점에서 보살행의 차원에서 이해할 수 있는 나름의 근거를 보여주고 있지만, 원효 스스로는 그런 점을 내세우지 않는다. 오히려 나름대로는 목적적인 행위였다고 하더라도, 중생들이 오해하여 함부로 모방하는 일이 있을까봐 염려하여 스스로 '소성거사'라고 칭함으로써 중생들이 그를 흉내내지 못하도록 배려하였다. 그들에게는 원효 스스로의 실계를 중생들은 감히 범접할 수 없는 차원에 가져다 두고서 봉인(封印)[9]해 버린 것이다. 참회행의 의미를 내포하

---

8) 『삼국유사』, 한불전 6, p.348a-b.
9) 스승 경허의 행동거지를 계율의 입장에서 제자 한암(漢岩, 1876-1951)이 봉인해 버린 일과 비견해 볼 수 있을 것이다.(경허에 대한 한암의 봉인은 김호성 2014, 『경허의 얼굴』(서울 : 불교시대사), pp.71-96. 참조.) 우리 불교사의 고승들 중에서 '실계'와 관련한 문제가 있는 분으로는 만해(萬海, 1879-1944)를 더 들 수 있는데, 그가 그의 행위를 봉인했는가 하는 점에 대해서는 잘 알지 못한다.

고 있는 것으로 나는 본다.

어떻든 중요한 것은, 그의 개인적 삶에서의 실계 행위라고 하는 사건이 주는 이미지와는 달리, 실로 원효는 정직하게 자기 스스로의 윤리적 문제의식에 치열한 고민[10]을 거듭하고 있다는 점이다. 어쩌면 그가 실계했기 때문에 더욱더 계학(戒學)에 대한 의식을 놓을 수 없었는지도 모른다. 그러한 과정에서 계학에 대한 텍스트인 『보살계본지범요기』를 집필하였던 것이 아닐까 싶다.

2. 『송고승전』 기록의 이해

승가의 생명은 계에 있다. 계를 제정한 가장 주요한 동기는 정법(正法)을 오래 머물게(久住) 하기 위해서이다. 따라서 계를 지키는 것의 중요성에 대해서는 아무리 강조해도 지나치지 않을 것이다. 그만큼 계는 기본적 덕목이라 할 수 있다. 그렇게 계를 잘 지키는 지계자(持戒者)의 집단이 승가이다.

그렇기 때문에 중계(重戒)를 깨뜨리게 되는 경우, 승가로부터 추방당하는 것은 당연한 일일 터이다. 원효가 범한 중계, 즉 음계(婬戒)는 비구계에서는 제1계이다. 그것을 깨뜨렸을 때에는 집단으로부터 추방이라고 하는 중벌(重罰)을 받게 되는 바라이(波羅夷)계의 제일 앞머리에 자리하고 있는 것이다. 그런데 원효는 그러한 계율을 의식적으로 깨부수었다. 그리고 스스로 소성거사[11]가 된다.

---

10) 원효의 지계의식은 그의 참회록(물론 참회이론도 포함한다)이라 할 수 있는 『대승육정참회(大乘六情懺悔)』에서도 볼 수 있다.
11) 소성거사의 의미에 대해서는 김호성 2020, 「'소성거사 원효'의 왕생가능성」, 『불교연구』 제53집(서울 : 한국불교연구원), pp.12-27. 참조.

계를 깨뜨렸으므로 거사가 된다는 것은 당연한 일로 보이지만, 그 스스로 그러한 태도를 취한 것이다. 매우 정직한 삶의 태도라 아니할 수 없다. 여러 가지 논리로 변명을 할 수도 있고, 합리화를 할 수도 있었기 때문이었다. 만약 그랬다면 원효는 오늘날 또 다른 평가를 받을 수밖에 없었을 것이다. 그러나 그렇게 하지 않았다. 그 스스로는 계를 잃었다는 사실을 솔직히 인정한 것으로 볼 수 있다. 이렇게 볼 수 있다면, 그 이후의 무애[12]행은 하나의 참회행으로 볼 수도 있을 것이다.

물론 그렇다고 해서 그를 보는 당시 승가의 시선이 따스했으리라고 생각할 수만은 없을 것이다. 그 전후의 시간적 순서를 매길 수는 없지만, 그와 당시 승단의 불화(不和)에 대한 증언이 전해오기 때문이다. 『송고승전(宋高僧傳)』의 다음과 같은 기사에 주목해 보자.

> 그 때 국왕이 백고좌(百高座) 인왕경대회(仁王經大會)를 설치하여 널리 큰 스님을 찾았다. (원효 – 인용자) 스님의 출신 주(州)에서 (스님의) 명망을 내세워서 (스님을) 추천하였으나, 다른 큰스님들이 그의 사람됨을 미워하여 왕에게 참소하여 받아들여지지 못하게 하였다. (……) 원효가 다시 외쳐 말하였다. "옛날에 백 개의 서까래를 뽑을 때에는 비록 참여할 수 없었으나, 오늘 아침 한 개의 기둥이 놓일 곳에는 오직 나 혼자 능히 할 수 있구나."[13]

---

12) 일연이 '무애'라고 평가한 것은 실계 자체에 대해서가 아님을 주의해야 한다. 실계 이후의 민중교화의 행위를 두고서 '무애'라고 평가했던 것이다. 이 점을 착오해서는 자칫 '원효 흉내내기'를 하면서 스스로의 파계를 합리화하는 우(愚)를 범하게 될 것이다.

13) 「당신라국황룡사원효전(唐新羅國皇龍寺元曉傳)」, 『송고승전』(대정장 50, p.730a-b.)의 이 구절을 두고서, "원효 스스로 자찬훼타를 한 것이 아닌가, 스스로 자기모순에 빠진 것이다"라고 하는 문제를 제기할 수 있을지도 모른다.(최성열, 「김호성교수의 『보살계본지범요기』의 성격론에 대한 재검토'에 대한 논평」, 『원효학연구』 제9집(경주 : 원효학연구원), p.210. 참조.) 그러나 원효는 『지범요기』에서 자찬훼타가 반드시 죄가 되는 것이 아니라 경우에 따라서는 복이 될 수도 있음을 다음과 같이 밝히고 있

이러한 원효의 항변 내지 풍자(諷刺)를 볼 때, '실계 → 무애행/참회행'의 과정 속에서 종래 불화하였던 기성 승단으로부터 그가 받았을 처우가 어떠했을지는 짐작할 수 있게 된다. 그러한 그의 삶의 현실, 즉 컨텍스트가 상당 부분 반영된 텍스트가 곧『지범요기』인 것으로 나는 생각하고 있다.

마침 이병욱은『지범요기』에서 원효가 "겉으로 보아서는 계율에 위배되는 듯한 행동을 하지만, 실제로는 계율의 정신에 부합하게 행동한다는 무애행의 근거를 끌어내고 있다"[14]고 하였는데, 무애행과『지범요기』의 시간적 선후관계는 알 수 없지만 양자 사이에는 내적 친화성(親和性)이 있음을 지적한 것으로 본다면, 타당한 관점이라 생각된다. 그의 굴곡진 삶 속에서 보고 느끼고 깨달았던, 즉 컨텍스트에 기반한 해석/텍스트의 이해가『지범요기』속에는 무르익어 있기 때문이다. 다만 이병욱은 그 성립의 시간적 순서를 '『지범요기』 → 무애행'으로 보고 있으나, 나는 '무애행 →『지범요기』'가 아닐까 추정[15]해 본다. 그렇게 보는 이유는 '실계 → 무애행/참회행'의 과정에서 그가 직접 체험했던 컨텍스트가 『지범요기』 안에 잘 나타나 있는 것[16]으로 보기 때문이다.

원효의 내면세계 속에서는 참회행이라는 의미를 갖고 있었던 무애행

다. "만약 다른 사람이 집착하고 있는 비리(非理)가 가히 버려야 할 것임을 알고 있으며, 스스로 이해하는 바가 마땅히 닦아야 할 바 도(道)라서 곧바로 불법을 건립하여 유정(有情)을 이익코자 하여 스스로를 찬양하고 다른 사람을 비방하는 것은 큰 복이 된다."『보살계본지범요기』, 한불전 1, p.584c.

14) 이병욱 2002,「원효 무애행의 이론적 근거」,『원효학연구』제6집(경주 : 원효학연구원), p.335.

15) 고영섭은 원효 저술의 시간순서를 추정해 보고 있는데(고영섭 2016,『분황원효의 생애와 사상』(서울 : 운주사), pp.32-33. 참조.), 그 안에『지범요기』는 언급되지 않았다.

16) 비록『지범요기』안의 문장들을 대장경 안에서 찾을 수 있을지는 몰라도, 그러한 문장들을 인용하게 된 배경에는 그의 삶이라고 하는 컨텍스트가 놓여있음은 두 말할 나위가 없을 것이다. 그러한 문장들을 대장경 안에서 찾을 수 없으며 원효의 창조적 문장이라고 한다면, 그 문장들 속에 그의 삶이라는 컨텍스트가 투영되어 있음은 더 말할 나위가 없을 것이다.

이라 할지라도, 그것이 기성 승단에게는 긍정적으로 보이기 어려웠을 것임은 불문가지(不問可知)의 일이다. 그가 천촌만락을 다니면서 "나무 아미타불" 칭명 염불을 권했다는 사실은 정토불교의 맥락에서도 큰 의미[17]를 갖는 것이지만, 또 다른 의미를 하나 더 갖고 있다. 그것은 그의 의식 속에서는 '실계승(失戒僧)'임을 인정하면서도, 그 당시의 제도권 밖으로 뛰쳐나갔다는 점이다. 집단의 일원으로서 갖는 안정감을 깨부수고, 천하에 그 혼자만이 존재하는 유일자(唯一者) 내지 고독자(孤獨者)가 된 것이다. 말하자면 내가 말하는 '홀로결사'[18]를 감행했다고 볼 수 있을 것이다. 정착인으로서의 삶이 아니라 유목민으로서의 삶을 전개[19]해 간다. 이리하여 동진행(同塵行)을 할 수 밖에 없었던 것이니 흔히 그 이후의 행을 일러 무애행(無碍行)으로도 말해지는 것이다.

무애행이라는 것은 고독을 고독으로 받아들이지 않는 아웃사이더/단독자(單獨者)가 감행한 '홀로결사'로서 기성 승단에 소속된 승려들이 가는 길과는 다른 길이었다. 기성 승단은 그들과 함께 계를 지니며, 그들의 조직/제도 속에 그 일원(一員)으로서 정착하며, 그들과 다르지 않

---

17) 김호성 2021, 「원효가 민중들에게 권유한 염불의 정체성」, 『신라문화』 제58집(경주 : 동국대 신라문화연구소), pp.333-355. 참조.

18) 결사는 기본적으로 공동체 운동이다. 그러나 연대하는 데 조직이 생기고, 조직이 있는 곳에 권력이 생긴다. 그런 의미에서 각성과 참여를 하면서도 권력에 물들지 않는 삶의 방식은 '홀로결사'일 수밖에 없다.(김호성 2016, 『결사, 근현대 한국불교의 몸부림』(서울 : 씨아이알), pp.348-352. 참조.) 우리가 진실로 외로워야 하는 이유이다. 그 모범이 원효임은 두 말할 나위가 없을 것이다.

19) 의상(義相, 625-702)과 원효는 흔히 대비된다. 의상은 정착민의 삶을 선택함으로써 10대제자를 두고 화엄 십찰(十刹)을 형성하여 화엄종을 이뤄내게 된다. 그러나 원효는 철저히 '홀로결사'한다. 일정한 스승이 없었을(學不從師) 뿐만 아니라, 제자 역시 거두지 않는다. 법통(法統)으로부터 완벽한 해방이다. 그리하여 그는 끝내 어떤 권력도 갖지 못한다. 그럼으로써 그는 민중과 함께하는 둔세승(遁世僧), 즉 '저자거리의 성인(市聖)'으로서 살아간다. 조직과 제도에 의한 집단의 결사는 민중불교가 아니다. 연대하지 않는 각성으로 본래면목의 고원한 길을 걸어간 이가 원효다.

은 삶의 모습을 보이는 것을 기대하기 때문에 실계 이후의 무애행이 비록 참회행이라 하더라도 일탈(逸脫)로 보지 않을 수 없었던 것이다. 더욱이 민중들 사이에서 그가 함께 했던 행위들은 불온하거나 위험한 것으로 인식될 수도 있었던 것이다. 왜냐하면 '홀로결사'로서의 원효의 민중불교는 제도불교/조직불교와의 결별[20]이었기 때문이다.

앞서 나는 원효가 실계자였으므로 그의 의식 속에는 실계자 의식이 있었다고 하였다. 그러한 점을 의식하고 있다는 것 자체가 참회로서의 성격을 갖고 있는 것으로 볼 수 있음에도 불구하고, 당시 기성교단에서 그것을 참회로서 받아들이고 원효를 느긋하게 용서하였던/용서할 수 있었던 것은 아니었다. 그런 그들이 원효에게 주었던/보여주었던 것은 무엇이었을까? 바로 "나는 너와는 달리 계를 잘 지키고 있다"는 지계에 대한 자만심이었을 것이다. 이러한 의식을 나는 『금강경』의 개념을 빌어 '지계상(持戒相, śīla-saṁjñā)'이라 명명(命名)해 본다. 그들이 스스로를 향해서 지계자로서의 아만(我慢)을 높여갈 때, 그와 동시에 원효와 같은 실계자에게도 "너는 파계자이다"[21]라는 비난을 퍼부었을 것이다.

전자의 생각을 원효는 자찬이라 하고, 후자의 생각을 원효는 훼타라고 말한다. 바로 『지범요기』에서 원효가 자찬훼타계를 그토록 상세하게 고찰하고 있는 이유도 바로 여기에 있는 것이 아닐까 추정한다. 이에 대해서는 다음 장에서 본격적으로 고찰키로 한다.

---

20) '민중불교'를 이렇게 다시 정의함으로써 원효의 무애행은 민중불교의 전범이 된다. 그럼으로써 우리는 민중불교의 실천이 얼마나 멀고 험한 길인지 알게 된다. 제도나 조직을 떠나서 철저히 '홀로결사'를 할 수 없다는 점에서 어쩌면 불가능한 일인지도 모를 그 길을 원효는 걸어갔던 것이다. 홀로결사와 민중불교 개념의 재정의에 대해서는 김호성 2011, 『일본불교의 빛과 그림자』(서울 : 정우서적), pp.67-68. 참조.
21) 일연이 원효의 행위를 '실계'라고 인식하였음에 대하여, 기승 승단은 여전히 '파계'로 인식하였을 것이다. 이런 점을 구분하는 것이 중요하리라 생각되므로, 이 문맥에서는 '파계'라는 말을 쓴다.

Ⅲ. 자찬훼타계(自讚毁他戒)의 심층적 분석

원효는 왜 『지범요기』를 쓰고 있는 것일까? 요시즈 요시히데(吉津宜英)는 『지범요기』를 "원효의 육성(肉聲)이 들리는 듯한, 유니크(unique)한 문헌"[22]이라 말한 바 있다. 요시즈 요시히데가 들었던 원효의 육성 중에는 다음과 같은 대의(大意) 부분 역시 포함되어 있었을 것으로 생각된다.

> 삿됨과 바름의 겉모습(相)은 넘나들기 쉽고 죄와 복의 속마음(性)은 분간하기 어렵다. 왜냐하면 혹은 안으로 뜻이 삿됨에도 겉으로 자취는 올바른 것 같기도 하고, 혹은 겉으로 드러난 행위는 오염되어 있어도 그 속마음(中心)은 순수하고 깨끗하기도 하며, 혹은 (어떤) 행위는 적은 복에는 부합하나 큰 근심을 부르기도 하고, 혹은 마음이 가는 것이 심원(深遠)한 데에는 수순(隨順)하지만 천근(淺近)한 데에는 거스르고 말기 때문이다. 그러므로 오직 더러움에 빠져 있는 도인(道人)은 사사로이 사문(沙門)이라 하며 깊이 사이비 행적에만 전념하여 참되고 올바름을 저버리고, 매양 굳건히 깊은 계율을 (잡는다고) 하지만 천한 행위만을 구한다.[23]

원효는 어떤 책을 읽고서 이러한 관점을 갖게 된 것일까? 이 문장들은 인용일까? 과문(寡聞)한 나로서는 확언할 길은 없으나, 어떤 책으로부터의 인용 여부와는 무관하게 그의 삶의 현실(context, 맥락) 속에서 충분히 절감한 것이라고 생각된다. 즉 그가 살았던 시대와 사회, 즉 컨

---

22) 박광연 2020, 「동아시아 보살계 사상의 전개와 원효 『보살계본지범요기』」, 『원효, 문헌과 사상의 신지평』(서울 : 동국대학교출판부), p.246. 재인용.
23) 『보살계본지범요기』, 한불전 1, p.581a.

텍스트에 대한 판단이 투영된 "특수상(特殊相)일 것이며, 동시에 시간과 공간의 간극을 넘어서 오늘 우리에게까지/서도 이어지고/발견되고 있는 보편상(普遍相)이기도"[24] 한 것이다.

1. 자찬훼타의 범계(犯戒) 여부

보살계는 대승불교의 계율이다. 출가자도 받고 재가자도 받는다. 출가자도 보살이 되어야 하고, 재가자도 보살이 되어야 하기 때문이다. 이러한 성격의 계율은 『범망경(梵網經)』에서도 설하고 『유가사지론』(본사분 보살지 계품)에서도 설한다. 전자 속의 보살계는 경(sūtra, 修多羅)에 설해져 있기에 '다라계본(多羅戒本)'이라 말하고, 후자는 논서, 즉 대승불교의 아비달마(abhidharma, 阿毗達摩) 속에 설해져 있는 계율이기에 '달마계본(達摩戒本)'이라 부른다.

그렇다면 원효가 『지범요기』에서 논의하는 보살계는 어떤 계본이었을까? 이에 대해서는 견해가 갈리는데, 이기영, 고익진, 채인환은 달마계본을 지지하고, 기무라 센소(木村宣彰), 최원식, 김상현은 다라계본을 지지하였다. 나는 특히 김상현의 학설[25]을 집중적으로 비판하면서, 달마계본이 주가 되었으며 다라계본은 겸했을 뿐(正依瑜伽, 兼憑梵網)임을 밝힌[26] 바 있다.

---

24) 김호성 2004, 「『보살계본지범요기』의 성격론에 대한 재검토」, 『원효학연구』 제9집 (경주 : 원효학연구원), p.70.
25) 김상현 2000, 「『보살계본지범요기조람집』의 검토」, 『원효연구』(서울 : 민족사), 참조. 김상현의 관점은 일본 가마쿠라(鎌倉) 시대 진언율종의 신엔(眞円)이 『지범요기』를 주석한 『보살계본지범요기조람집(菩薩戒本持犯要記助覽集)』의 관점에 따른 것이었다.
26) 이에 대한 본격논의가 김호성 2004, 「『보살계본지범요기』의 성격론에 대한 재검토」(『원효학연구』 제9집)의 제2장(pp.64-75)이었다. 근래 박광연은 "6세기 전후 중국

이 성격론이 왜 중요한가 하면, 『범망경』(=다라계본)의 보살계에서는 "생명을 죽이지 말라"는 살계(殺戒)가 제1계가 되어 있음에 반하여, 『유가사지론』(=달마계본)에서는 "스스로를 찬탄하고 다른 사람을 비방하지 말라"는 자찬훼타계(自讚毀他戒)가 제1계이기 때문이다. 양자가 가장 중시하는 바가 다른데, 원효는 『지범요기』라는 저술 하나를 통하여 오롯이 자찬훼타계 하나만을 분석하고 있는 것 아닌가.

『유가사지론』에서 설하는 보살계의 제1계는 비록 스스로 계율을 잘 지킨다고 하더라도, 그것만으로는 부족하다고 본다. 실계자들에 대한 우월의식이 없어야 하며, 그들을 비난해서도 안 된다고 하는 이야기를 강조하고 있었던 것이다. 그리고 그러한 입장은 '실계자 원효'에게는 깊이 공감하는 바 있었을 것이다. 『송고승전』이 알려주는 것처럼, 그러한 일로 인하여 그는 당시 기성 승단으로부터 심한 비난을 받았을 것이기 때문이다. 비난은 어떤 의미에서는 당연하지만, 원효로서는 그 비난하는 사람들 자체도 지계상(持戒相)에 빠져서 자찬훼타의 계를 깨뜨리고

의 보살계 수계에서 지지계(地持戒)와 범망계의 결합은 빈번하였다"(박광연 2020, 「동아시아 보살계 사상의 전개와 원효『보살계본지범요기』」, 『원효, 문헌과 사상의 신지평』, p.258)고 하였다. 그런 점을 생각할 때, "원효가 범망계와 유가계를 대립적으로 보지 않았다는 것은 인정할 수 있지만, 이들을 화회시키려 하였다는 주장은 재고의 여지가 있다"(p.252)고 판단하였다. 양자를 화회(和會)시키려 하였다는 주장에 대해서는 나 역시 동의하지 않는다. 한편 한명숙은 "두 계본 가운데 어느 것을 더 중요시하였는지를 논의하는 것은 무의미하다."(한명숙 2019, 「지범요기조람집 해제」, 『지범요기조람집』(서울 : 동국대학교출판부), p.13)고 하였다. 그 근거는 "그(원효 - 인용자)가 범망계본을 다라계본, 유가계본을 달마계본이라고 하는 독자적 개념을 만들어서 사용한 것은 바로 그 중심성에 대한 논의의 무의미함을 보여주는 증거가 아닐까"(p.13)라고 하였다. 하지만, 『지범요기』 안에서 범망계/다라계본과 유가계/달마계본이 둘 다 등장하고, 그러한 전통이 중국불교에서부터 보인다고 하더라도, 원효는 그 둘 중에 어느 계본을 더욱 중시하고 더 중점을 둘 수도 있었을 것이다. 그런 점을 김호성 2004, 「『보살계본지범요기』의 성격론에 대한 재검토」(『원효학연구』 제9집)에서 논의한 바 있지만, 그 이후의 두 가지 견해를 더 소개해 둔다. 다만, 성격론에 대한 고찰이 이 글의 중점 주제는 아니기에 더 이상 천착하지는 않는다.

있는 모습에 둔감할 수도 없었을 것이다. 그러한 '원효의 마음'을, 나는 다음과 같이 추정, 재구성해 보았다.

그래, 그렇다. 나는 계를 잃었다. 그래서 이제 소성거사다. 그대들이 스스로 계를 지님은 참으로 훌륭한 일임에 틀림이 없다. 그렇지만 지계상에 머물러서 계를 깨뜨리거나 잃은 자를 비난하고 스스로를 높이는 의식(意識)을 버리지 못한다면 자찬훼타하게 되리라. 그 역시 범계(犯戒)가 아니겠는가. 그것이 어쩌면 더욱 중한 범계가 될지도 모른다. 달마계본에서 그러한 자찬훼타를 제1계로서 경계하고 있음을 보지 못하였던가.

어쩌면 이러한 생각을 원효 스스로 갖고 있었기에 달마계본의 자찬 훼타계 하나만을 심층적으로 분석해 간 것인지도 모른다. 그것이 『지범요기』의 핵심을 이루는 경중문(輕重門)의 '따로이 차별을 드러냄(別顯差別)'이다. 원효는 자찬훼타를 했더라도 범계가 되지 않는 경우(無犯)를 고려하고 있기는 하지만, 아무래도 문제가 되는 것은 범계가 되는 경우(有犯)이다. 원효의 고려(四料揀)[27]를 표로 제시하면 다음과 같이 된다.

표 3 : 따로이 염오와 불염오를 논하다

┌─ 복이 되지만 염오는 아닌 경우 : 그로 하여금 신심을 일으키기 위하여
├─ 범계는 되지만 염오는 아닌 경우 : 방일(放逸)과 무기심(無記心)으로 인하여
├─ 염오는 되지만 중범은 아닌 경우 : 사랑하고 미워하는 마음으로 인하여
└─ 중범이라서 가볍지 않은 경우 : 이양(利養)과 공경(恭敬)을 탐하여서

---

27) 『보살계본지범요기』, 한불전 1, p.581b. 네 가지 경우를 고려하였으므로 '사료간(四料揀)'이라 해도 좋을 것이다.

첫째, 복이 되는 경우는 겉으로 볼 때는 범계인 것처럼 보이지만 범계라고 할 수 없다. 왜냐하면 비록 자찬훼타를 하더라도, 그것이 염오로 인하여 이루어진 것이 아니기 때문이다. 상대가 신심을 일으키도록 경책하기 위한 까닭이므로 오히려 복이 된다. 예컨대 부모가 자식을, 스승이 제자를 올바른 길로 이끌기 위해서 훈계할 때의 악구(惡口)는 범계가 아님을 알 수 있다.

둘째, 범계는 되지만 그저 방일해서이거나 아니면 무지해서인 경우이다. 이는 마음이 염오로 덮여서 일어난 것이 아니므로 그 뿌리는 깊지 않다.

셋째, 범계가 되면서 염오로 말미암은 경우이다. 다른 사람에 대하여 평등한 마음을 지니지 못하고서 미워하고 사랑하는 마음이 있기 때문이다. 이는 앞의 둘째보다 좀 더 무겁지만, 중범(重犯)인 것은 아니다. 미워하고 사랑하는 마음이야말로 모든 중생이 다 겪고 있는 현실적 번뇌로서 그것 자체가 극복의 대상이긴 하지만, 도덕적으로 뿌리 깊은 악근(惡根)이라 보기는 어렵기 때문이다.

넷째, 이양(=경제적 이익)과 공경(=정신적 이익)을 탐하는 것은 중생의 뿌리 깊은 번뇌로서, 마음이 염오에 의하여 덮인 결과이다. 그러므로 가장 무거운 범계이다.

원효는 네 번째 '중범이라서 가볍지 않은 경우'를 더욱 자세하게 분석해 간다. 그것이 그만큼 중요하기 때문이다. 이미 이양과 공경을 구하기 때문에 다른 사람에게 악구를 행하게 되는 중범을 저지르게 됨은 앞서 지적하였지만, 그 심리적 이유에 대하여 다시 더 세분한다. 번뇌로 말미암은 경우(由纏)와 일로 말미암은 경우(由事)인데, 여기서는 좀 더 극복하기 어려운 것으로 생각되는 번뇌로 말미암은 경우만을 살펴본다. 그것에는 다시 세 등급[28]이 있게 된다. 그렇게 나누는 근거를 알기 쉽게, 표로 정리하면 다음과 같이 된다.

표 4 : '중범이라서 가볍지 않은 경우'의 세 가지 등급

	현행(現行)	맹렬(猛烈)	참회(懺悔)	견덕(見德)
연품(軟品, =하품)	○	×	○	×
중품(中品)	○	○	×	×
상품(上品)	○	○	×	○

이 세 가지 경우는 모두 이양이나 공경을 구하려는 욕망으로 인하여 현행하여 다른 사람을 비방한다는 점에서는 모두 중범이 된다. 그러나 그런 중에서도 만약 참회하는 마음이 있다면 가장 가볍게 된다. 연품(=하품)이다. 참회하는 마음이 비방을 하더라도 맹렬하지 않게 하기 때문이며, 앞으로 또 다시 악구의 업을 짓지 않게 할 것이기 때문이다. 그런데 자찬훼타를 하면서도 참회하는 마음이 없는 경우는 연품(=하품)보다 좀더 무거운 죄업인 중품이 된다. 여기서 한 걸음 더 나아가 참회하는 마음이 없을 뿐만 아니라 오히려 그러한 자찬훼타의 행위가 공덕이 된다고 착각하는 경우가 있을 수 있다. 이는 가장 심각한 죄업을 초래하는 상품이다.

이상 살핀 바와 같이, 가벼움과 무거움, 염오와 불염오의 문제를 함께 두고 생각할 필요가 있을 것이다. 원효가 '따로이 차별을 드러냄'에서 '범계가 되지 않는 경우'와 '범계가 되는 경우' 안에서의 가벼움과 무

---

28) 『보살계본지범요기』, 한불전 1, p.581c. 참조. 그 중 연품(=하품)이 가장 가볍고, 상품이 가장 무거운 죄가 된다.

거움 이외에 다시 염오와 불염오를 따로이 논하는 데에서 우리는 불교
윤리학(Buddhist Ethics, 戒學)의 중요한 특성 하나를 확인할 수 있게 된
다. 겉으로 범계의 드러난 모습이 무거운지 가벼운지 하는 결과도 물론
중요하겠지만, 그러나 그보다 더욱 중요한 것은 마음이 오염되었는지 오
염되지 않았는지 하는 것이 더욱 근본적이고 중요하다고 보는 관점 말
이다. 이 점을 예리하게 지적하고 있는 것은 이기영이다.

> 달마계본의 섭율의계관(攝律儀戒觀)은 특히 자찬훼타(自讚毁他), 간석
> 재법(慳惜財法), 진불수회(瞋不受悔), 방란정법(謗亂正法)의 네 가지만
> 을 내세움으로써 형식주의적 윤리관을 넘어서 보다 더 내면적인 반성
> 을 촉구하는 방면으로 흐르고 있다. 달마계본의 소설(所說)을 다라계
> 본의 소판(所判)과 비교해 볼 때, 다라계본의 제금계(諸禁戒)가 아직
> 도 출가중심적 경향을 불식하고 있지 못하는 경향이 있는데 반하여,
> 달마계본의 소설에서는 그러한 출가중심적 경향이 지양되어 있음을
> 알 수 있다.[29]

얼핏 보면, 이기영의 이와 같은 평가는 좀 무리가 있는 것 아닌가 할
수도 있다. 왜냐하면 『지범요기』에서 달마계본이 중심이 되고 있기는 하
지만, 표면적으로 출가와 재가의 문제를 다루고 있는 것은 아니기 때문
이다. 즉 표면적으로 '출가중심적 경향이 지양'되어 있다고 판단하기는
쉽지 않다. 그렇기는 하지만, 원효가 단선적(單線的)으로 범계의 경중(輕
重)만을 문제삼지 아니하고, 그에 더하여 계를 범함에 있어서 원인으로
작용한 마음이 염오되었느냐 아니냐 하는 문제를 겸으로 놓고서 사유
하면서, 오히려 염오냐 불염오냐 하는 점을 더욱 중시하고 있었다는 점

---

29) 이기영 1983, 「원효의 보살계관」, 『한국불교연구』(서울 : 한국불교연구원), p.317.

에서, 이기영은 그러한 특징을 간파해 냈던 것이다. 염오냐 불염오냐를 따지는 것은 모두 범계 내지 실계 여부를 계율의 형식(戒相)에서가 아니라 계율의 근본(戒體)에서 판단하는 일이다. 계율을 형식에서 판단하지 않고 근본, 즉 마음에서 판단하게 되면, 지계자 내지 실계자가 출가자인가 재가자인가 하는 형식적 측면은 문제가 되지 않는다. 그런 뜻에서 '출가중심적 경향이 지양'되어 있다고 이기영은 간파해냈던 것이다.

이기영의 이러한 평가는 『지범요기』를 고찰하는 이 글이 '출가정신'을 주제로 하는 이 책의 일부로서 편집되어야 할 당위와 가능성을 잘 드러내준 것으로 보인다. 그렇게 생각할 때, 전통적으로 또 현재까지도 우리나라 불교에서 보살계를 연구하고 수계(受戒/授戒)할 때 모두 『범망경』의 다라계본을 중심으로 하여 이루어져 왔다는 점에서 아쉬움이 없지 않았다.

> 『범망경』의 계본이 주로 중국에서 출가승려들 사이에 널리 유포되다 보니 근래에 이르기까지 우리나라 불교승단에서도 다른 모든 의궤(儀軌)와 마찬가지로 중국대륙의 관습을 묵수(墨守)하는 경향이 있어서 원효의 승·속을 초월한 보살윤리사상이 등한시된 감이 없지 않다.[30]

물론 『범망경』 보살계가 갖는 의미 역시 적지 않은 것은 사실이겠으나, 적어도 자찬훼타라는 것이 교단의 화합을 깨뜨리는 데 중요한 요인이 되고 있음을 생각할 때, 『지범요기』에 나타난 '원효의 승·속을 초월한 보살윤리사상'은 재조명되고 또 수용되어야 할 필요가 있을 것이다.

---

30) 이기영 2002, 「원효의 윤리관」, 『원효』(서울 : 예문서원), p.428. 『범망경』은 화엄사상을 근본으로 하고 있으며, 우리나라 불교는 전통적으로 유식사상보다 화엄사상이 더욱 중심적인 자리를 차지하고 있었다는 점에도 『범망경』의 보살계를 전적으로 수용한 배경의 하나가 있지 않을까 싶다.

2. 지계자(持戒者)의 자찬훼타

계율, 선정, 그리고 지혜의 세 가지 배움(三學)을 닦는 것은 불교 수행의 기본이다. 이를 통해서 성불이 가능하다고 말해진다. 그런데 이 세 가지 배움을 닦는 수행자들이 어떻게, 또 왜 자찬훼타계를 범하게 되는 것일까? 원효는 "마치 사자의 몸에서 난 벌레가 사자를 먹는다"[31]는 격언처럼, 불도를 닦는다고 하지만 오히려 마사(魔事)를 짓는 일이 되는 경우가 있다고 말한다.

우선 원효가 분석하고 있는 세 가지 배움과 자찬훼타의 상관관계[32]를 도표로 그려본다.

표 5 : 세 가지 배움에 뿌리를 둔 자찬훼타

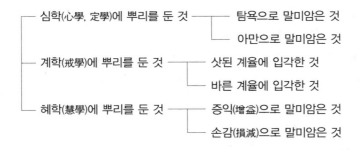

세 가지 배움으로부터 오히려 자찬훼타가 행해질 수 있다는 아이러니 (irony, 逆說) 를 지적하는 것이야말로 원효의 분석이 빛을 발하는 지점이다. 하나하나 전체를 다 논의할 수도 없고, 굳이 그렇게 할 필요도 없

---

31) 『보살계본지범요기』, 한불전 1, p.581c.
32) 『보살계본지범요기』, 한불전 1, pp.581c-582b.

다. 이 글의 주제와 관련하는 것은 '계학에 뿌리를 둔 것'이므로, 그 부분만 집중해서 논의하고자 한다. 삶의 현실에서 원효가 수없이 곱씹고 되새기면서 그 극복을 염원한 것은 계학 상의 문제였음을 생각하면, 이러한 방법이 허용될 수 있으리라 본다.

옷을 입지도 않고 오곡을 먹지도 않는 등 이상한 계율을 지니면서 모든 사람들이 자기를 공경해 주기를 바라고, 그렇게 괴이한 행적을 행하지 않는 사람을 억압하는 경우[33]는 '삿된 계율에 입각함'으로써 생기는 문제이다.

이러한 자찬훼타계는 '바른 계율에 입각'한 수행자들이 범하는 자찬훼타계에 비하면 오히려 가볍다고 할 수 있다. '바른 계율에 입각'한 수행자들의 모습이 도대체 어떠하길래, 원효는 그렇게 판단한 것일까?

> 예컨대 어떤 한 무리는 성품이 천근(淺近)하나 세상이 대운(大運)이라 교만하여 해이해 지기 쉬운 때임에도, 홀로 그 몸을 바르게 해서 위의(威儀)에 결함이 없었으므로, 문득 스스로를 높이고 다른 사람을 능멸하는 마음을 불러 일으켰다. (스스로 수행에서의) 나아감이 빠르다고 여기고 계를 소홀히 하는 무리에 대해서는 교만스럽게 비방하였다. 이런 사람은 그 작은 선(小善)은 온전히 하였으나 크게 금하는 것(大禁)을 훼손하였으니, 복(福)을 굴러서 화(禍)로 삼은 이로서 이렇게 심한 자는 없었다.[34]

---

33) 『보살계본지범요기』, 한불전 1, p.582a.
34) 『보살계본지범요기』, 한불전 1, p.582a. 한불전에서 원문을 교감한 바에 따라서 번역한 것이다. 원문의 '於世大運'을 박광연은 '세상의 대운에 대해'(박광연 2020, 「동아시아 보살계 사상의 전개와 원효 『보살계본지범요기』」, 『원효, 문헌과 사상의 신지평』 (서울 : 동국대학교출판부), p.262.)라고 옮겼는데, '於'는 목적격조사가 아니라 처소격조사로 쓰였다고 본다. 또 원문의 '慢毀乘急戒緩之衆'의 번역 역시 어려운 부분이다. 박광연은 "승乘은 급하게 하나 계는 느슨하게 하는 무리를 교만하게 비방한다"(p.262)고 했으나, '승乘을 급하게 한다'는 말이 무슨 의미인지 분명히 설명하지 않았다. 계율을 느슨하게 가지는 무리들에 대해서 스스로의 수행은 진보가 빠르

스스로 계를 잘 지키는 수행자들이 자찬훼타를 하게 되는 경우를 원효는 간과하지 않았다. 실로 "안으로 모든 번뇌가 없으며 다른 사람이 짓는지 안 짓는지 보지 않고 오직 스스로의 마음만을 관찰"[35]하는 수행자, 즉 보살이 어찌 자찬훼타의 계를 범할 수 있다는 말인가? 이렇게 원효의 논리를 반박할 수도 있을 것이다. 얼른 생각하면 타당성이 있는 것 같기도 하다. 다른 사람이 죄를 짓는지 안 짓는지 보지 않는다는 것은 그들을 비방하고 스스로를 높이는 자찬훼타를 행하지 않을 수 있기 때문이다. 그러면서 오직 스스로의 마음만을 관찰하고 홀로 바른 계율을 지니는 일은 매우 훌륭한 일일 터이다. 원효 역시 그렇게 말한다. "만약 그러한 분들에게 다른 염심(染心)이 없다고 한다면, 앞에서 설한 바와 같지 않다"[36]는 입장을 밝힌다. 즉 앞에서 설한 바와는 달라서 범계가 되지 않는다는 것이다.

그러나 그렇지 않은 경우, 즉 범계가 되는 경우도 역시 없지는 않다. 다음 세 가지 경우이다. 후술할 설명의 편의를 위하여 원문에는 없는 원문자를 임의로 붙여둔다.

① 홀로 청정한 계를 지키면서도 모든 세간의 믿지 않는 사람들에게는 믿게 하고 믿는 자에게는 더욱 믿음을 증장(增長)케 하여 두루 모든 승려들에게 평등히 공양케 하는 자는, 다만 무범(無犯)이 아닐 뿐 아니라 많은 복을 낳는 일이 된다.[37]

② 홀로 청정한 계를 잘 지키면서도 잡되게 물든 마음을 가진 사람들

다고 생각한다는 의미로 나는 추정하였다.
35) 『보살계본지범요기』, 한불전 1, p.582a.
36) 『보살계본지범요기』, 한불전 1, p.582a.
37) 『보살계본지범요기』, 한불전 1, p.582b.

사이에 살지만, 이렇게 계를 잘 지킨다고 하는 것으로 잡되게 물든 마음을 가진 대중을 억압하지 않는다. 또 그들로 하여금 공경하는 마음을 한결같이 일으키려고 하는 자는 마치 머리 위에 해와 달을 이고 가면서 다시 그 어둠을 제거하지 않는 자와 같다. 스스로 자기가 큰 성인(大聖)임을 알지 못하고 능히 그 당연함을 얻는 것은 드물 것이다.[38)]

③ 홀로 청정하다는 생각으로 말미암아 모든 세상 사람들에게 널리 모든 승려들은 복전이 아니라고 하면서 이양과 존중이 오직 자기에게만 돌아오게 하는 자는 성문(聲聞)의 스스로를 제도하는 심계(心戒)는 지켰다고 하더라도 보살의 광대(廣大)한 심계에는 거스르게 된 것이다.[39)]

원효 스스로는 이들 세 가지의 '홀로청정(獨淨)'을 말하면서 명시적으로 상품, 중품, 연품(=하품)의 구별을 하고 있는 것은 아니다. 그러나 나는 그 내용으로부터 세 등급(三品)으로 구별하는 것이 가능하다고 보았다. 그것을 도표로 요약해 보면 다음과 같이 된다.

표 6 : 세 가지 '홀로청정'에 대한 구별

	타인 억압	존중과 공양의 범위	기신(起信) 여부	평가
①	×	모든 승려	○	다복, 연품(臾品=하품)
②	×	자기 개인	×	중품(中品)
③	○	자기 개인	×	보살계 범계, 상품(上品)

---

38) 『보살계본지범요기』, 한불전 1, p.582b.
39) 『보살계본지범요기』, 한불전 1, p.582a.

원효가 가장 크게 문제 삼는 것은 겉으로 '바른 계율에 입각'한다 하
더라도, 속마음으로는 '바른 계율에 입각'하지 못한 대중을 억압하여
자기 개인에게는 이양(이익)이 돌아오도록 하는 일[40]임을 알 수 있다.
③의 경우가 바로 그것이다. ③과 같이 언행을 하게 된다면, 결국 우리
의 성불을 가장 강력하게 장애하는 자아의식은 더욱 강화될 것이며,
승가공동체 안의 화합은 더욱 멀어질 수밖에 없게 된다. 그래서 원효는
자찬훼타계의 지계를 역설함으로써 화쟁(和諍)[41]을 지향했던 것이다. 원
효의 이러한 입장을 화쟁언어학(和諍言語學)이라 부를 수 있을 것이다.
그러한 맥락에서 『지범요기』를 집필한 것이 아닐까 싶다.

---

40) 심학에 뿌리를 두는 것 역시 탐욕으로 말미암은 것보다는 아만으로 말미암은 것
이, 혜학에 뿌리를 두는 것도 증익으로 말미암는 것보다는 손감으로 말미암는 것
이 더욱더 해로운 상품(上品)의 범계가 된다고 보는 것은 '계학에 뿌리를 두는 것'
중에서도 바른 계율에 입각하는 것이 삿된 계율에 입각하는 것보다 더욱 더 나쁜
상품의 범계로 보려는 입장과 궤를 같이한다. 그 자세한 논의는 생략한다.

41) 최원식은 원효가 『지범요기』를 통하여 당시의 신라불교계를 비판하고 있다고 말
한다.(최원식 1999, 『신라보살계사상사연구』(서울 : 민족사), pp.87-91. 참조.) 이병욱 역
시 이 견해에 동의하고 있다.(이병욱 2002, 「원효 무애행의 이론적 근거」, 『원효학연구』
제6집(경주 : 원효학연구원), p.349.) 이러한 관점이 『지범요기』에 당시 신라불교의
상황이라는 컨텍스트가 반영되어 있다고 보는 점에서는 나 역시 공감할 수 있다.
그러나 그러한 신라불교계의 상황 속에서 우러난 원효의 성찰(省察)은 단순히 '비
판'일 수 없다. 박광연 역시 "『지범요기』는 신라 교단에 대한 원효의 비판의식이
깔려있긴 하지만 비판에 그치지 않고 스스로를 경계"(박광연 2020, 「동아시아 보살계
사상의 전개와 원효 『보살계본지범요기』」, 『원효, 문헌과 사상의 신지평』(서울 : 동국대학교
출판부), p.265)하는 글이라 보았다. '비판'이 자기의 정당성 위에 서서 타자를 비판
하는 것이라고 한다면, 원효는 '비판'의 입장을 취하지 않았던 것으로 본다. 원효는
스스로 부도덕한 상황/실계의 처지에 놓여 있으면서도 다른 사람들의 부도덕한 상
황/파계 내지 실계를 확인하고, 그러한 상황에 이른 것을 더욱 아파하면서 함께 그
러한 한계를 벗어나기 위한 '성찰'의 목소리를 낸 것이기 때문이다. 그러므로 그것
은 나는 옳고 남은 그르다는 입장을 취하는 비판과는 다른 것이며, 그렇기에 화쟁
이 가능한 것이다. 결코 자기성찰 없이 비판만으로 화쟁은 이루어지지 않는다.

Ⅳ. 원효의 윤리, 원효의 화쟁

원효는 실계 하였으므로 당연히 계율에 대해서는 무관심했을 것으로 생각하기 쉽다. 하지만 그것은 편견 내지 선입견에 지나지 않는다는 점을 원효는 보여준다. 『지범요기』나 『대승육정참회』와 같은 계율에 대한 책을 집필한 것을 보면, 그의 지계의식이 나름으로는 투철하였다고도 생각할 수 있다. 이 문제를 나는 그의 삶에 대한 재해석, 또한 그의 삶과 『지범요기』의 내용을 함께 연결 지어서 생각함으로써 해결하고자 했다.

『삼국유사』에 의하면, 원효는 실계한 뒤 스스로 "속인의 옷으로 바꾸어 입고서 스스로를 '소성거사'라고 하였다"고 한다. 여기서, 나는 비록 그의 실계행이 목적적인 행위로서 나름으로 보살행이라거나 무애행이라고 하는 해석이 가능하지만, 그 스스로는 "나는 실계했다"라고 하는 의식을 갖고 있었음을 본다. 그렇기 때문에 비록 그의 행위가 목적적인 것이었으며, 보살행 내지 무애행으로 이해할 수 있다고 하더라도, 또 다른 차원에서 참회행으로서 보여질 수 있었다고 본다. 보살행 내지 무애행이라 하더라도, 후학들에게 함부로 모방하는 우(愚)를 범해서는 안 된다고 하는 메시지를 전하고 싶었던 것이리라.

원효는 당시 신라불교의 컨텍스트 속에서 지계가 물론 중요한 일이지만, 그렇다고 해서 지계상(持戒相)에 머물러서 실계자를 비난하는 기성 승단의 행태가 불법에 부합하지 않음도 몸소 절감(切感)했을 것이다. 『금강경』에서 말하는 "법상(法相) 역시 버려야 한다"는 차원에서, 그는 그러한 행위의 문제점을 지적하고 나섰던 것이다. 그런 맥락에서 자찬훼타계를 제1계로 말하고 있는 『유가사지론』(=달마계본)이라는 텍스트에 주목하게 되었던 것으로 생각된다. 『지범요기』는 그렇게 해서 탄생된 것으로 추정해 보는 것이다.

한편, 『지범요기』의 성격에 대하여 『범망경』(=다라계본)이 중심이 되어 있다고 보는 선학(先學)들의 경우에는 방법론적 차원에서도 어떤 문제점을 드러내고 있었다. 그것은 "유가계(瑜伽戒)와 범망계(梵網戒)를 아울러 종합·조직한 저술"[42]이라고 하는 시각에서 드러나는 것처럼, 그들은 원효가 지금 『지범요기』라는 책을 저술하는 것이 어떤 학문적인 난제(難題)를 해결하기 위해서라고 보고 있었다. 이는 앞서 살펴본 바와 같이, 『지범요기』의 모두(冒頭)에 자리하고 있는 대의(大意)에서 원효 스스로 분명히 밝히고 있는 바, "스스로 깜박 잊을 것을 위하여 요점을 뽑아서 세부사항을 기록하여 같은 길을 가는 사람들이 자세히 살펴보고 결판을 짓기를 바라서"[43]라는 저술동기를 외면한 결과이다.

---

42) 대표적으로 기무라 센소(木村宣彰)와 최원식을 들 수 있다.(박광연 2020, 「동아시아 보살계 사상의 전개와 원효 『보살계본지범요기』」, 『원효, 문헌과 사상의 신지평』(서울 : 동국대학교출판부), p.251.) 기무라 센소의 견해는 木村宣彰 1980, 「菩薩戒本持犯要記について」, 『印度學佛教學研究』 28-2(東京 : 日本印度學佛教學會) 참조.

43) 『보살계본지범요기』, 한불전 1, p.581a. 박광연은 일본 도다이지(東大寺)에 전하는 사본에 의지하여, 원문의 '爲自忽忘'을 '爲自勿忘'이라 고쳐서 옮겼다.(박광연 2020, 「동아시아 보살계 사상의 전개와 원효 『보살계본지범요기』」, 『원효, 문헌과 사상의 신지평』, p.263. 각주 67) 그러나 '忽'이라고 하더라도 '爲'가 있기에 '스스로는 깜박 잊을 때를 대비하여'라는 의미가 된다고 본다. 그렇기에 '忽'이라고 해서 반드시 틀렸다고 보기는 어렵다. '勿忘'이라 하고 싶었다면, 차라리 '不忘'이라 하는 것이 한문에서는 더 자연스럽지 않았을까. 또한 '撮要記別'을 번역함에 있어서, 최원식은 '요긴한 것을 뽑아 따로 기록하니'(최원식 1999, 『신라보살계사상사연구』(서울 : 민족사), p.77)라고 하였고, 박광연은 '핵심(要)을 뽑아서 별도로 기록하다'(박광연 2020, 「동아시아 보살계 사상의 전개와 원효 『보살계본지범요기』」, p.263)라고 하였다. 이는 오역으로 보인다. 정확하게 '동사 + 목적어 ; 동사 + 목적어'의 구조로 이루어진 구절로 보아야 할 것이기 때문이다. '記別'의 '別'은 『보살계본지범요기』의 중심이 별현차별(別顯差別)에 있음을 생각할 때, 지범(持犯)과 관련한 '세부사항'이라고 보아야 한다. 그러한 세부사항을 기록해 두어서 스스로 망각에 대비한다는 것이야말로 『보살계본지범요기』의 저술동기 중 하나가 아니겠는가. 만약 최원식이나 박광연이 생각하듯이, '記別'의 '別'이 '따로이'라는 뜻의 부사라고 한다면 동사 '記' 앞에 자리해야 하지 않겠는가. 그렇다면 '특별히 기록하다', 혹은 '따로이 기록하다'라는 뜻이 될 것이다. 『대승기신론별기』라는 저술이 원효에게 있는 것을 생각한다면, 원효

물론, 우리는 원효가 많은 학문적 저술을 남겼으며 그 스스로 학문적 활동을 하기도 했으므로 그에게서 학자적 면모를 확인할 수 없는 것은 아니다. 또 오늘날 학문적 연구대상이 되기도 한다. 그렇지만, 그렇다고 해서 원효의 모든 저술을 다 그와 같이 어떤 학문적 난제를 해결하기 위해서 저술된 것으로 보는 관점에는 동의할 수 없다. 지금 『지범요기』와 같은 저술에서 보듯이, 단순히 학자로서가 아니라 구도(求道)의 삶을 살아가고 있는 실천자로서의 면목을 명확하게 보이는 저술도 있다는 점을 잊어서는 안 된다.

그러한 실천적 입장에서 볼 때, 원효는 『지범요기』를 통하여 자찬훼타야말로 교단의 화합을 깨뜨리는 가장 중요한 범계라고 하는 점을 강조하면서, 자기를 낮추고 다른 사람을 높이는 언어생활이야말로 화쟁의 언어라고 하는 점을 확인한다. 원효 스스로 이미 실계를 하였고, 실계자로서 낙인이 찍혀서 기성 승단으로부터 비난을 받고 있는 상황에서 그 비난하는 사람들을 향하여 이러한 점을 지적한다는 것은 결코 쉬운 일은 아니었을 것이다. 그 스스로도 심적으로 적지 않은 부담이 있었을 것이다. 그럼에도 불구하고, 원효가 그렇게 발언할 수밖에 없었던 것은 진정한 보살의 길은 자찬훼타를 넘어서는 데 있을 뿐만 아니라 교단의 화합 역시 자찬훼타로부터 벗어날 수 있을 때 가능한 것으로 그가 확신하였기 때문이라 본다. 이런 측면에서 볼 때, '실계자 원효'가 계율에 대해서 생각한 것은 흔히 상상하는 이상으로 핍진(逼眞)한 바 있었던 것으로 보인다. 실계자의 지계의식이라는 점에서, 원효의 지계의식은 실계와 지계 사이에 어떠한 교류(交流)도 있을 수 없다고 보는 관점이 아니라 실계와 지계 사이에는 서로 상대편으로 '들어가게' 하는 '문

는 '기별'과 '별기'를 예민하게 구분하고 있었다고 보아야 할 것이다.

턱'이 존재한다는 관점을 보여준다.

　원효는 그 '문턱'을 드러내서 보여주는 것을 자신의 사명으로 삼았던 것으로 보이는데, 바로 그런 점에서 그의 '실계자로서의 출가' 생활은 지계와 실계를 이원적으로 대립되는 것으로 보기를 거부하는 보살의 길이었다고 할 수 있을 것이다. 원효가 '무애행'을 했다고 『삼국유사』의 저자 일연이 평가하였을 때, 그 의미는 흔히 오해되는 것처럼 계율을 무시하면서 자유자재로 살았다는 측면에서가 아니라, 실계와 지계의 '문턱'에서, 실계와 지계를 양자택일적으로 보지 않았다고 하는 측면에서 '걸림이 없었다'고 말해진 것으로 이해할 수 있는 것은 아닐까. 물론, '무애'의 의미를 화엄적으로나 정토불교[44]의 맥락에서도 볼 수 있지만 말이다.

44) 김호성 2020, 「일본 정토불교와 관련해서 본 원효의 정토신앙」, 『불교학보』 제90집(서울 : 동국대 불교문화연구원), pp.94-97. 참조.

2장. 결사, 은둔, 그리고 출가의 문제
– 보조지눌(普照知訥)의 삶과 『정혜결사문(定慧結社文)』

　　근래 지난 사반세기에 걸친 나의 결사(結社)연구를 집대성하여 『결사, 근현대 한국불교의 몸부림』(씨아이알, 2016)이라는 책을 상재(上梓)하였다. 그러면서 『결사, 근현대 한국불교의 몸부림』 서평회'(2016년 10월 29일, 동국대 불교학술원 227호)를 가졌다. 서평위원들(김성순·김성연)로부터 전문적인 비평이 있었고, 청중들로부터도 많은 질의가 있었다. 이를 통해서 내가 느낀 것은, 아직 "결사란 무엇인가"라는 질문을 다시 제기해야 한다는 것이었다. 결사의 정의(定義)에 공감이 있다면, 많은 의혹은 사전에 해소될 수 있었을 것이라 생각되기 때문이다.

　　그리하여 내가 결사를 바라보는 데 문법(文法)을 제공해 준, 보조지눌의 정혜결사를 다시 살펴볼 필요성을 절감하였다. 물론, 이미 정혜결사에 대한 논문('보조지눌의 정혜결사 – 윤리적 성격과 그 실천」)이 『결사, 근현대 한국불교의 몸부림』(씨아이알, 2016), pp.3–47로 수록되어 있다. 하지만 그것은 정혜결사가 윤리적 차원의 결사라는 점을 부각하는 데 집중되어 있었다. 그 논문의 관점을 기본으로 하면서도, 결사를 은둔이라고 보는 나의 관점에 대한 비판, 특히 서평자들이 제기한 비판에 대답하기 위하여 보조지눌의 정혜결사가 곧 은둔이라는 점을 다시 한 번 더 분명히 할 필요가 있었다. 『정혜결사문』의 서분(序分)과 유통분(流通

分)을 분석함으로써 그 근거를 찾았다.

뿐만 아니라, 은둔에는 공간적 차원의 은둔만이 아니라 탈권력(脫權力)적 차원의 은둔 역시 있다는 점을 『삼국유사』의 피은(避隱)과 대비하면서 설명하였다. 결국, 결사가 은둔이며 탈권력이라는 점을 생각할 때 실제로 그것은 바로 고타마 붓다가 보여주었던 출가정신을 다시금 회복하자는 운동이었음을 다시 한 번 더 분명히 할 수 있었다.

이 글은 애당초 『보조사상』 제47집(보조사상연구원, 2017), pp.401-438을 통하여 발표하였다. 이 책에 다시 수록하기 위하여 절을 좀더 세분하고 다소 수정과 보완을 거쳤다.

Ⅰ. 출가와 결사의 통로

최근 『결사, 근현대 한국불교의 몸부림』이라는 책을 펴냈다. 지난 사반세기 동안 결사에 대한 사색을 한 책에 모은 것[1]이다. 왜 결사인가? 이에 대해서, '머리말'을 통하여 결사에 대한 나의 줄기찬 관심이 현대 우리 불교에서 경험한 '승단의 분규'와 관련되어 있음을 고백한 바 있다.

어떻게 하면 승단에서 분규가 사라질 수 있을까? 승단의 제도적인 부분에 대해서보다는, 보다 근본적으로 정신의 차원에서 재점검이 필요

---

1) 이 책에 수록되지 않은 결사 논문은 2편(「경허의 정혜계사에 나타난 수행이념 재고」, 「경허의 '정혜계사규례'에 나타난 수행이념 재고」)인데, 모두 김호성 2014, 『경허의 얼굴』(서울 : 불교시대사)에 수록되었기 때문이다.

하지 않을까? 붓다께서 출가하신 사건은 도대체 무슨 의미가 있는가? 우리가 되새겨야 할 출가의 의미는 무엇일까? 내 주제 중의 하나인 '출가'는 이렇게 해서 정해졌다. 결사의 주제 역시 마찬가지 맥락에서 형성된 것이다. 교단이 어려울 때마다 명예와 이익, 그리고 권력을 떠나서 불교를 지키고, 살리고, 새롭게 하기 위한 선각자들의 고독한 몸부림이 결사로 발현되지 않았던가.[2]

이러한 나의 관점은 '출가'와 '결사'가 내밀하게 연결되어 있음을 암시한다. 결사가 바로 참된 출가의 전통을 유지하기 위한 몸부림이기 때문이다. 여기서 다시 질문이 제기될 수 있다. 도대체 출가란 무엇이고, 또 결사란 무엇이란 말인가? 이는 각기 '출가'와 '결사'라는 불교사적 사건에 대한 정의를 묻는 것이다. 불교사적 사건을 사건의 인과관계 속에서 파악하는 것만으로 끝나는 것이 아니라, 그러한 역사적 방법론을 기반으로 해서 가장 바람직한 출가와 결사의 모습을 묻는 것이었다. 그것은 철학적 방법론에 입각한 것이라 할 수 있으리라.

특히, 『결사, 근현대 한국불교의 몸부림』에서는 그러한 정의의 문제를 강하게 제기하였다. 김성연은 이 책의 서평을 통하여 바로 그러한 점을 잘 드러내 주었다. 그의 말을 들어보자.

> 평자(김성연 – 인용자)는 이 책의 주제이자 주요 논점이 한국 불교결사의 개념 정립에 있다고 파악하였다. 이 책에서 다루고 있는 5건의 결사들은 저자(김호성 – 인용자)의 결사 정의를 위한 역사적 근거이자 철학적 사유의 대상이 되었다고 생각한다.[3]

---

2) 김호성 2016, 『결사, 근현대 한국불교의 몸부림』(서울 : 씨아이알), p.vi.
3) 김성연 2016, 「미래지향적 불교결사 개념 정의에 대한 단평(短評)」, 『결사, 근현대 한국불교의 몸부림』 서평회(2016년 10월 29일, 동국대 불교학술원 227호)' 자료, p.5. 이 서평은 『결사, 근현대 한국불교의 몸부림』 서평회'에서 발표된 것이다.

김성연의 이러한 비평은 정곡을 찌른 것으로 생각된다. 왜냐하면 하나하나의 개별적 사건으로서의 결사—대표적 예로서 보조지눌(普照知訥, 1158-1210)의 정혜결사[4]를 들 수 있다—에 대한 논의를 하는 부분도 있지만, 나로서는 그러한 점을 고려하면서 결국은 미래지향적으로 결사의 정의를 내리고자 시도하였기 때문이다.

여기서, 문제가 되는 나의 결사 개념의 정의를 일단 제시해 두는 것이 앞으로의 논의를 위해서도 필요할 것 같다. 두 차례에 걸쳐서 개념 정의를 시도했는데, 지금 논의해야 할 주제와 관련되는 것은 두 번째의 정의, 즉 수정된 결사 개념이다.

> 결사 : 불교교단의 문제 상황을 극복하기 위한 노력의 하나로서 직접 그 상황 속에 참여하여 개혁하고자 하는 대신, 그 상황으로부터 피은(避隱)하여 먼저 스스로 수행함으로써 장차 그러한 상황을 극복하고자 하는 일을 말한다. 그것은 권력이나 정치를 벗어나고자 하는 것이므로, 종단의 제도나 조직을 활용하지 않는 순수민간, 재야(在野)차원이어야 한다. 탈권력 내지 탈정치를 지향하므로 반드시 2인 이상의 모임은 아니어도 무방하다.[5]

---

4) 흔히 일반 역사학계에서는 '수선사', '수선결사'라고 말한다. 1204년 고려 왕실과 최충헌의 지원으로 '정혜사(定慧社)'를 '수선사(修禪社)'로 개명하였기 때문이다. 그런데 역사학계의 '수선사'라는 개념은 보조 당대만이 아니라 그 이후 보조 문손들의 시기까지 모두 포괄하고 있으나, 나는 다만 보조 당대의 결사만을 다루고 있기에 '정혜결사'로 지칭한다. 더욱이 권력과의 관계는 보조 당대와 혜심(慧諶, 1178-1234) 이후의 수선사가 다르다는 점에서도 양자를 구분할 필요가 있어서이다.

5) 김호성 2016,『결사, 근현대 한국불교의 몸부림』(서울 : 씨아이알), pp.353-354. 종래 결사 개념에 대해서 다소라도 고려를 해본 것으로는 채상식 1993,『고려후기불교사연구』(서울 : 일조각), p.22. 참조. 다만 그것은 나의 최초의 정의(김호성 1995,「결사의 근대적 전개양상」,『보조사상』제820(서울 : 보조사상연구원), pp.135-142. 참조.)와 유사하다고 볼 수 있다.

그저 단 하나의 개념을 정의하는 일이 이렇게 복잡하다는 것은 무엇을 의미하는 것일까? 김성순은 이 책의 뒤에 붙인 「해설」에서, 나의 이러한 정의가 "유난스럽게 까다롭고, 이상주의적이라는 느낌을 떨치기 힘들다"[6], "이상주의자적 결벽증에 가까운, 혹은 근본주의적 성향마저 보이는 결사관"[7]이라 말하였다. 이상주의적이라는 평가 역시 정곡을 찌른 것으로 생각된다. 그렇다. 실로, 나는 이상주의자(理想主義者)임을 다음과 같이 고백한 일이 있기 때문이다.

   여기서 나는 종교를 이상주의로서 정의하고자 한다. 종교를 성스러움을 기준으로 삼아서 말한다면, 현실에 부응한다고 하는 현실주의는 비록 그 현실에서는 힘을 가질 수 있으나 성스러움을 우리에게 주지는 못할 것이다. 하지만, 이상은 비록 현실에서는 힘을 가질 수 없다고 하더라도 불가능할지도 모르는 꿈을 실현하고자 노력하는 속에서 우리에게 성스러움을 줄 수 있을 것이다. 훨씬 종교적이라 할 수 있다. 따라서 우리는 이제 한 종교를 평가할 때 그 종교가 어느 만큼 현실적인가 하는 현실성(現實性)을 잣대로 삼는 대신에 그 종교가 얼마나 이상적인가 하는 이상성(理想性)을 평가의 기준으로 삼아야 할 것이다.[8]

   이러한 까닭에, 결사에 대한 미래지향적이며 철학적인 정의 속에 나의 이상이 투영되어 있음은 사실이다. 그렇다면 이상주의자인 나로서는 과연 무엇을 꿈꾸고 있는 것일까? 한마디로 말하면, 탈(脫)권력이다. 권력욕의 포기이며, 권력으로부터의 자유이다.

---

6)   김성순 2016, 「해설 : 김호성의 결사연구 – 피은(避隱)과 탈권력의 행원(行願)」, 『결사, 근현대 한국불교의 몸부림』(서울 : 씨아이알), p.365.
7)   김성순 2016, 「해설 : 김호성의 결사연구 – 피은(避隱)과 탈권력의 행원(行願)」, 『결사, 근현대 한국불교의 몸부림』(서울 : 씨아이알), p.364.
8)   김호성 2016, 『힌두교와 불교』(서울 : 여래), p.95. '이상성'이라는 말은 내가 새롭게 조어(造語)한 개념이다.

탈권력의 다양한 사례는 붓다의 출가에서부터 확인된다. 만약 출가하지 않았다면, 붓다는 권력자인 왕이 되었을 것이다. 그런 까닭에 출가는, 미래에 그가 손에 넣을 수 있는 권력을 내려놓은 탈권력의 실행(實行)이었다. 이후 그를 모범으로 삼아서 따르는 모든 출가자들의 출가역시 탈권력의 의미를 띠고 있어야 마땅했다. 그렇지만 탈권력의 출가를 감행하여 교단 안에 들어 왔으나, 교단 역시 권력관계를 갖고 있는집단이었다. 한 사람의 출가자도 권력과 무관할 수 없었다.

그렇다고 해서 권력의 길을 걸어가는 것은 결코 붓다의 출가에서 볼수 있는 것과 같은 존재양식은 아니라는 점에서 문제는 제기된다. 정녕, 진정한 출가의 길을 가려는 구도자라면 그러한 권력의 길에서 뛰쳐나와야 한다. 여기서 제기되는 것이 바로 은둔(隱遁)[9]의 문제이다. 내가결사와 은둔을 연결 짓는 맥락은 한마디로 말하면, 권력[10]으로부터의은둔이다. 그렇게 은둔하여 새로운 불교의 싹을 틔우자는 것이 결사였고, 그 가장 모범적인 사례가 보조지눌의 정혜결사였다.

그러나 이러한 나의 결사관에 대하여 많은 사람들이 동의하지 않는[11]것 같다. 실제 이 책의 서평회[12]에서 참여자들이 그러한 입장을 표명하였다. 반론의 요지는 거칠게나마, 다음과 같이 정리할 수 있을 것 같다.

---

9) 은둔, 은거, 피은(避隱) 모두 다 같은 뜻이다. 보조는 '은둔', '은거'라는 말을 썼다. '피은'이라는 말은 『삼국유사』에서 일연(一然)이 쓴 말이다.
10) 이때의 권력은 교단 밖의 세속권력은 물론이거니와 교단 안의 권력관계로부터도 탈피해야 한다는 이중적 탈피를 말한다.
11) 이미 그러한 반론을 사례로 들어서 재반론한 논문이 『결사, 근현대 한국불교의 몸부림』의 마지막 논문 「결사의 정의에 대한 재검토」였다. 그 논문에서 내가 재반론한 논자들은 김광식, 홍사성, 법성(학담), 그리고 마성 등이다. 김호성 2016, 『결사, 근현대 한국불교의 몸부림』(서울 : 씨아이알), pp.329-345. 참조.
12) 당시 서평위원으로는 김성순, 김성연 두 분 선생이었다. 그 외에도 정운스님, 윤창화, 박금표, 이자랑, 이필원, 조기룡, 한상길 선생 등 여러 명이 참여하여 고견을 들려주었다. 찬반양론을 펼쳐주신 모든 선생님들께 감사드린다.

탈권력이 아니라 먼저 권력을 추구해야 한다. 권력이 있어야 권력을 내려놓고 탈권력하는 것도 가능하지 않느냐? 그러기 위해서는 참여해야 한다. 그런 현실에서 탈권력과 은둔의 결사를 주장하는 것은 비겁한 일이다.

비판자들의 입장은 한결같이 은둔이나 탈권력에 대해서는 부정적이었다. 이 글을 쓰는 이유는 바로 여기에 있다. 나의 결사의 정의에 드러나 있는 것처럼, 은둔과 탈권력을 핵심적 내포(內包)로 하는 결사관은 나 자신의 임의(任意)로 형성된 것이 아니다. 비판자들은 이 점을 잊고 있는 것 같다. 그러므로 나는 이 글을 통해서, 내가 결사의 전범으로 제시했던 보조지눌의 정혜결사 자체가 이미 '은둔의 결사(은둔=결사)'였음을 보이고자 하는 것이다.

물론, 정혜결사에 대해서는 이미 살펴본[13] 일이 있다. 하지만, 그것은 정혜결사가 선문(禪門) 내적인 결사가 아니라 윤리적 결사라는 성격의 문제를 드러내는 데 초점을 두었던 것이었다. 그와 달리, 이 글에서는 『권수정혜결사문(勸修定慧結社文)』(이하, 『정혜결사문』으로 약칭함)을 중심으로 하여 결사라는 것 자체가 원래 은둔이며 탈권력이라는 것을 거듭 밝히고자 한다. 만약 우리가 그러한 점을 받아들이지 못한다면, 결국 우리는 결사를 올바로 이해하지 못함은 물론이거니와 붓다의 출가정신에 대해서도 이해할 수 없음을 드러내고자 한다. 결사는 바로 출가정신의 회복(回復)을 염원하는 것이기 때문이다.

이를 위해 일연(一然, 1209-1289)의 『삼국유사』 피은(避隱)편을 대조 대상으로 삼아서 공관(共觀)해 본다.

---

13) 김호성 2016, 『결사, 근현대 한국불교의 몸부림』(서울 : 씨아이알), pp.3-47. 참조.

Ⅱ. 『정혜결사문』에서 은둔이 말해지는 맥락

최병헌은 "정혜결사는 지눌불교의 출발점이자 마지막이라"[14]하였다. 나 역시 이러한 평가에 동의하는데, 보조가 왜 그렇게 결사를 주창하게 되었는지는 『정혜결사문』에 잘 나타나 있다. 그 주요 내용을 파악하기 위해서, 나는 『정혜결사문』 전체의 내용을 다음과 같은 전통적인 삼분(三分) 구조로 나누어서 살펴보고자 한다.

표 7 : 『정혜결사문』의 구조

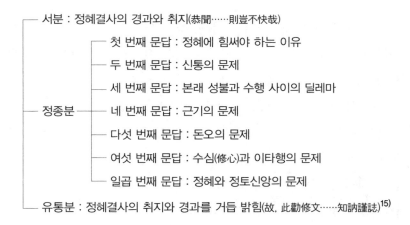

― 서분 : 정혜결사의 경과와 취지(恭聞……則豈不快哉)
　　　　　　　　　― 첫 번째 문답 : 정혜에 힘써야 하는 이유
　　　　　　　　　― 두 번째 문답 : 신통의 문제
　　　　　　　　　― 세 번째 문답 : 본래 성불과 수행 사이의 딜레마
― 정종분 ―　　　― 네 번째 문답 : 근기의 문제
　　　　　　　　　― 다섯 번째 문답 : 돈오의 문제
　　　　　　　　　― 여섯 번째 문답 : 수심(修心)과 이타행의 문제
　　　　　　　　　― 일곱 번째 문답 : 정혜와 정토신앙의 문제
― 유통분 : 정혜결사의 취지와 경과를 거듭 밝힘(故, 此勸修文……知訥謹誌)[15]

---

14) 최병헌 1992, 「정혜결사의 취지와 성립과정」, 『보조사상』 5·6합집(서울 : 보조사상연구원), p.47. 그러면서 결사를 중심으로 하여 보조의 일생을 4시기로 구분하였다. pp.49-50. 참조.
15) 『정혜결사문』 끝에는 보조 스스로 기입한 오서(奧書)가 있는데, "승안 5년 경신에 이르러 (……) 조판하여 인쇄해서 보시한다(彫板印施矣)."(한불전 4, p.707c. ; 보조지눌 1989, 『보조전서』(서울 : 보조사상연구원), p.30.)라는 부분이다. 정혜사를 수선사로 개명한 이유를 기록한 것인데, 이 부분은 송광사로 이주한 뒤 개판할 때 보입(補入)한 부분이다.

이를 통해 보면, 『정혜결사문』의 정종분에 해당하는 7문7답은 깨달음과 수행 등에 관한 여러 문제에 대해서 입장을 밝힌 것으로 보인다. 즉 정혜결사에 동참하는 수행자들이 다 함께 공유(共有)하고 있어야 할 '결사의 철학'을 담고 있는 것으로 보아서 좋을 것이다.

그런데 『정혜결사문』에는 그러한 교리적·철학적 문제만이 아니라 어떠한 인연으로 결사를 주창하여 전개하게 되었는지를 밝히는 부분이 포함되어 있다. 이는 정히 '결사의 경과보고(經過報告)'라 할 수 있는 부분인데, 바로 서분과 유통분에서 드러내 주고 있다. 이 부분들은 이미 정혜결사에 대한 역사적 성립과정을 알 수 있는 1차적 사료로서의 역할을 해왔다. 그런데 그러한 경과보고에서는 단순한 경과보고 이상의 '결사의 이념' 역시 드러나 있다. 이는 7문7답의 정종분에서 논하는 교리적·철학적 차원의 철학이 아니라, 보다 더 진솔한 개인사 내지 교단사적 차원의 이념을 담고 있는 말이기도 하다.

이제 바로 그러한 부분에서 보조의 은둔지향을 확인하고, 그것이 바로 결사였음을 확인해 두기로 한다. 우선, 서분과 유통분에 나타난 '결사의 경과보고'에서 은둔을 지향하는 보조의 목소리가 어떻게 표명되어 있는지 살펴보기로 한다. 우선, 직접적으로 '은둔'이나 '은거'가 드러나 있는 문장들은 다음과 같은 세 가지 사례이다.

① 때는 임인(壬寅, 1182) 정월이었는데, 상도(上都, 개성)의 보제사(普濟寺) 담선법회(談禪法會)에 참석하였다. 어느 날 십여 명의 길벗(同學)들과 약속하였다 : 법회가 끝나면 마땅히 명리(名利)를 버리고 산림(山林)에 은둔하여 함께 결사하고서는, 언제나 선정을 익히고 지혜를 가지런히 함에 힘쓰며, 예불하고 경전을 읽으며, 노동하고 운력(運力) 하는 데 이르기까지 각기 소임(所任)에 따라서 경영하며, 인연에 따라 성품을 기르며 평생을 놓아 지내면서 멀리 달사(達士)와 진인(眞人)의 숭

고한 삶(行)을 따른다면, 어찌 상쾌하지 않을 수 있겠는가.[16]

② 여러 스님들이 내 말을 듣고서는 모두 다 동의하면서, 훗날 이러한 약속을 지켜서 숲속에 은거하여 함께 결사를 할 때에 마땅히 정혜로써 이름짓자라고 하였다.[17]

③ 때는 명창(明昌) 원년 경술(1190 - 인용자)의 늦봄인데, 공산(公山)에 은거하고 있는 목우자 지눌 삼가 쓰다.[18]

무엇보다도 우리는 『정혜결사문』의 집필을 끝내놓고 하는 서명(署名)인 ③을 통하여, 보조가 생각하고 실천하고자 했던 결사의 성격을 알 수 있게 된다. 그 스스로는 '은거'로 보고 있었던 것이다. '결사=은거'였다. 그의 정체의식은 은자(隱者)[19]였다고 해도 좋을 것이다. "공산에 은거하고 있는 목우자 지눌"이라는 자기선언은 짧은 표현이지만, 그의 정혜결사가 갖는 기본적 성격이 은거임을 잘 말해주고 있는 것으로 평가된다.

---

16) 『정혜결사문』, 한불전 4, p.698a-b. ; 보조지눌 1989, 『보조전서』(서울 : 보조사상연구원), p.7. 한편 진성규는 담선법회의 성격이 체제불교적이었다는 점에서, 보조의 정혜결사 역시 담선법회와 같은 체제불교와의 결별이라 말하고 있다. 진성규 1992, 「정혜결사의 시대적 배경에 대하여」, 『보조사상』 5·6합집(서울 : 보조사상연구원), p.30.

17) 『정혜결사문』, 한불전 4, p.707b. ; 보조지눌 1989, 『보조전서』(서울 : 보조사상연구원), p.29.

18) 『정혜결사문』, 한불전 4, p.707c. ; 보조지눌 1989, 『보조전서』(서울 : 보조사상연구원), p.30.

19) 보조 스스로 은자라는 정체의식을 가졌음은 스스로의 고백을 통해서만이 아니라, 제3자의 관점에서도 그렇게 평가되었다. 김군수(金君綏)의 『보조비명』에서, 은둔의 의미가 드러나 있는 표현을 찾아보면 다음과 같다. "마음으로 명리를 싫어하여 매양 숲이나 산속에 은둔하여", "널리 명리를 버린 높은 뜻의 선비를 모든 종파로부터 널리 받아들여서", "지리산에 올라 상무주암에 은거하니", "동학의 여러분들과 약속하되, 우리는 이름을 숨기고 향사(香社)를 맺어서" 등이다. 김탄허 1975, 『보조법어』(순천 : 송광사), pp.140-141. ; 보조지눌 1989, 『보조전서』(서울 : 보조사상연구원), pp.419-421.

다음 ①과 ②에 대한 자세한 고찰은 다음 장으로 미루어 두고, 서분과 유통분에 등장하는 은둔지향의 간접적 표현들 역시 간과할 수는 없다.

④ 우리가 이제 아름다운 기약을 맺고 비밀한 맹서를 하자. [···] 물가나 숲속에서 길이 부처의 씨앗(聖胎)을 기르고, 달빛을 보면서 소요(逍遙)하고 시냇물 소리를 들으면서 자유롭게 종횡으로 놓아 지내면서 곳에 따라서 시간을 보내는 것이 마치 물결을 따르는 빈 배와 같으며 허공을 능멸하는 편안한 날개와 같이 하여 모습을 우주에 나타내면서도 법계에 그윽한 마음(靈)을 잠기게 하여 중생(機)에 응하여 감응(感應)이 있어도 적연(適然)하여 준거가 있는 것이 아니다. 내가 사모하는 바는 바로 이를 뜻하는 것이다.[20]

⑤ 삼가 엎드려 바라건대 선가(禪家)와 교가(敎家), 유가/유교와 도가/도교의 세상을 싫어하는 고인(高人)들은 티끌세상을 벗어나서 높이 세상 밖에 노닐면서 안으로 행하는 도에 오롯이 정진하여 (······)[21]

④의 "물가나 숲 속에서 길이 부처의 씨앗(聖胎)을 기르고, 달빛을 보면서 소요(逍遙)하고 시냇물 소리를 들으면서 자유롭게 종횡으로 놓아 지내면서"라는 표현에서 은둔의 뜻이 잘 드러나 있다. 또 ⑤의 "세상을 싫어하는 고인(高人)들은 티끌세상을 벗어나서 높이 세상 밖에 노닐면서"라는 구절에서 은둔의 뜻이 잘 드러나 있다. 비록 직접적으로 '은둔', 혹은 '은거'라는 말이 없지만 말이다. ④와 ⑤ 모두 은둔의 목표가 내적 정진을 통해 성인으로 자라게 될 태아의 함양에 있음을 분명히 하고 있는 것이다.

---

20) 『정혜결사문』, 한불전 4, p.707a ; 보조지눌 1989, 『보조전서』(서울 : 보조사상연구원), p.29.
21) 『정혜결사문』, 한불전 4, p.707b. ; 보조지눌 1989, 『보조전서』(서울 : 보조사상연구원), p.30.

이와 같이 『정혜결사문』의 서분과 유통분에 나타난 보조의 은둔지향을 통해서, 우리는 보조가 추구했던 결사가 곧 은둔이었음을 재확인해 해두고자 한다. 결사의 의미를 긍정한다면, 은둔의 의미 역시 긍정해야 할 것이다. 만약 은둔을 우리가 긍정할 수 없다면, 결사 또한 긍정할 수 없을 것이다. 결사는 찬탄하면서 은둔을 비판할 수는 없다. 은둔과 결사는 같은 말이고, 한 몸이기 때문이다. 적어도 우리 불교의 결사사(結社史)에서 결사의 전범으로 서장(序章)을 열었던 보조의 정혜결사의 경우에는 그렇다.

Ⅲ. 은둔의 두 차원

흔히 은둔이라고 하면, 다만 하나의 의미만을 갖고 있는 것으로 받아들인다. 그러나 실제로 '은둔'이라는 말에는 두 차원이 있음을 간과해서는 아니 된다. '은둔'이라고 했을 때 가장 먼저 우리의 뇌리에 떠오르는 것은 공간적인 차원의 은둔이다. 이는 누구나 쉽게 알 수 있는 일이다. 그러나 은둔에는 공간적 차원 외에 또 다른 차원이 있다. 바로 탈권력의 차원이다. 나는 특히 '은둔'을 이해함에 있어서 후자의 차원을 강조해 왔다. 이제 이 두 차원의 은둔이 갖는 의미에 대해서 좀 더 깊이 천착하기로 하자.

1. 공간적 차원의 은둔

앞에서 우리는 보조의 결사가 은둔임을 확인했다. 그의 은둔이 어떤 의미를 가지는지 평가하기 위해서 은둔의 이야기를 모아놓은 일연(一然, 1206-1289)의 『삼국유사』의 '피은(避隱)'편을 먼저 살펴보고자 한다. 「피은」편은 모두 10분의 은자(隱者) 이야기를 우리에게 전해주고 있다. 스님이 9명, 재가의 거사는 1명인데 물계자(勿稽子)라는 이름의 사람이다.

우선, 피은편의 은자들 중에서 한번 은둔한 뒤에 "다시는 이 세상에 나타나지 않았던"[22] 은자들이 있다. 영재(永才), 물계자, 영여(迎如) 등이다. 이들은 모두 한번 은거하고 나서는 다시 세속에 들어오지 않았다는 점에서, 이들의 은거는 그야말로 은거로 끝나 버렸다. 그런 점에서 그들의 은거는 철저하게 공간적으로 대중들의 삶의 현장을 떠나서 숨어 사는 것이다. 곧 은거하여 다시는 이 세상에 나타나지 않음[23]을 의미하였다. 물론, 일연은 그들의 은거가 개인적 차원의 일이지만 그 의미는 적지 않은 것으로 보았다. 그랬기에 역사로서 기록했을 터이다.

그런데 똑같이 공간적 차원의 은둔이라 볼 수 있는 보조의 정혜결사를 이들과 같은 성격의 은거로 볼 수는 없다. 비록 공간적으로 볼 때 개경을 떠나서 산림에 은둔/은거한 것은 맞지만, 여전히 보조는 대중과 함께 했기 때문이다. 영재, 물계자, 영여가 행했던 것과 같은, 완벽한 단절은 아니었다. 비록 개경의 담선법회부터 결사가 시작된 것은 아니지만, 결사의 뜻을 세운 것은 담선법회에서였다. 그때부터 "동학 10여인과" 함께 하였다. 공산 거조사(현, 팔공산 은해사 거조암)에서나 현 조계산 송광사에서의 정혜결사는 개경으로부터 볼 때는 은둔이 맞지만, 그렇다고 해도 여전히 '현장(現場)'이었다. 결사한 운둔처는 이제 대중과 함께 수행하고, 함께 교화했던 새로운 현장이기도 하였다.

---

22) 『삼국유사』, 한불전 6, p.366a. ; p.366b. ; p.366b. 참조.
23) 『삼국유사』, 한불전 6, p.366b.

그런 점을 생각하면, 결코 보조의 정혜결사가 은둔/은거라고 해서 부정적으로만 평가될 수는 없다. 결코 개경 등에서 행해지는 불교계 현실에 대한 문제의식을 버리지는 않았으며, 그것에 대항하고 그것을 극복하는 몸짓으로 결사했기 때문이다. 그러나 그렇다고 해서, 그의 결사가 힘을 축적한 뒤 다시 개경으로 상경해서 개경의 불교를 바꾸려는 목적으로 행한 장정(長征)은 아니었다. 모택동의 장정(長征)이나 보조의 결사/은둔이 공히 공간적 차원의 이동이기는 하지만, 그 정치적 의미는 다른 것이다. 모택동의 장정은 도망가는 길이 곧 다시 권력의 장악을 위해 돌아오는 길이었으나, 보조의 결사는 결사/은둔의 도량이 곧 새로운 현장의 창조로 귀결되었다. 그런 점에서 보조의 결사가 '참여 속의 개혁'이나 '혁명'이라 말할 수 없는 이유이다. 모택동은 철저한 세속이었고, 보조는 철저한 출가/출세속이었기 때문일 것이다.

이렇게 볼 때, 보조의 정혜결사는 『삼국유사』 피은편의 사례 중에서는 「포산이성(包山二聖)」과 가장 가까운 것으로 생각된다. 「포산이성」은 관기(觀機)와 도성(道成)이라는 두 은자의 이야기이다. 태평흥국(大平興國) 7년 임오(982)에, 석성범(釋成梵)이 도성이 머물렀던 도성암으로 와서 만일미타도량을 열고서 50년을 정진했다. 당시 현풍(玄風)의 신자들 20여인이 결사를 맺고 향도(香徒)가 되어서 만일미타도량(萬日彌陀道場)을 뒷받침했다[24] 한다. 성범의 염불결사에서 행한 수행과 교화의 프로그램은 보조의 그것과는 달랐다. 정혜결사는 핵심에 선과 계율이 있는 결사이고, 포산의 만일미타도량은 정토결사라는 점에서 차이가 있다. 하지만 성범의 결사나 보조의 결사는 공히 은둔의 결사이지만, 대중과의 완벽한 단절이 아니라 대중과 더불어 새로운 현장을 만들어 냈다는

---

24) 『삼국유사』, 한불전 6, p.365b. 원문의 '大平興國'은 '太平興國'이 되어야 할 것이다.

점에서 궤를 같이 한다.

이러한 점에서 볼 때, 결사가 공간적 차원의 은둔이라고 해서 그 모두가 한결같이 대중과 단절한 은둔이라 할 수 없다는 점은 주목할 필요가 있을 것이다.

2. 탈권력(脫權力) 차원의 은둔

우리는 은둔/은거/피은이라는 말을 들으면 곧장 부정적인 생각을 갖게 된다. 대중이 있는 곳에 불교가 있어야 한다[25]고 생각하기 때문이다. 그러한 사유는 대승불교가 보살도의 불교임을 생각할 때, 일리가 있는 사고임은 분명하다. 그런데 그렇게 비판의 대상이 되는 은둔/은거/피은 개념은 곧 공간적 차원의 그것에 대해서이다. 물론, 그 역시 대중과 함께 수행하고 교화했던 '현장'의 창조 역시 가능했음은 앞서 언급한 바이다. 이는 근대에 이르러 높이 외쳐졌던 참여가 권력욕까지 내려놓지는 못했음을 생각할 때, 그것에 대한 비판이면서 동시에 은둔/은거/피은에 대해서는 새로운 의미 부여일 수 있을 것이다.

그 새로운 의미가 탈권력이었음은 이미 말한 바[26] 있다. 하지만 많은

---

25) 그 대표적 사례가 만해 한용운의 『조선불교유신론』의 입장이다.
26) 김호성 2016, 『결사, 근현대 한국불교의 몸부림』(서울 : 씨아이알), pp.333-340. 참조. 한편, 김상현은 "비록 산이 아니더라도 수행에만 몰두한다면 그것이 피은이다"(김상현 2010, 「삼국유사 피은편의 의미」, 『신라문화제학술논문집』 제31집(경주 : 경주시 신라문화선양회·동국대 신라문화연구소), p.17)라고 하였다. 부족한 이해가 아닐 수 없다. 탈권력을 연관 지을 수는 있지만, 어디까지나 수행과 탈권력은 다르다. 탈권력의 경우는 반드시 수행으로 연계되지만, 모든 수행이 반드시 탈권력은 아니다. 높은 수행을 한 고승들에게서 탈권력이 안 된 경우를 보게 되는 것이 그 증거이다. 그런 모습을 우리 현대불교사의 '분규'에서 종종 보아왔다. 내가 결사를 연구주제로 갖게 된 것도 그런 맥락에서였음은 『결사, 근현대 한국불교의 몸부림』의 '머리말'에서 언급한 대로이다.

사람들이 은둔/은거/피은에 대해서 쉽게 동의하지 못했던 것과 마찬가지로, 탈권력의 입장에 대해서도 쉽게 동의하지 않으려 하는 것 같다. 오히려 권력지향이 되어야 한다고 말하기까지 한다. 물론 그때의 권력지향은 선인(善人)이 권력을 장악해서 선을 실천함으로써 현실을 개혁해야 한다는 맥락에서일 것이다. 내가 말하고자 하는 바는, 그러한 일 역시 필요한 일이라 생각할 수는 있지만, 그러한 일을 '결사'라고 불러서는 아니 된다[27]는 점이다.

1) 『삼국유사』와의 비교

보조는 앞서 살핀 ①에서 이미 '은둔'이라는 것에 탈권력[28]의 의미가 있음을 분명히 해놓고 있었다. 권력의 문제를 해결하는 데 권력에 의지하자는 유혹에서 벗어나야 한다. 세속의 정치에서는 그럴 수밖에 없을지 몰라도, 출세간의 종교집단인 승가 안에서 그래서는 아니 된다. 불교는 수단조차 불교적이어야 한다. 바로 ①에서 보는 것처럼, "명리를 버리는" 것이 은둔과 깊이 관련되는 것도 바로 그러한 맥락에서이다.

①에서 분명히 "명리를 버리는" 행위를 한 뒤에 "산림에 은둔하자"고 말하지 않았던가. 명리를 버리는 행위는 산림에 은둔하는 행위의 기본적인 전제조건이 된다. 따라서 명리를 버리지 못한다면 아무리 산림에

---

27) "내가 '결사는 개혁운동이 아니다'라는 선언을 통해서 의도하는 것은, 결사를 추구하는 그룹과 개혁을 추구하는 그룹의 엄밀한 분리이다." 김호성 2016, 『결사, 근현대 한국불교의 몸부림』(서울 : 씨아이알), p.334.

28) 진성규는 정혜결사가 "개경과는 거리가 먼 호남 일우(一隅)에 위치한 점도 종교와 권력은 본질적으로 가까이 해서는 안 된다는 좋은 예를 보여주는 것이다"(진성규 1992, 「정혜결사의 시대적 배경에 대하여」, 『보조사상』 제5·6합집(서울 : 보조사상연구원), p.30)라고 함으로써, 일찍이 보조의 은둔, 즉 정혜결사에 나타난 탈권력적 성격을 간파한 바 있다.

은둔한다고 하더라도 그것은 진정한 은둔이 될 수도 없고, 명리를 버리지 못하고 하는 은둔이라고 한다면 그것은 결사라 말할 수 없을 것이다. 즉 결사에 있어서 공간적인 차원에서 "산림에 은둔하다"라는 말은 그 내포적인 전제조건으로서 "명리를 버리는" 행위가 요청되지 않을 수 없다.

보조는 명리를 버리고서 산림에 은둔하자고 말했다. 하지만 이 말, 즉 이 두 가지 행위 중에서 더욱더 본질적인 것은 무엇이겠는가? 두말할 나위 없이 명리를 버리는 일이 아니겠는가. 만약 명리를 버리기만 한다면, 그 공간적 장소는 굳이 산림이 아니라 시정(市井)이라 하더라도 산림과 마찬가지일 터이다. 시정 역시 은둔처로서 가능하게 된다. 다만 보조가 살았던 그 당시의 도시, 시정, 마을 ─ 구체적으로는 개경 ─ 에서는 명리를 버리기가 어렵다고 판단되었기에 산림으로 은둔하자고 말했으리라 생각된다. 그만큼 혼란스러운 개경[29]이었다.

여기서 다시 『삼국유사』의 피은편을 참조해 보기로 하자. 「연회도명 문수점(緣會逃名 文殊岾)」에서는, 은둔/은거/피은의 문제가 결코 공간의 문제가 아님을 말하고 있기 때문이다. 그 부분을 살펴보기로 하자.

고승 연회는 일찍이 영취에 은거하여 매양 『연경(蓮經, 법화경)』을 읽으면서 보현보살의 관행(觀行)을 닦고 있었다. 정원의 못에는 언제나 몇 송이의 연꽃이 피어서 일 년 내내 시들지 않았다(지금 영취사의 용장전이 연회가 옛적에 머물던 곳이다). 나라의 주인 원성왕이 그 기이한 상서로움에 대해서 듣고서는 불러서 국사를 삼고자 하였다. 스님이 이를 듣고서는 곧 암자를 버리고서 둔세(遁世)코자 해서, 서쪽 고갯마루의 바위 사이를 지나는데, 한 노인이 밭을 갈다가 스님께 물었다. "어

---

29) 국가적 차원의 권력쟁패에 교단이 휩쓸리고 있었다는 점에 대해서는 김호성 2016, 『결사, 근현대 한국불교의 몸부림』(서울 : 씨아이알), pp.14-15. 참조.

디 가십니까?", "내가 들으니, 나라에서 (소문을) 잘못 듣고서는 내게 벼슬을 나누어 주려고 한다기에 피하려고 하오."(이에) 노인이 다 듣고서 말하기를, "여기서 (명예를) 팔 수 있는데, 어찌 수고스럽게 멀리 가서 팔려고 하는지요? 스님께서는 이름을 파는 것을 싫어하지 않았습니까?" 연회는 그가 교만하다고 여기고서 (그의 말을) 듣지 않았다.[30]

이 이야기에 나오는 노인은 바로 문수보살의 화현이었다. 문수보살은 국사의 취임을 거부하는, 탈권력을 향한 연회의 몸부림이 반드시 먼 곳으로 가서 은거함으로써만 이루어지는 것이 아님을 깨우쳐[31] 주려고 출현한 것이다. 그러나 유감스럽게도, 연회는 그 가르침을 받아들이지 못한다. 교만한 것은 노인이 아니라 그 자신이었다.

결국, 『삼국유사』는 연회가 국사를 거부하려는 탈권력의 몸짓을 보인 것은 매우 중차대한 의미가 있지만, 그것이 반드시 공간을 멀리 이동함으로써만 성취되는 것이 아님을 분명히 하고 있다. 보조가 말하는 "명리를 떠나는" 일이 먼 곳에 은둔함으로써만 성취되는 것이 아님을 『삼국유사』는 말하고 있는 것이다. 얼핏 보면, 보조의 입장과 『삼국유사』(일연)의 입장이 다른 것처럼 생각될 수도 있다. 그런 해석도 전연 틀린다고만 할 수는 없을지 모른다. 보조는 개경으로부터 떠나왔고, 『삼국유사』에서는 연회가 먼 곳으로 떠나려 했던 것은 어리석은 행위라고 말하고 있기 때문이다.

그러나 이미 보조가 "산림에 은둔하자"는 이야기의 전제조건으로서

---

30) 『삼국유사』, 한불전 6, p.364a-b.
31) 김상현은 문수보살의 깨우침을 "아마도 나라에서 주기로 한 관직을 피해서 가는 자기 자신을 떠벌리며 자랑하는 그 교묘한 이중성에 대한 힐책"(김상현 2010, 「삼국유사 피은편의 의미」, 『신라문화제학술논문집』 제31집(경주 : 경주시 신라문화선양회·동국대 신라문화연구소), p.15)으로 이해한다. 중요한 지적이다.

"명리를 떠나자"고 말하고 있다는 점에서, 명리를 떠나기만 한다면 공간은 어디든 은둔의 성취가 이루어진다는 관점 역시 이미 보조의 말 속에 잉태되어 있었다고 보는 것은 나의 과다해석(over-interpretation)일까.

일본의 불교설화집인 『일본중세불교설화(發心集)』에서도 "진정한 은자는 조정과 시중에 있다"라거나, "산림 속에 몸을 숨기는 것은 사람들 속에 덕을 숨길 수 없는 사람들의 행동일 것이다"[32]라고 말하는데, 일연역시 『삼국유사』에서 다른 공간으로 떠나서 숨는 것만이 아니라 시정에 숨는 은둔/은거 역시 말하고 있다. 그것은 바로 의해(義解)편의 「이혜동진(二惠同塵)」조에서이다.

> 석혜숙은 호세랑(好世郎)의 무리 속으로 빛을 숨기고 있는데, 호세랑이 이미 황권(黃卷)에서 이름을 양보하자, 스님 역시 적선촌(赤善村)에 은거하여(지금의 안강현에 赤谷村이 있다.) 20여년이 지났다.[33]

> 석혜공은 천진공(天眞公)의 집에서 품을 파는 노파의 아들인데 (……) 공이 크게 놀라면서 비로소 옛날에 피부병을 고쳐 준 일이 모두 부사의한 일임을 알고서 말하기를, "내가 지극히 성스러운 분이 마침내 내 집에 의탁한 줄 알지 못하고서 (……)."[34]

「이혜동진」의 제목에 나오는 동진(同塵)은 『노자』로부터의 인용[35]이다.

---

32) 鴨長明 2002, 『일본중세불교설화(發心集)』(서울 : 불광출판부), p.62.
33) 『삼국유사』, 한불전 6, p.344c. 신선혜는 '이름을 양보하는 것(讓名)'을 '이름을 지워버리는' 것으로 보았다.(신선혜 2012, 『삼국유사』 「이혜동진」조와 신라 중고기 불교계」, 『신라문화제학술논문집』 제33집(경주 : 경주시신라문화선양회. 동국대신라문화연구소), p.217.). '황권'은 화랑들의 명부라고 한다.
34) 『삼국유사』, 한불전 6, p.345b. '皆叵測也'의 '叵'를 한불전에서는 '匹'이라 하였으나, '叵'로 고쳐서 옮겼다.
35) 『노자』 4 ; 56. 오진탁 1990, 『감산의 노자 풀이』(서울 : 서광사), p.26 ; p.179. 보조에게 미친 노장의 영향에 대해서는 별도로 논의할 필요가 있지만, 은둔/은거와 관

혜숙과 혜공은 모두 빛을 누그러뜨리고 먼지 속에 들어가서 먼지와 함께 했다. 연회가 시도했던 공간적 은둔은 아니었다. 하지만 은둔/은거/피은은 혜숙과 혜공의 사례에서 볼 수 있는 것처럼, 멀리 공간이동을 하지 않고서도, 그 자리에서 민중들 속에 살면서 빛을 누그러뜨리고, 권력으로부터 탈피할 수 있는 것이다. 이런 점에서, 은둔/은거/피은은 그 진정한 내포적 의미에 충실하는 한 바로 동진과 동의어가 될 수밖에 없다.[36)]

2) 일본불교사와의 비교

나는 일본불교사에서 민중들 속에서 교화를 펼쳤던 교키(行基, 668－749)나 구야(空也, 903－972)의 예를 들면서 다음과 같이 말한 바 있다.

(……) 교키나 구야의 예를 들었지만, 둔세(遁世)는 세속으로부터의 도피가 아니라 세속에의 참여이다. 여기서 참여와 둔세를 모순이라고 보는 근대주의의 이분법(二分法)이 붕괴되고 만다. 신라의 승려들의 예

─────────────

련해서도 그 점은 확인된다. 인용문 ①에서 '달사', '진인'이, ④에서는 '소요', '자재'가, 그리고 ⑤에서 '도교/도가의 세상을 싫어하는 고인' 등의 말에서 그러한 분위기를 직접적으로 느낄 수 있다. 노장사상이 은둔의 철학이 될 수 있음은 주보돈 2010, 「삼국유사 '염불사'조의 의미」, 『신라문화제학술논문집』 제31집(경주 : 경주시 신라문화선양회·동국대 신라문화연구소), p.29. 참조.

36) 신선혜는 「이혜동진」조에서, "혜숙과 혜공이 하나의 조목으로 묶일 수 있었던 것은 (……) 그들의 입적 양상의 공통점 때문으로도 볼 수 있다"(신선혜 2012, 「삼국유사 '이혜동진'조와 신라 중고기 불교계」, 『신라문화제학술논문집』 제31집(경주 : 경주시 신라문화선양회·동국대 신라문화연구소), p.223.)고 했다. 그 공통적 입적 양상은 서승(西昇)이다. 만약 그렇다고 한다면, 제목을 애당초 「二惠西昇」이라 해야 옳았을 것이다. 그런데 일연은 「二惠同塵」이라 하였다. 신선혜의 해석과는 달리, 일연은 두 사람에게서 서승이라는 공통점보다 동진을 더욱더 주목하고, 찬탄하고 싶었던 것이다.

가 보여주고 있는 것처럼, 피은은 동진, 즉 민중의 현실에 참여하여 봉사하는 것이다. 둔세나 피은을 전근대라고 보고, 참여나 동진을 근대화라고 생각해서는 아니 된다. 둔세나 피은에 있어서 핵심은 정히 '몸'이 어디에 있는가 하는 문제가 아니라, 과연 '마음'이 세속의 욕망을 초월했던가 라고 하는 것이다. 우리들의 마음 속에 권력욕을 버린다면, 몸은 세속생활을 보내면서도 대중을 위해서 봉사하는 것이 가능한 것으로 나는 생각한다. 권력욕을 버리는 것은 둔세이다. 동시에 세속생활을 하는 것은 참여이기 때문이다. 이것은 둔세와 참여, 피은과 동진의 아름다운 조화이다.[37]

일본불교사에 등장하는 '둔세'는 우리의 '은둔/은거/피은'과 동의어이다. 동진이야말로 진정한 의미의 은둔/은거/피은이라는 일연의 역사인식이, 그로 하여금 『삼국유사』 의해편의 원효전(元曉傳)을 높은 학덕을 드러내는 데 초점을 두기 보다는 그의 불기(不羈)에 초점[38]을 두게 했을 것이다. 신라의 귀족불교로부터 다시 한 번[39] 둔세해서, 몸을 낮추어 민중들과 함께 하면서 교화하는, 원효의 화광동진(和光同塵)의 행에 초점을 맞춘 것이리라.

나의 결사관은 보조의 "명리를 떠나서 산림에 은둔하자"에서부터 출발하였으나, 보조보다 후대의 일연을 통해서 보조보다 선대의 신라시대

---

37) 김호성 2007, 「韓國から見た日本佛敎史」, 『山形大學歷史·地理·人類學論集』, 第8號(山形 : 山形大學歷史·地理·人類學硏究會), p.20.
38) 한태식/보광은 원효의 시 『미타증성게』가 왜 『삼국유사』에 수록되지 않았던가 하는 의문을 제기하였는데(한태식/보광 1994, 「新羅·元曉の彌陀證性偈について」, 『印度學佛敎學硏究』 43-1號(東京 : 日本印度學佛敎學會), p.268.), 이러한 나의 관점이 하나의 대답이 될지도 모르겠다. 『미타증성게』 역시 중생구제의 염원을 담고 있지만, 아직 피은이나 동진만큼 중생들 곁으로 내려와 있는 사상을 담고 있다고 보기는 어렵기 때문이다.
39) '다시 한 번'이라는 의미는 원래 출가 자체가 1차의 둔세이기 때문이다. 그럴진대 1차의 출가로부터 다시 한 번 더 나오는 '둔세'는 2차의 출가라고 할 수도 있고, 2차의 은둔/은거/피은이라 할 수도 있다.

이야기—피은편, 이혜동진, 원효불기—를 만남으로써, 공간적 의미보다 탈권력적 의미에 더욱 초점[40]을 두게 되었던 것이다. 그리하여 마침내, 결사는 은둔이지만 동시에 그보다 더욱 탈권력의 동진이라는 의미로 발전하게 되었다. 이는 보조로부터의 진일보라고 생각해도 좋지 않을까.

나의 결사론에 대한 비판자들은 '홀로결사'론을 비판[41]하지만, 그때 '홀로'가 '결사'와 모순된다는 점에 초점을 두기만 할 뿐, 그보다 그러한 홀로결사론이 바로 앞에서 서술한 바와 같은 탈권력의 동진이고, 동진으로서의 참여라는 점에 대해서는 간과하고 있는 것 같다. 홀로결사라는 말 자체가 모순이고, 그것은 결사라기보다는 이미 결사의 해체라는 점에 대해서는 나 스스로 인정하고 논의를 시작하였다.[42] 결사에서도 공간적 은둔의 의미보다 탈권력적 은둔의 의미에 강조점을 둔 것처럼, '홀로결사'에서도 '홀로'라는 대중들로부터의 거리두기[43] —고독—보다는

---

40) 보조와 함께 『삼국유사』의 피은편을 고려하면서 양자를 하나의 맥(一脈)을 이루는 것으로 파악하는 나의 관점은, 보조와 일연이 공히 개경으로부터 떠나왔다는 점에 이미 그 뿌리가 있었는지도 모른다. 피은편의 작성에 개경으로부터의 낙향이라는 일연의 개인사가 영향을 미쳤을 것이라는 점은 주보돈 2010, 「삼국유사 '염불사'조의 의미」, 『신라문화제학술논문집』 제31집(경주 : 경주시 신라문화선양회·동국대 신라문화연구소), p.27. 참조.

41) 김성연의 경우는 예외인데, 그는 "홀로결사를 비판적으로만 볼 것이 아니라, 현대적 재해석이라는 관점에서 해부해 볼 필요성도 있다"(김성연 2016, 「미래지향적 불교결사 개념 정의에 대한 단평(短評)」, 『결사, 근현대 한국불교의 몸부림』 서평회(2016년 10월 29일, 동국대 불교학술원 227호)' 자료, p.8)라고 해서, "광의의 결사 개념 속한 부류로 이해하지 못할 것도 없다."(p.9)고 하였다.

42) 그럼에도 불구하고 마성의 서평은 여전히 그 점을 지적하고 있다.(마성 2016, 「결사는 승단분규 종식시킬 주요한 대안」, 『불교평론』 제68호, pp.330-331) 그 모순은 바로 새로운 논의의 출발점이 되어야 할 것이다.

43) 대중들로부터의 거리두기는 대중들이 권력욕으로부터 벗어나지 못하였기 때문에 필요하게 된다. 마성은 붓다께서 "착한 벗들과 함께하라"고 한 가르침을 들면서, 나의 홀로결사론에 문제가 있다고 지적하였다.(마성 2016, 「결사는 승단분규 종식시킬 주요한 대안」, 『불교평론』 제68호 p.330) 물론 붓다의 설법에는 선우(善友)와 함

결사가 바로 '탈권력'의 결사이며, '동진행'의 결사임에 초점을 맞추고 있다는 점은 다시 진지하게 고려되어야 할 것이다.

IV. 결사, 출가정신의 회복

앞에서 보조의 정혜결사가 은둔이라는 것을 살펴보았다. 현대인들은 은둔에 대하여 부정적으로 평가하기 쉽지만, 은둔에는 공간적으로 숨어산다는 의미만 있는 것이 아니라 탈권력의 차원이 있다는 점을 나는 주장하였다. 이 점은, 지금까지 은둔의 논의에 있어서 그다지 지적되지 못한 부분이다. 보조가 "명리를 떠나자"라고 하였을 때, 이미 그러한 탈권력적 차원이 있었다. 그뿐이던가. 실제, 공간적 차원의 은둔이라고 하더라도 보조의 경우는 결사의 도량 그 자체가 하나의 "현장"이었다.

이제 은둔이라는 성격을 갖는 결사와 일맥상통하는 것에 출가가 있음을 생각해 보고자 한다. 불교는 출가의 종교이다. 출가한 스님들만의 종교라는 뜻이 아니라, 불교에서 말하는 출가라는 개념이야말로 불교

께 하라는 가르침이 있다. 그렇지만 「전도의 선언」에 이미 "두 사람이 한 길을 가지 말라"고 말씀하셨고, 『수타니파타』에서는 "만일 그대가 현명하고, 잘 협조하며 행실이 올바르고 영민한 동반자를 얻게 되면, 모든 재난을 극복하여 기쁜 마음으로 생각을 가다듬고 그와 함께 걸어가라. 그러나 만일 그대가 현명하고 잘 협조하며 행실이 올바르고 영민한 동반자를 얻지 못하면 마치 왕이 정복한 나라를 버리듯이 무소의 뿔처럼 혼자서 걸어가라."(김운학 1998, 『수타니파타』(서울 : 범우사), p.19.)고 말씀하셨지 않던가. 내가 '홀로결사'를 제시한 배경 역시 교단의 권력화에 대한 깊은 회의(懷疑)에서 나오고 있는 만큼, 정히 『수타니파타』의 말씀에서 그 정당성을 확보할 수 있게 된다. 나의 회의 - 개혁에 대한 회의 내지 참여에 대한 회의 -를 간파한 것은 김성순이다. 김성순 2016, 「해설 : 김호성의 결사연구 - 피은(避隱)과 탈권력의 행원(行願)」, 『결사, 근현대 한국불교의 몸부림』(서울 : 씨아이알), p.364. ; p.371. 참조.

의 정체성을 구성하는 중요한 요소라고 본다는 측면에서이다. 물론, 인도에서 출가는 불교라는 종교만의 것은 아니다. 불교가 성장하는 데 토양이 된 바라문교/힌두교에서도 출가가 존재한다. 불교의 출가는 그러한 출가의 문화나 출가의 전통이 존재하지 않았다고 한다면, 존재할 수 없었을지도 모른다. 그러나 불교의 출가는 바라문교/힌두교의 출가와는 다른 결정적인 것이 있다.

바라문교/힌두교의 출가는 세속적인 생활을 다 경험한 뒤, 다른 말로 하면 세속적인 의무(dharma)를 다 완수한 뒤의 노년출가가 그 특징이다. 이에 반하여 불교의 출가는 결혼을 하고 자식을 기르고 조상에 대한 제사를 모시고 하는 세속적인 의무를 건너뛰고 하는 출가[44]이다.

여기서 우리는 고타마 붓다에게서 그 전범이 확립되는 불교의 출가가 갖는 의미를 몇 가지 확인할 수 있다. 첫째, 은둔이다. 세속의 왕궁을 벗어나서 숲속/산속으로 은둔하였다는 점은 더 이상 설명이 필요하지 않을 것이다. 둘째, 실제 고타마 붓다의 출가는 그가 버린 세속적 의무가 가부장제 안에서의 의무라는 점을 고려할 때, 그것의 포기라는 점에서 탈(脫)가부장제임을 알 수 있게 된다. 셋째, 고타마 싯다르타의 경우, 비록 작은 나라였다고 하더라도 왕이 될 신분이었기에, 그의 세속에서의 의무는 왕이 되어서 정치하는 것이었다. 그런 신분에 있었던 고타마 싯다르타의 출가는 곧 미래에 그가 장악하게 될 권력을 사전에 내려놓는 일이 된다. 즉 탈권력의 의미까지 갖게 되었다고 볼 수 있다.

이러한 세 가지 의미 중에서 지금 결사와 관련해서 문제되는 것은, 첫째 은둔과 셋째 탈권력의 의미이다. 보조의 정혜결사와 고타마 붓다

---

44) 힌두교의 출가와 다른 불교적 출가에 대해서는 김호성 2016, 『힌두교와 불교』(서울 : 여래), pp.178-185. 참조.

의 출가에서, 적어도 우리는 동일한 의미 두 가지를 확인할 수 있는 것이다. 그렇기에 보조의 정혜결사는 결국 정혜결사를 초래하게 되었던 고려불교계의 상황이 고타마 붓다의 출가정신에서 보이는 것과는 정반대로 향하고 있었다는 자각에서 출발했던 것이다. 아니나 다를까. 『정혜결사문』의 서분에서는 바로 그러한 점이야말로, 보조가 정혜결사를 주창한 이유가 되었음을 분명히 하고 있었다.

> 그런데 우리가 아침저녁으로 행하는 자취를 살펴보면, 불법(佛法)을 빙자하여 아상(我相)과 인상(人相)만을 키우며 이양(利養)의 길에서 구구(區區)하며 풍진(風塵) 세상에 골몰(汨沒)하여 도덕(道德)을 닦지도 아니하면서 의식을 허비하니, 비록 출가(出家)했다 하나 무슨 덕이 있겠는가. 아! 대저 삼계(三界)를 벗어나고자 한다면서 티끌을 멀리할 행은 없고 헛되이 남자의 몸이 되어서 대장부의 뜻은 없으니, 위로 도를 넓히지 못하고 아래로 중생을 이롭게 하지 못하며 가운데로 네 가지 은혜를 저버리니 참으로 부끄럽도다. 지눌은 이렇게 길이 탄식한 지가 오래다.[45]

정혜결사를 논하는 모든 글에서 빠지지 않고 등장하는, 그야말로 인구(人口)에 회자(膾炙)되는 명언이다. 나는 바로 이 말씀에서 '도덕', '덕'이라는 말에 초점을 맞추어서 정혜결사가 바로 서양의 덕윤리(Virtue-Ethics)에 통하는 윤리적 성격의 결사운동이었다[46]고 주장하였다. 그런데 결사와 출가의 상통성(相通性)을 살펴보는 이 글에서는 '출가'라는 단어에 주의를 기울이게 된다. 만약 '출가'한 승려들이 '출가'한 의미를 충

45) 『정혜결사문』, 한불전 4, p.698a. ; 보조지눌 1989, 『보조전서』(서울 : 보조사상연구원), p.7.
46) 김호성 2016, 『결사, 근현대 한국불교의 몸부림』(서울 : 씨아이알), pp.3-47. 참조.

분히 인식하고서, 저 고타마 붓다의 출가에서 보는 것과 같은 '출가자' 다운 삶을 살 수 있었다고 한다면, 굳이 보조가 정혜결사를 주창하지도 않았을 것이기 때문이다. 그러나 보조가 직면했던 고려 불교계의 상황은 그렇지 못했다.

아상과 인상이라는 것은 어느 시대나 어느 사회에서나 중생이라면 쉽게 버리지 못할 것이라고 하더라도, 보조의 탄식 속에서 출가자의 진정한 모습이라 볼 수 없게 하는 점이 적어도 둘 있었다. "이양(利養)의 길에서 구구(區區)하며 풍진(風塵) 세상에 골몰(汩沒)하여" 진정한 출가자의 면목을 잃어버리고 있었다는 것이다. 여기서 말하는, '이양의 길'은 교단내적인 정치/권력과 결부된 경제적인 문제로, '풍진 세상'은 교단외적인 정치/권력과 결부되는 것으로 생각된다. 정치적 권력의 길과 경제적인 이득의 길, 이 두 길에 얽매여서 골몰하는 모습을 보조는 지탄/개탄하고 있는 것이다.

한편 『정혜결사문』에서만이 아니라 정혜결사의 윤리적 청규라고 할 수 있는 『계초심학인문(誡初心學人文)』에서도 보조는 그가 정혜결사를 주창한 이유가 출가와 결부됨을 말하고 있다.

> 만약 다투는 자가 있으면 두 가지 견해를 화합시켜서 오직 자비로운 마음으로 서로 향하게 할지언정, 험한 말로 다른 사람의 마음을 상하게 해서는 아니 된다. 만약 길벗들을 속이거나 가벼이 하여 옳고 그름을 논한다면, 이러한 출가는 아무런 이익이 없느니라.[47]

『계초심학인문』의 맥락은 시비를 다만 교단내적 차원으로 한계 짓고

---

47) 『정혜결사문』, 한불전 4, p.738a. ; 보조지눌 1989, 『보조전서』(서울 : 보조사상연구원), p.167.

있다는 점에서, 앞서 인용한 『정혜결사문』과는 달랐다. 『계초심학인문』
에서 보조가 경계(警戒)하는 '출가'는 '시비를 논설하는 출가'였다. 이때
논설시비(論說是非)는 승가/결사공동체 안에서의 일이다. 어떤 생활상
의 이해관계를 가리킬 수도 있겠으나, 오히려 교리적인 학설상의 다툼
을 가리키는 것으로 생각된다. 바로 그 앞의 문맥에서는 '양설화합(兩說
和合)'48)을 말하고 있기 때문이다. 이러한 쟁론(諍論)이나 쟁사(諍事)는
불교 교단 안의 일이다. 세속적인 차원의 다툼은 아니지만, 그런 차원
에서의 다툼이라고 하더라도 출가의 목적과는 전혀 부합하지 않는 일이
다. 목적(artha)에 부합하지 않는 일이 이익(artha)이 될 수 있겠는가. 그
럴진대 하물며 교단의 정치적인 권력다툼이나 세속권력과의 연계로 인
한 권력다툼에 골몰한다는 것은 더욱더 출가자의 본래면목일 수는 없
다는 이야기이다.

그런 까닭에 보조는 "명리를 버리고서 산림에 은둔하자"고 했다. 결
사가 탈권력의 몸부림일 뿐만 아니라, 애당초 은둔과 탈권력의 의미를
함축하고 있었던 고타마 붓다의 출가정신으로 돌아가자고 외쳤던 운동
이었음을 확인하게 된다. 출가정신의 망각, 그것이야말로 세속의 길과
명리의 길이기 때문이다.

---

48) '양설로 화합'이 아니라 '양설을 화합'이라는 점에 대해서는 김호성 2015, 『계초심
학인문을 아십니까?』(서울 : 정우서적), pp.48-52. 참조.

V. 탈권력, 결사와 출가의 공통 본질

최근 『결사, 근현대 한국불교의 몸부림』을 펴냈다. 그동안 결사를 주제로 한 논문들을 모은 논문집이었다. 이 책에 대한 몇 편의 서평과 이 책에 대한 서평회를 통해서, 나의 결사관에 대한 다른 학자들의 의견을 청취할 수 있었다. 공감하는 부분도 있었지만, 그렇지 못하고 비판이 모아지는 부분도 없지 않았다.

홀로결사라는 일견 모순되어 보이는 개념에 대한 이야기도 많았지만, 나로서는 그보다는 비판자들이 과연 결사라는 것을 제대로 이해하고 있는가 하는 생각이 들었다. 이에 다시 나의 결사 개념을 정초(定礎)하는 데 전범(典範)이 되어준, 보조의 『정혜결사문』을 통해서 정혜결사라는 것이 도대체 어떠한 결사였던가 재조명해 볼 필요가 있음을 절감했다.

물론 『결사, 근현대 한국불교의 몸부림』에도 이미 정혜결사를 조명한 논문이 수록되었다. 그렇지만, 그것은 어디까지나 정혜결사가 선적(禪的)인 문제를 두고서 일어난 것이 아니라 교단의 윤리적 청정성을 회복하기 위한 결사였음을 밝히는 데 초점을 두었다. 그러한 점을 감안하면서도, 나는 이 글을 통해서 결사의 기본적 성격은 은둔이라는 점을 밝히고자 하였다. 일찍이 보조는 "명리를 버리고 산림에 은둔하자"라고 밝혔을 뿐 아니라 그 스스로 "공산에 은거하고 있는 목우자 지눌"이라 서명(署名)하고 있다.

현대인들은 참여를 선호하고, 세속에서의 삶을 선택하는 경향이 강한 것이 사실이다. 그런 맥락에서 은둔에 대하여 부정적이고 비판적인 태도를 보이는 것이 보통이리라. 결사가 은둔이라고 말하는 점에 거부감을 느낄 준비가 되어있다고 해도 과언이 아닐 것이다. 세속의 정치에 대해서라면 시민들은 정치적으로 무관심해서는 아니 될 것이다. 선거나 여론 등을 통해서 정치에 참여하는 것이 옳다. 그러나 그러한 관점으로 결사를 바라보아서는 아니 된다. 애당초 승가 집단 자체가 세속과는 다른 세계를 살고 있기 때문이다.

『결사, 근현대 한국불교의 몸부림』의 '머리말'에서 밝힌 것처럼, 결사 주제에 대한 나의 관심은 교단의 분규로부터 촉발되어서 그 해결책을 찾는 노력이라 하였다. 그러므로 결사를 주제로 한 논문의 대상독자 역시 세간의 사람들이나 신도들이 아니라 출가한 승단의 구성원인 스님들이었다. 탈권력과 은둔을 요구하고 교단 정치에 참여하지 말라고 요구한 것은 바로 그 대상이 출세간의 승단이기 때문이다. 이 점을 명확히 하는 것이 필요한 것으로 생각된다.

그렇게 은둔에는 공간적 차원의 의미만 있는 것이 아니라 탈권력의 차원 역시 있음을 나는 주의하였다. 더욱이 보조의 정혜결사는 공간적 차원에서 보더라도 결사의 도량을 하나의 새로운 현장으로 만들어서, 대중과 더불어 수행하고 대중과 더불어 교화했다는 점에서 완벽하게 사라져 가버린 은자들과는 달랐다고 보아야 한다. 그런 점에서 은둔과 관련하여 문제되는 것은 '공간'이 어디냐 하는 점에 있는 것이 아니라 탈권력이냐 아니냐 하는 데 있는 것이다. 만약 탈권력이야말로 은둔의 본질이라 한다면, 비록 시정에 있다 하더라도 그것은 곧 은둔이라 말할 수 있는 것이다. 『삼국유사』의 혜숙, 혜공이 보여준 동진(同塵)과 은둔이 동의어라 말한 것도 그러한 맥락에서이다. 그렇기에 나는 결사가 은둔이라는 점을 긍정적으로 평가, 역설, 계승하고자 하는 것이다.

마지막으로 보조의 결사가 은둔이었던 것과 마찬가지로 고타마 붓다의 출가 역시 은둔이었다는 점을 잊어서는 아니 된다. 출가와 결사는 은둔을 매개로 만난다. 보조는 결사, 즉 은둔을 바로 붓다의 출가정신의 회복이라는 차원에서 인식하고 전개하였던 것이다. 다만 보조는 『정혜결사문』의 정종분을 구성하는 일곱 가지 문답 중 여섯 번째 문답에서 수심(修心)과 이타행의 문제를 다루고 있다. 은둔의 지향과 이타행의 문제에 대한 보조의 철학적 관점에 대해서는 이 글에서 살피지 못하였다. 부족하지만, 일찍이 발표한 글[49]에 미룰 수밖에 없다. 더 나아가 『정혜결사문』만이 아니라 보조의 저술 전체에서 그가 어떤 입장을 세우고 있었는지를 찾아보는 것은 뜻있는 연구자에게 미루고자 한다. 해는 저물고 길은 멀고 짊어져야 할 또 다른 짐이 있기 때문이다.

---

[49] 김호성 1991, 「보조선의 사회윤리적 관심」, 『동서철학연구』 제8호(대전 : 한국동서철학연구회), pp.139-160. 참조.

3장. 출가의 자각, 출가자의 행지(行持)
─ '비구 법정(法頂)'과 그의 스승들

이 글은 이 책에 수록된 8편의 글 중 유일하게 청탁을 받아서 쓴 글이다.『불교평론』제73호(2018년 봄)는 '현대불교의 이상주의자들'이라는 특집 아래 운허·소천·청담·지효·성철·광덕·숭산·법정 등 모두 여덟 분의 선지식에 대한 글을 실었다. 1987년 송광사에서 불교계 최초로 사찰설립 학술기관인 보조사상연구원이 설립될 때, 무슨 장(長) 맡기를 꺼려했던 법정스님은 흔쾌히 원장을 맡으셨고, 나는 1992년까지 간사로서 스님을 모신 일이 있다. 그 인연으로『불교평론』의 청탁에 응하였다. 당시 글의 제목은「법정, '비구'란 무엇인가를 거듭 물은 비구」였다.

'비구란 무엇인가'라는 질문은 곧 '출가자는 누구인가'라는 물음과 같은 의미를 갖는 것일 터이다. 그러므로 이 책의 전체 주제인 '출가'에 맞추어서 제목을 바꾸었다. 뿐만 아니라, 법정에게 출가자의식을 심어준 네 분의 스승으로부터 받은 영향을 추적하는 글의 성격에 맞추어서 부제(副題)도 설정하였고, 소제목도 보완하였다. 내용 역시 많은 수정과 보완이 이루어졌는데, 특히 '스승들' 중에 소로우(Henry David Thoreau)가 추가되었다.『불교평론』에 발표할 당시에는 지면과 시간의 제한이 있어서 미처 다룰 수 없었다. 소로우를 보충한 외에도,『불교평론』발표 이후의 연구동향을 점검하고 필요한 논의를 흡수하였다. 이로써 여러 미진함이 사라졌고 글쓴이로서 만족도가 높아졌다.

네 분의 스승 중 보조지눌로부터 받은 것은 이타행을 중심으로 하는 목우가풍(牧牛家風), 도겐으로부터는 권력 내려놓기, 소로우로부터는 간단(簡單)생활의 생태적 삶이었으며, 마지막으로 간디로부터는 무소유를 이어받은 것으로 보았다.

보조지눌에 대한 글은 제2부 2장에 한 편 더 있고, 도겐에 대한 글은 제3부 2장에 한 편 더 있다. 함께 읽고 생각하면 좋을 것이다.

I. 비구의식(比丘意識)

법정(法頂, 1932-2010)스님(이하, '법정'으로 약칭함)은 1954년 효봉(曉峰, 1888-1966)을 은사로 출가한다. 스승에게 받은 법명만으로 '비구 법정'이라 자칭(自稱)하였을 뿐 법호(法號)를 갖지 않았다.[1] 이 사실에는 그 특유의 '비구의식' 내지 '출가자의식'이 존재하는 것으로 생각된다. 어쩌면 '비구 법정'이라고 한 자기정체성 속에 개인적 삶에 대한 그의 꿈이나 교단의 현실에 대한 강한 부정, 즉 나만은 '비구'로서 존재하겠다는 결연한 의지 같은 것이 느껴진다.

이상(理想)은 현실에 대한 강한 부정(否定)이자 지양(止揚)이다. 이상주의자들은 현실에 대한 직접적인 비판을 통하여 이상적 전망을 제시

---

[1]   2017년 7월 22일, 당시 보조사상연구원 원장을 맡고 있었던 나는 송광사에서 열린 학술대회에 참석하는 길에 동참한 학자, 학생들과 함께 불일암에 올라간 일이 있었다. 불일암을 지키고 있던 덕조스님(법정스님의 맏상좌)으로부터 "저만해도 법호가 세 개나 되는데 우리 스님은 법호를 갖지 않았다"는 이야기를 들은 바 있다.

하곤 한다. 법정의 경우도 예외가 아니다. 그의 비판에는 당대의 누구에게서도 발견할 수 없는 날카로움이 있다. 당시로서는 받아들이기 어려운 점이 있었을 정도[2]이다. 그러한 비판이나 개혁의 전망들[3]을 모아놓고, 법정의 꿈을 그려보는 것 역시 가능한 일이다. 그런데 비판이나 개혁의 제시를 '겉'이라고 한다면, 법정으로서는 그렇게 하지 않을 수 없었던 '속'이 있었을 것이다. 그것은 결국 그의 사상이나 이념일 수 있는데, 바로 '법정불교'의 핵심이라 할 수 있다.

그 '속'은 비구의식 내지 출가자의식이라고 볼 수 있을 터인데, 그의 글을 읽어볼 때 그 특유의 출가정신을 형성하는 데 큰 영향을 미친 스승들의 존재를 발견할 수 있었다. 그 스승들로부터 그가 무엇을 섭취하였는지 살피는 것이 이 글의 목적이다.

이를 위해서도 우선 법정의 생애에 대한 파악이 필요하다. 그러나 아직 「상세 연보」나 「저서·역서 목록」과 같은 기본 자료가 정리되어 있지 못하다. 그러므로 간략히 중요하다고 생각되는 부분만을 언급[4]하는 것으로 그칠 수밖에 없다.

통시적으로 볼 때, 1932년 해남에서 태어난 법정은 효봉의 문하로 출가한 뒤, 해인사 생활 12년을 통해서 '비구'로서의 기본을 익힌다. 1967년 봉은사 다래헌(茶來軒)에 머물면서 운허(耘虛, 1892-1980)를 모시고 동국역경원의 번역에 참여한다. 1973년 민주화 운동에 동참하는데, 타종교인들과 함께했다는 측면에서 '종교 교류 활동'이라는 의미를 가진

2) "「공동생활의 질서」는 발행인의 뜻에 거슬린다고 해서 다 찍어놓은 신문(송광사 발행의 『불일회보』 - 인용자)을 폐기하고 다시 찍는 소동이 있었다.", 법정 1986, 「책 머리에」, 『물소리 바람소리』(서울 : 샘터사).
3) 이에 대해서 간략하게나마 살펴본 글은 김광식 2010, 「법정스님의 불교혁신론」, 『법보신문』 제1040호(2010. 3. 17). 참조.
4) 이하의 서술은 길상사에서 얻은 「맑고 향기롭게」라는 팜플렛을 주로 참조하였다.

다. 1974년 송광사에 내려가서 자정암(慈淨庵) 터에 불일암(佛日庵)을 짓고 주석하기 시작한다. 1992년 강원도 산골 오두막(水流山房)[5]으로 은둔(隱遁)하였으나, 1993년 '맑고 향기롭게' 운동을 전개하면서 세상 속으로의 참여(參與)에도 힘쓴다. 1997년 길상사(吉祥寺)를 개산(開山)하고 법을 설하다가 2010년 3월 11일 열반에 든다.

한편 공시적으로 볼 때, 법정은 다양한 얼굴을 갖고 있었다. 현장(玄藏)은 다음과 같은 10가지로 분류한 바[6] 있다.

> 선 수행자와 명상가, 경전 번역가, 문필가, 민주화 운동가, 불교 개혁가, 자연주의자이며 생태 철학가, 무소유 전도사, 아름다움을 추구한 미학가, 차(tea)문화를 사랑한 다인(茶人), 종교 교류 활동가

모두 수긍이 가는 평가이다. 그런데 법정의 얼굴은 이 열 가지로만 한정되지 않는다. Ⅱ장과 Ⅲ장에서는 새로운 이미지의 법정을 논의하기로 한다. 그것은 바로 보조(普照, 1158-1210)의 계승자와 도겐(道元, 1200-1253)의 소개자라는 얼굴이다. 그런 다음 헨리 데이비드 소로우(David Henry Thoreau, 1817-1862)와 마하트마 간디(Mahatma Gandhi, 1869-1948)를 각기 Ⅳ장과 Ⅴ장에서 논의할 것이다. 보조와 도겐은 불교 안의 스승들이지만, 소로우와 간디는 불교 밖의 스승들이다. 굳이 일주문 안에서만 스승을 찾지 않았다는 점에서, 동시대를 살았던 어떤 선지식들과도 다른 법정만이 갖고 있었던 또 하나의 얼굴이라 보아도 좋을 것이다.

---

5) 2018년 1월 27일, 한때 길상사에 머문 적이 있는 공일스님의 안내로 이 '수류산방'을 찾아본 적이 있다. 스님의 체취가 아직 남아 있었다.
6) 현장 2017,『시작할 때 그 마음으로 - 법정이 우리 가슴에 새긴 글씨 - 』(서울 : 열림원), p.44.

Ⅱ. 보조지눌(普照知訥) : 이타(利他)의 행원(行願)

법정의 이력을 말할 때 흔히 빠뜨리기 쉬운 것이 '보조사상연구원 원장'이다. 보조사상연구원은 1987년 설립 첫 해에 '보조사상연구의 회고와 전망'이라는 주제의 세미나를 하고, 그해 11월『보조사상』제1집을 발간한다. 이때 법정은 원장으로서 「간행사」를 쓴다. 그 글에서, 법정은 그 대부분의 분량을 몇 해 전부터 제기되었던 돈오점수(頓悟漸修)설 비판에 할애한다.

교단 일각에서는 고정관념에 사로잡혀 아직도 보조의 돈오점수(頓悟漸修)사상을 가지고 왈가왈부하는 의견이 없지 않지만, 종교의 근본은 공허한 말끝에 있지 않고 투철한 체험과 실지 행에 있음을 우리는 분명히 알아야 한다. 불타 석가모니의 경우, 보리수 아래서의 깨달음은 돈오(頓悟)이고, 45년 간의 교화활동으로 무수한 중생을 제도한 일은 점수(漸修)에 해당된다. 이것이 또한 불교의 두 날개인 지혜와 자비의 길이다.[7]

이 글에서 말하는 '교단 일각'이 성철(性徹, 1912-1993)을, 그 '의견'이 『선문정로(禪門正路)』에서 제기되는 돈오점수설 비판을 가리키는 것임은 물론이다. 그 당시 성철은 종정의 지위에 있었고, 법정으로서도 각별하게 생각하는 어른이셨다. 그럼에도 불구하고, 법정은 지금 비판을 하고 있다. 그 이유는 그 문제가 법정의 불교관에서 너무나도 중요한 부분을 차지하고 있다고 생각해서인지 모른다.

---

7) 법정 1987, 「간행사」, 『보조사상』 창간호(서울 : 보조사상연구원), p.4.

법정은 돈오와 점수의 문제를 해결하는 실마리를 불타 석가모니의 삶 속에서 찾는다. 아니, 불타 석가모니의 삶 자체가 돈오점수의 삶이었던 것으로 이해한다. 다 아는 바이지만, 돈오점수와 같은 논의들은 동아시아 선불교의 문제들이다. 그렇다고 해서 인도나 티벳불교에 그러한 개념틀이나 사고구조, 혹은 수증론(修證論)이 없었던 것은 아니다. 그러므로 얼마든지 돈오점수에 대한 이해를 불타 석가모니의 삶으로부터 도출할 수 있다는 것이다.

법정은 대승불교나 선불교 전통의 한국불교 안에서 불타 석가모니의 가르침이나 초기불교 자체를 가장 많이, 또 가장 먼저 받아들인 스님이라고 평가[8]해도 좋을 것이다. 그런 법정에게 불타 석가모니야말로 다른 누구보다도 우리가 의지하여야 할 전범(典範)이라는 사실은 분명했다. 그런데 그 불타 석가모니의 삶 자체가 바로 돈오와 점수를 보여준 것이라고 한다면, 돈오점수야말로 우리가 의지해야 할 실천과 수행의 길이 아닐 수 없었을 것이다. 그것을 법정은 다음과 같이 말하고 있다.

깨달은 다음의 수행은 오염을 막을 뿐 아니라, 온갖 행을 두루 닦아 자신과 이웃을 함께 구제하는 일이다.
보조스님은 『절요사기(節要私記)』에서 다음과 같이 말하고 있다.
"요즘 선(禪)을 안다고 하는 사람들 중에는 흔히 말하기를, 불성(佛性)을 바로 깨달으면 이타(利他)의 행원(行願)이 저절로 가득 채워진다고 하지만 나는 결코 그렇게 생각하지 않는다. 불성을 바로 깨달으면 중생과 부처가 평등하여 너와 나의 차이가 없어진다. 이 때 비원(悲願)을 발하지 않으면 적정(寂靜)에 갇힐 염려가 있다. 그러므로 화엄론(華

---

8) 『진리의 말씀(법구경)』, 『숫타니파타』, 그리고 『비유와 인연설화』와 같은 초기경전들을 직접 번역하였다. 『숫타니파타』에 대해서는 직접 그 의미를 해설한 『그물에 걸리지 않는 바람처럼』도 펴냈다.

嚴論)에 이르기를, '지성(智性)은 적정(寂靜)하므로 원(願)으로써 이를 극복해야 한다'고 말한 것이다. 깨닫기 전에는 비록 뜻은 있어도 역량이 달려 그 원이 이루어지기는 어렵지만, 깨달은 다음에는 차별지(差別智)로써 중생의 괴로움을 보고 대비원(大悲願)을 발하여 힘과 분수를 따라 보살도를 닦으면, 깨달음과 행이 가득 채워질 것이니 어찌 기쁜 일이 아닌가.'[9]

법정이 말하고 싶은 것은 바로 깨달은 다음의 수행, 곧 점수에 대한 재인식이다. 닦음은 단순히 마음속의 번뇌, 즉 '오염을 막는' 일에 그치는 것이 아니라 '온갖 행을 두루 닦아 이웃을 함께 구제하는 일'이 곧 점수라고 보았다. 이러한 법정의 점수이해는 보조의 『절요사기』에 입각하고 있는 것인데, 그것은 『수심결(修心訣)』 단계의 점수이해와는 다소 다르다. 『수심결』에서 말해지는 점수는 깨달음을 얻었다고 하더라도 아직 남아 있는 습기(習氣)—법정이 말한 '오염'— 같은 것을 점진적으로 제거해 가는 것이었다. 그런데, 보조 말년의 저술인 『절요사기』에서는 중생구제의 맥락에서 닦음을 말한 것이며, 바로 그 점에 법정은 깊은 공감을 표하고 있는 것이다.

깨달음을 얻어서 불성의 평등을 투철히 알았다고 하더라도, 그것만으로는 곧바로 중생을 제도하려는 비원이 일어나지는 않는다. 중생을 제도하기 위해서는 비원을 세우지 않아서는 아니 된다는 것이다. 이 비원이 이타의 행으로 이어진다. 그것이 행원이다. 이러한 관점을 보조는 다시 이통현(李通玄, 635-730)의 『화엄론』을 통해서 강화(強化)하고 있다. 가없는 중생을 다 구제하기 위한 가없는 실천을 강조하는 실천의 불교, 바로 그것이 화엄불교가 아니던가. 이런 불교관을 갖고 있었던 법

---

9)　법정 1987, 「간행사」, 『보조사상』 창간호(서울 : 보조사상연구원), p.4.

제2부 한국의 출가정신　163

정으로서는 돈오돈수를 비판하지 않을 수 없었던 것이다. 돈오돈수에는 중생구제의 비원과 행이 결여된 것으로 판단되었기 때문이다.

> 여기에서 우리는 돈오점수를 자신의 형성과 중생의 구제로 풀이할 수 있다. 그리고 바로 알아야 바로 행할 수 있고, 그런 행의 완성이야말로 온전한 해탈이요 열반이라고 할 수 있다. 중생계가 끝이 없는데 자기 혼자서 돈오돈수로 그친다면 그것은 올바른 수행도 아니고, 지혜와 자비를 생명으로 삼는 대승보살이 아니다.[10]

바로 법정은 돈오를 '자신의 형성'이라 말하고 있다. 그것이 전통적인 선의 깨달음을 배제하는 말은 아니겠지만, 상당히 다른 의미망(意味網)을 갖는 것임에는 틀림없어 보인다. '자신의 형성'이 간화선의 대오(大悟)만을 지칭하는 것은 아닌 것[11]으로 보이기 때문이다. 이를 통해서 우리가 알 수 있는 것은, 실제로 법정에게는 돈오보다는 점수가 중요한 것이 아니었을까 하는 점이다.

이 「간행사」 이후에도 법정은 「깨달음과 닦음」, 「무엇을 깨닫고 무엇을 닦을 것인가」[12]와 같은 에세이를 통해 이 주제를 변주(變奏)한다. 이 글들은 기본적으로 「간행사」의 논지와 별 차이가 없다. 그런 글들보다, 「간행사」와 관련해서 더욱 의미 깊은 글은 「그 여름에 읽은 책」인 것으로 나는 생각한다.

8, 9년 전이던가, 해인사 소소산방(笑笑山房)에서 『화엄경 십회향품(華嚴經 十廻向品)』을 독송하면서 한여름 무더위를 잊은 채 지낸 적이

---

10) 법정 1987, 「간행사」, 『보조사상』 창간호(서울 : 보조사상연구원), p.5.
11) 법정의 선사상에 대한 연구가 이루어질 때, 3부 2장에서 논의할 도겐이나 화엄사상과의 관련성 역시 살펴보아야 할 것이다.
12) 모두 법정 1983, 『버리고 떠나기』(서울 : 샘터사)에 수록되어 있다.

있다. 그해 운허노사(耘虛老師)에게서 『화엄경』 강(講)을 듣다가 「십회향품」에 이르러 보살의 지극한 구도정신(求道精神)에 감읍(感泣)한 바 있었다. 언젠가 틈을 내어 「십회향품」만을 따로 정독하리라 마음먹었더니 그 여름에 시절인연(時節因緣)이 도래했던 것이다.[13]

그해 법정은 『화엄경』 「십회향품」을 10여 회 독송했다고 한다. 「십회향품」은 바로 원효가 『화엄경』 주석서를 쓰다가 절필한 곳이 아니던가. 그만큼 법정은 실천을 중시하는 화엄불교에 이끌렸던 것이고, 보조 안에서 선(禪)과 화엄의 아름다운 조화를 보았던 것이다. 돈오점수를 그런 맥락에서 이해하고 있었으니, 사실 '법정불교'는 보조의 목우가풍(牧牛家風)[14]을 계승하고 있는 것이다. 앞서 내가 법정을 '보조의 계승자'라고 말한 것도 그런 맥락에서이다.

이 점은 1974년 송광사 자정암 터에 암자를 중건(重建)하여 '불일암'이라 이름했다든지, 파리와 서울의 성북동에 각기 도량을 개산(開山)하였을 때 '길상사'라 이름한 것에서도 잘 드러난다. '불일보조'는 임금이 내린 시호(諡號)이고, '길상사'는 보조지눌이 중창하여 개명하기 전 송광사의 옛 이름[15]이기 때문이다.

13) 법정 1994, 『무소유』(서울 : 범우사), pp.64-65.
14) 보조가 중흥한 송광사에서 전해오는 가풍을 '목우가풍'이라 말한다. 보조 스스로 '목우자(牧牛子)'라고 불렸던 데에서 유래한다. 하지만 동시에 '목우'는 선의 『십우도(十牛圖)』에서 볼 수 있듯이, 점수의 이미지가 들어있는 말이기도 하다.
15) "승안(承安) 5년 경신(1200 - 인용자)에 송광산 길상사로 옮겨서 무리를 이끌고 법사(法事)를 짓기를 11년이었다." 金君綏, 1989, 「보조국사비명(普照國師碑銘)」, 『보조전서』(서울 : 보조사상연구원), p.420. 참조. 김영진(몽우 조셉킴)은 시인 백석(白石, 1912-1995)이 "청산학원 3학년인(1933년, 22세 - 인용자) 5월, 백석의 거주지는 동경의 길상사(吉祥寺) 1875번지 였다. 이곳에서 백석이 하숙을 정하였는데 이 당시 백석의 하숙집이었던 길상사에 대한 기억과 미련을 가지고 있었던 자야(길상화 김영한 보살 - 인용자)는 평생동안 모은 돈으로 산 요정을 법정에게 기증하면서 이름을 길상사로 짓게 된다"(김영진 201, 『백석평전』(서울 : 미다스북스), pp.180-181)라고 하였으나, 아무런 근거없는 억측(臆測)이다. 길상사의 탄생에 물질적 기반을 마련한

Ⅲ. 도겐(道元) : 권력과의 거리두기

1. 행지의 의미

지금 길상사(吉祥寺)를 가보면 眞影閣이 있다. 그러나 법정이 개산(開山)한 당시 그 방의 이름은 '行持室'이었다. '행지'의 의미는 과연 무엇일까? 법정은 「수행자는 늙지 않는다 – 운문도량에서」라는 제목의 강의에서 이렇게 말하고 있다.

> 그리고 (구도의 서 다섯 권 중 – 인용자) 마지막으로 소개할 책은 도겐 道元 선사가 사석에서 펼친 가르침을 기록한 책입니다. 이 분의 시자 (어른스님을 모시고 시중드는 사람)가 고운 에죠 孤雲懷奘 스님인데, 도겐 선사보다 나이가 두 살 위입니다. 다른 교단에 있다가 도겐 선사의 가르침에 감화를 받아 시자가 되었습니다. 이 분이 도겐선사가 그때그때 사석에서 제자들을 위해 법문한 것을 기록해서 『정법안장수문기正法眼藏隨聞記』라는 기록을 남겼습니다. 『정법안장正法眼藏』은 도겐 선사 자신이 기록한 법문입니다. 이 『정법안장』에 '행지行持'편이 있는데, 수행자가 지녀야 할 행위에 대해, 옛 조사들부터 중국 선종사에 나오는 분들이 어떻게 수행했고 어떻게 교화했는가 하는 것이 실려 있습니다. 『정법안장』 중에서도 저는 이 행지편을 좋아합니다. 그래서 길상사 주지실을 만들 때 무슨 이름을 붙일까 하다가 '행지실'이라고 한 것입니다. 주지를 하려면 바른 행을 지니라는 뜻에서입니다.[16]

길상화 보살은 '개기(開基)'라 할 수 있다. 개기 길상화보살이 법정에게 귀의하여 사재를 보시한 것인데, 절 이름의 명명을 그 자신이 한다는 것은 외람된 일이다. 그런 일을 길상화보살이 감행했다는 것은 상상하기 어렵다.

16) 법정 2009, 『일기일회』(서울 : 문학의숲), pp.196-197. '다른 교단'은 일본의 자생적 선종교단인 달마종을 말한다. 『정법안장수문기』는 우리말로 번역된 적이 있는데,

『정법안장』의 행지 편은 상하 2권으로 이루어져 있다. 법정은 '옛조사들로부터 중국 선종사에 나오는 분들'의 이야기라고 했지만, 그 시작은 석가모니불이다. 인도불교에서는 석가에 이어서 가섭존자와 협존자가 더 있다. 그런 뒤 중국에 와서는 31분을 이야기하고 있다. 중국의 31분 중 당나라 선종(宣宗, 846-859 재위)황제만 예외적으로 재가자일 뿐, 30분은 모두 스님들이다. 흔히 법통(法統)을 제시하는 것처럼, 시대적인 순서나 계보를 맞추어서 순서를 정한 것은 아니다. 오히려 계보를 정리한다는 의식은 없다. 그저 그가 본받고 싶고, 후학들의 전범이 될 에피소드를 중심으로 하여 무작위적으로 서술한 것으로 보인다. 다만, 그 마지막 조사가 바로 도겐(道元, 1200-1253)이 직접 송나라에서 모시고 배웠던 스승, 중국 조동종의 천동여정(天童如淨, 1163-1228)일 뿐이었다.

『정법안장』 행지편은 이렇게 시작한다. ( ) 안의 보충하는 말은 문맥을 위하여 내가 넣은 말이다.

> 부처님과 조사의 대도(大道)에는 반드시 위없이 높은 행지가 있다. (그 행지는) 끊임없이 이어져서(道環) 단절하지 않는다. 발심, 수행, 보리, 열반(의 전 과정에) 조금의 간극(間隙)도 없이 행지가 끊임없이 이어진다. 스스로의 억지스런 작용(強爲)도 아니고, 다른 사람의 억지스런 작용도 아니며, 일찍이 오염(染汚)된 바 없는 행지이다.[17]

도겐은 행지와 대도의 상관관계를 말한다. 행지가 있어서 대도가 이루어졌고, 대도는 행지가 온전히 드러난 것(全體現成)임을 말한다. 그러한 불조의 행지는 불조의 행로로만 존재하는 것이 아니다. 또 존재해서

그 차례 구성을 원본과 달리 편집해 버렸다. 새로운 번역이 나왔으면 좋겠다.
17) 水野彌穗子 2003,『正法眼藏』(東京 : 岩波書店), p.297.

도 안 된다. 당연히 우리의 행지로도 이어져야 한다고 말한다. 바로 이 점에서 그가 「행지」편을 집필했던 것이고, 법정 역시 깊은 공감(共感)을 표시했던 것이리라. 도겐의 말을 들어보자.

모든 부처와 모든 조사의 행지에 의해서 우리들의 행지가 드러나고(現成, 見成), 우리들의 대도가 통달하게 되는 것이다. 우리들의 행지에 의해서 제불의 행지가 드러나고, 제불의 대도가 통달하게 되는 것이다.[18]

우리에게 행지가 없다면 불조의 행지는 드러날 수 없고, 불조의 대도 역시 드러날 수 없을 것이다. 행지를 강조하는 까닭이다. 그렇다고 한다면, 과연 '행지'라는 말은 무슨 뜻일까?

우선, 행지라는 말은 수행이라는 말과 다르다는 점에 주의해야 한다. 우리 불교에서는 사실 '수행'에 대한 강조는 많지만, '행지'에 대한 강조는 드문 것인지도 모르겠다. 그런 점에서 법정이 도겐의 행지 개념을 받아들인 것은 큰 의미가 있다고 본다. 도겐은 수행이라는 말을 잘 쓰지 않고 '학도(學道)'라거나 '판도(辨道)'라고 말한다. 오히려 행지는 행리(行履)라는 말과 동의어이다. 도겐 스스로 "다만 올바로 행지하는 하루는 모든 부처의 행리이다"[19]라고 했기 때문이다. 행리는 삶의 전 과정에서 볼 수 있는 행위이다. 물론, 그 행위는 깨달음이 행위로서 드러난(現成, 見成) 것으로 본다. 그런 뜻에서 법정 역시 '수행자가 지녀야 할 행위'라고 정의했던 것이다. 우리는 흔히 참선, 위빠사나, 염불, 지관, 절 등과 같은 일을 수행이라 하지만, 도겐은 그러한 수행보다 더욱 중요한 것은 실생활 속에서의 행위라고 보았기에 '행지'라는 말을 쓴 것으로 생각된다.

---

18) 水野彌穗子 2003, 『正法眼藏』(東京 : 岩波書店), p.298.
19) 水野彌穗子 2003, 『正法眼藏』(東京 : 岩波書店), p.362.

2. 도겐의 행지와 수행

도겐 역시 처음에는 좌선을 하거나 경을 읽는 것들을 수행으로 생각했다. 그런 그에게 결정적인 행지체험이 찾아왔다. 정전(正傳)의 불법을 구하기 위하여 송(宋)의 영파(寧波)에 도착했으나, 당국으로부터 상륙허가를 받지 못 하여[20] 한동안 배에 머물러 있을 때의 일이다. 당시 이 배에 식재료[21]를 사러 온 아육왕산 광리사(廣利寺, 현 阿育王寺)의 전좌(典座, 공양 준비 책임자)에게, "노스님은 그 연세(61세)에 공안(公案)을 참구하는 참선 수행을 하지 않고, 전좌와 같은 하찮은 소임을 보면서 그토록 애쓰십니까?"라고 했고, 그 전좌로부터 "그대는 아직 수행이 무엇인지 모르고 있군!"[22]이라는 말을 듣고서 부끄러워했을 정도였다. 이 전좌를 통해서, 수행은 고정화되어 있지 않음을 도겐은 비로소 깨닫게 되었다. 노동을 하는 것 역시 수행일 수 있음을 알았고, 바로 그러한 수행의 철학을 갖고서 살아가는 것이 행지임을 깨달았던 것이다.

도겐은 14세에 천태종의 총본산인 히에이잔(比叡山) 엔랴쿠지(延曆寺)로 출가한다. 스승들로부터 "국가에 알려지고, 천하에 이름을 떨치도록 하라"는 이야기를 늘 듣게 된다. 그러다가 중국의『고승전』,『속고승전』등을 읽어보니, 일본의 스승들과 같은 스님은 아무도 없는 것이 아

---

20) 일본에서의 수계에 대하여 중국 측에서 신뢰하지 못해서라고 한다.
21) 원문은 '倭椹'인데, 일본산의 표고버섯이라는 설도 있고 뽕나무 열매인 오디라는 설도 있다.(佐藤秀孝 2003,「中國の禪宗と道元の傳法」,『道元』(東京 : 吉川弘文館), p.87.) 국수의 육수를 내는 데 넣는 재료였던 것 같다.
22) 법정 1989, p.204. 이 전좌와의 대화는 도겐의 저서『전좌교훈(典座敎訓)』에 나오는 이야기인데, 법정은「그 자리를 헛딛지 말라」(『불일회보』제91호, 1988년 7월호)에서 소개하고 있다. 아마도 우리나라 최초로 도겐을 소개한 글일 것이다. 전좌와의 만남에 대해서는 나 역시 글을 쓴 일이 있다. 김호성 2011,「일본의 선 - 도겐, 전좌를 만나다」,『선과 문화』제2호. pp.55-59. 참조.

닌가. 일본의 스승들은 다 "흙이나 기와처럼 생각되었고, 종래의 마음을 고쳐먹을 수 있었다"[23]고 술회(述懷)한다. 도겐이 첫 번째 행지를 체험한 순간이었다고 할 수 있다. 당시 일본불교의 타락상을 절감한 도겐은 제대로 전해진 불교, 이른바 '정전(正傳)의 불법(佛法)'을 구하기 위해서 천태종 총본산을 내려온다. 그리고 교토 시내에 있는 임제종 사원 겐닌지(建仁寺)에 잠시 머문 뒤, 거기서 만난 스승 묘젠(明全)[24]과 함께 송나라로 구법의 길을 떠난다. 송나라에서, 앞서 말한 저 아육왕산 전좌와의 만남으로 하늘과 땅이 뒤집어지는 체험을 했으니, 이를 두 번째 행지 체험이었다고 할 수 있다. 이후, 스승 천동여정을 만나게 된다.

천동여정은 우리에게는 묵조선으로 알려진 남송시대 조동종의 선사였다. 천동은 천동산(天童山)에서 수행했기 때문인데 또 다른 천동이 있었으니, 바로 앞 시대의 천동정각(天童正覺/宏智正覺, 1091-1157)이었다. 이 천동정각은, 바로 간화선의 완성자인 대혜종고(大慧宗杲, 1089-1163)의 『서장(書狀)』에서 '사선(邪禪)'으로 치부되었던 인물로, 묵조선의 좌선이야말로 정통이라고 주장했다. 묵조선이 과연 정통인지 사선인지의 여부는 차치하고, 그 당시 대혜종고로 대표되는 임제종보다 조동종이 수행자의 행지를 더욱 잘 지키고 있었던 실례를, 천동정각보다는 후배이지만 마찬가지로 조동종의 선승이었던 천동여정에서 엿볼 수 있다. 법정은 「영평사의 감회」에서 다음과 같이 말한다.

　　이때(도겐이 귀국할 때 – 인용자) 여정 선사는 제자인 도원 선사에게 작별의 정을 나누면서 이런 당부를 한다.
　　"도시에서 살지 말라. 국왕대신을 가까이 말라. 항상 심산유곡에 머물

---

23) 水野彌穗子 2006, 『正法眼藏隨聞記』(東京 : 筑摩書房), p.297.
24) 제3부 2장 논문의 주인공이다.

면서 한 개 반 개라도 좋으니 바른 법을 찾는 사람에게 가르쳐라."
이때 스승으로부터 받은 교훈은 평생을 두고 선사의 지표가 된다. 특히 국가권력의 주변에 있는 권문세가(權門勢家)의 사람들을 멀리했다. 한번은 불교신자인 한 집권 무신(武臣)의 초청을 받아 도시로 나간 일이 있었다. 절을 하나 지어줄 테니 거기에 머물러 달라는 그의 간청을 받자 이를 거부하고 곧바로 영평사로 돌아온다. 스승 여정선사의 교훈을 잊지 않았던 것이다.[25]

법정이 전하는 "국왕이나 대신과 친해서는 아니 된다."고 한 천동여정의 행지는 실제 도겐의 『보경기(寶慶記)』[26]에서도 나오고, 「행지」편에서도 전하고 있다. 「행지」의 제일 마지막에 보면, 천동여정에 대하여 다음과 같이 서술하고 있다.

선사(先師)는 19세부터 고향을 떠나 스승을 찾아서 도에 힘쓰고(辦道) 공부하기를 65년이 되었으나, 여전히 물러남이 없으셨다. 임금을 가까이 하지 않고, 임금의 눈에 띄지 않았으며, 승상(丞相)과 친하지 않고, 관료(官員)와 친하지 않았다. (남송 영종 황제가 내리는 - 인용자) 자의(紫衣)와 사호(師號)를 표(表)를 올려서 사양했을 뿐만 아니라, 평생토록 여러 가지로 모양을 그린 (화려한) 가사는 입으시지 않았다. 평소에 상당(上堂)하거나 입실(入室)할 때는 모두 검은 가사나 직철(直裰)을 입으셨다.[27]

---

25) 법정 1989, 『텅빈 충만』(서울 : 샘터사), p.198. 여기의 '도시'는 가마쿠라 막부가 있던 가마쿠라(鎌倉)를 가리키며, '한 집권 무신'은 당시 최고의 권력을 갖고 있었던 호조 도키요리(北條時賴, 1227-1263)를 가리킨다. 가마쿠라 외출은 7개월 동안이었다.

26) 김호성 2015, 「『보경기(寶慶記)』 1-14」, 『일본불교사공부방』 13호(서울 : 일본불교사 독서회), p.104. 도겐이 수시로 스승 천동여정에게 질의하고, 그 답변을 기록한 책이다. '보경'은 도겐이 송나라에 있을 당시 송의 연호인데, 1225-1227년이었다.

27) 水野彌穗子 2003, 『正法眼藏』(東京 : 岩波書店), p.392. 「행지」편에는 4조 도신(道信)이 국왕을 가까이 하지 않았던 행지가 있었다고 찬탄한다. 水野彌穗子 2003, 『正法眼藏』(東京 : 岩波書店), pp.371-372. 참조.

법정은 시종일관 세속의 정치권력이든 교단의 종교권력이든 멀리했으며, 그것들에 대해서는 시종여일하게 비판적인 관점을 견지했다. 바로 그 이면에 권력과 거리두기를 한 옛 스님들의 행지를 찬탄하는 도겐과의 공명(共鳴)이 있었던 것이다.

그러면 행지의 면에서 도겐을 그렇게 숭상했다면, 그 선사상이나 수행의 측면에서는 어떠했을까? 이러한 질문은 깊은 의미를 지닌다고 하겠다. 왜냐하면 수증론과 행지는 서로 분리되거나 분열될 수 없는 것이기 때문이다. 이 질문에 대해서 법정은 「끊임없는 精進」의 결론 부분에서 이렇게 밝히고 있다.

> 선사(도겐 - 인용자)의 수도이념은 모든 선각자들과 마찬가지로 본래청정(本來淸淨)의 입장이다. 우리는 본래부터 청정한 존재이기 때문에 끊임없이 정화(정진)하여 그 본래모습을 활짝 드러내야 한다. 그러므로 새삼스럽게 깨달음을 얻기 위한 닦음(수행)이 아니라 닦는 일 그 자체가 부처님이나 조사의 살아있는 모습이다. 이것을 일러 본증묘수(本證妙修)라 하고, 무소득(無所得), 무소기(無所期)의 수행이라 한다. 닦음(修) 속에 깨달음(證)은 저절로 갖추어져 있고, 깨달음 속에 닦음은 저절로 행해진다. 표현의 형식은 다를지라도 그 바탕은 같은 시대인 고려 보조 선사의 돈오점수(頓悟漸修) 사상과 맥을 같이하고 있다.[28]

간화선에서는 화두를 타파하면 견성성불이라고 말한다. 화두를 드는 것은 수단이 되고 깨달음은 목적이 된다. 수단과 목적이 분열한다. 그러나 도겐의 입장에서는 수단과 목적은 분열되지 않는다. 깨달음도 닦

---

28) 법정 1989, 『텅빈 충만』(서울 : 샘터사), p.258. 같은 논지의 글이 법정 1983, 『버리고 떠나기』(서울 : 샘터사), p.117에도 있다. 과연 도겐의 본증묘수와 보조의 돈오점수가 맥을 같이 하고 있다 말할 수 있는지는 좀 더 자세한 고찰이 필요할 것으로 생각된다.

음 속에서 현성(現成)하는 것이기 때문이다. 화두 내지 공안이라고 하는 것도 선사들의 법문답 속에서 만들어진 것이 아니라 지금 여기 있는 것 전체가 다 화두이고 공안(公案)이라고 보는 것이다. 이른바 현성공안(現成公案)[29]의 의미다. 이런 점에서 도겐의 선은 분명 간화선과 다른 입장이다. 그런데 이러한 관점까지 법정은 다 받아들이고 있는 것이다.

앞서 보조에 대한 법정의 이해방식을 살펴본 바 있지만, 보조와 도겐에 대해서 법정이 공통적으로 초점을 두고 있는 것은 깨달음이 아니라 닦음이었음을 알 수 있다. 법정에게 있어서 종교는 깨달음으로 인해 성스러운 것이 아니라 닦음으로 인해 성스러운 것이었기 때문이다. 그 닦음이라는 것이야말로 바로 행(行)이 아닌가. 그의 행지불교(行持佛敎)가 여기서 약여(躍如)하게 드러나고 있다.

Ⅳ. 소로우(Henry David Thoreau) : 간소하게 살기

앞서 살펴본 보조지눌과 도겐은 일주문 안의 스승들이라면, 이제부터 살펴볼 소로우(Henry David Thoreau, 1817–1862)[30]와 마하트마 간디(Mahatma Gandhi, 1869–1948)는 일주문 밖의 스승들이다.

우리는 흔히 안팎의 스승들을 그 '안'과 '밖'으로 구분하기 쉽다. 그런 분별은 '밖'의 스승들을 스승들의 목록에서 제외하기 위해서 작동하게

---

29) 도겐의 『정법안장』 속에는 「현성공안」 편이 있다. 한보광 2006, 『역주 정법안장 강의 1』(성남 : 여래장)에 우리말 번역이 있다.

30) 'Thoreau'에 대한 우리말 음사(音寫)는 '도로우', '소로' 그리고 '소로우' 등이 있다. 법정이 읽었던 것으로 생각되는 강승영 옮김 『월든』에서 '소로우'라 하였고 법정 역시 '소로우'라 부르고 있기에, 이 글에서도 '소로우'라 한다.

된다. 그러나 이는 중차대한 오류에 떨어지게 만든다. 당연히 그러한 분별이 나름의 타당성을 갖는다고 하더라도, '안'과 '밖'을 분리한 뒤 '밖'을 배제해서는 안 되는 이유가 있다. 만약 그렇게 분별하여 분리하고 만다면, '안'과 '밖'이 서로 통하고 있음을 놓치게 된다. '밖'에서 '안'을 볼 수 있다는 것은, 그 '안'의 거주지를 '안'으로만 제한하지 않게 된다. 그럴 때 더 이상 '안'은 '안'에서만 발견되는 것은 아니라, '밖'에서도 확인[31]된다. 더 이상 '안'은 '안'이 아니고, '밖'은 '밖'이 아닌 불이(不二)[32]가 된다. 그런 경지를 보여준 선지식이 법정이었다.

1. 『월든』의 생활철학

소로우는 길지 않은 인생을 살다가 갔다. 그런 까닭도 있겠으나, 이런저런 시절인연이 그의 사후에 그가 더욱더 주목받게 만들었다. 인도에서의 간디[33], 우리나라에서의 법정에게서 볼 수 있듯이, 그의 사후에 더욱 높이 평가되었고, 더욱 깊은 영향을 미친 사상가였다. 문학, 종교, 철학, 정치사상, 생태주의 환경운동 등 여러 분야에서 그의 가르침이 이어지고 있거나 문제되고 있음을 보게 되거니와, 여기서는 다음과 같

---

31) 실제로 소로우와 그의 스승 에머슨(Ralph Waldo Emerson, 1803-1882)의 사상은 후일 불교를 비롯한 동양사상이 미국 사회에서 광범위한 호감을 얻게 되는데, 출발점이 되었다 한다. マイケル·コンウェイ 2021, 「教育活動としての眞宗開教の可能性」, 『コミュニティの創造と國際教育』(東京 : 明石書店), p.135. 참조.
32) 물론 '안'과 '밖'이 서로 상통하는 바 있더라도 서로 차이나는 바 역시 없지 않다. 소로우와 법정 사이에도 그렇다. 이 점은 뒤에서 언급할 것이다.
33) Ramesh S. Betai 2002, *Gita & Gandhiji*(New Delhi : Gyan Publishing House), p.175. 간디가 소로우로부터 받은 영향은 법정이 받은 영향과는 다소 차이가 있는 것으로 생각된다. 간디는 주로 『시민불복종(Civil Disobedience)』을 통하여 '비협조' 내지 '비폭력'에 대해서 크게 공감했을 것으로 보이기 때문이다. 이는 법정이 『월든』을 통해서 '간소한 생활'의 가르침에 깊이 공감한 바와 다소 비교될 수 있다. 간디와 법정이 서있는 '자리'가 달랐기 때문일 것이다.

은 언급 속에서 그의 면모를 확인해 보고자 한다.

> 소로우의 단순한 삶으로 해서 그는 많은 것을 버리고 살았으며 그렇
> 게 산 사람은 드물 것이라고 에머슨은 언급하며, 'NO'로써 소로우를
> 나타낸다. 소로우는 어떤 전문적인 직업에 길들여 있지도 않았고, 결
> 혼도 안 하고 혼자 살았으며, 교회에 다니지도 않았고, 결코 투표도
> 하지 않았고, 주에 세금을 내는 것도 거부했고, 고기와 술도 안 마셨
> 으며, 담배를 피울 줄도 몰랐고, 자연을 벗 삼는 자연주의자인데도 불
> 구하고 덫이나 총을 결코 사용하지 않았다. 확실히 소로우는 사색과
> 자연의 독신자(the bachelor of thought and nature)가 되기를 스스
> 로 택했다.[34]

소로우의 정체성에 대한 이러한 언급은 그대로 법정에게도 적용 가
능할 것이다. 특히 소로우가 월든 호숫가에서 오두막을 짓고 2년 2개
월 2일을 살았다고 하거니와, 그런 삶의 모습은 법정에게서도 확인된
다. 송광사 불일암에서의 생활이나 강원도 산골 오두막 수류산방에서
의 생활은 그 형식적인 측면에서 소로우의 오두막 생활과 닮아있다. 물
론 형식 이상으로 그 생활에 드러난 정신적 측면은 더욱 깊은 유사성을
띠고 있다고 본다.

형식적인 측면에서 본다면, 법정의 '홀로'[35] 생활이 반드시 소로우의
영향이라고 할 수는 없다. 암자나 토굴 속에서의 '홀로' 생활은 불가에
서는 너무나 보편적으로 이어져 오고 있는 전통이라 볼 수 있기 때문이

---

34) 강연숙 1998, 「『월든』과 요가」, 『동서비교문학저널』 창간호(대전 : 한국동서비교문학
   학회), p.19. '독신자'는 '獨身者'의 의미이다.
35) 법정의 '홀로'에 대한 어록은 리경 2018, 『간다, 봐라』(서울 : 김영사), pp.85-88. 참
   조. 『월든』에도 '고독'이라는 장(章)이 있다. 나는 '홀로결사'를 주창하였지만, 법정
   의 '홀로'에 대한 강조는 『간다, 봐라』를 통해서 알게 되었다.

다. 오히려 정신적인 측면에서 소로우의 영향을 찾아보아야 한다. 법정의 이야기를 들어보자.

> 헨리 데이비드 소로우를 제가 언제부터 좋아했는지는 정확히 모르지만 일찍부터 좋아했습니다. 처음에는 소로우의 『월든』이라는 책을 읽었는데 참 좋았습니다. 제가 영향을 받은 게 있다면 마하트마 간디와 소로우의 간소한 삶일 것입니다. 간소하게 사는 것이 가장 본질적인 삶입니다. 복잡한 것은 비본질적입니다. 단순하고 간소해야 합니다. 소로우가 살았던 월든 호숫가에 가서 제가 오두막을 지었으면 어디에 지었을까 하고 월든을 한 바퀴 돌아본 적이 있습니다. 소로우의 오두막 터가 동남 방향이었습니다. 그곳이 전망도 가장 좋고 약간 언덕이었습니다.[36]

소로우의 『월든』은 법정의 '내가 사랑한 책들 50' 중 첫 번째 책으로 자리하고 있다.[37] 그만큼 『월든』을 통해서 법정 자신의 삶과 사상을 간접적으로 설명하고자 했음을 알 수 있다.

실제로 법정은 월든 호수를 두 차례 방문한 바 있고, 그때의 느낌을 「내 곁에서 내 삶을 받쳐 주는 것들」과 「다시 월든 호숫가에서」라는 글을 통해서 정리한 바[38]도 있다. 『월든』에는 다양한 이야기가 있지만, 그 중에서 법정이 끌어올려서 자신의 삶의 태도 내지 계율로 삼은 것은 '단순하고 간소하게' 살자는 것이었다. 이러한 삶 자체는 소로우 스스로 월든 호숫가에 살면서 실험을 하였고, 그 실험의 기록이 곧 『월든』이라

---

36) 법정 2009, 『일기일회』(서울 : 문학의숲), pp.197-198.
37) 문학의 숲 편집부 2010, 『법정스님의 내가 사랑한 책들』(서울 : 문학의숲) 참조. 이 책의 내용에 대해서 "병중이심에도 불구하고 모든 원고를 꼼꼼히 읽고 문장들을 바로잡아 주신 법정스님께 머리 숙여 감사드린다"(문학의 숲 편집부 2010, p.13)라는 말이 「책을 엮고 나서」에 있는 것을 보면, 신뢰해도 좋을 것이다.
38) 문학의 숲 편집부 2010, 『법정스님의 내가 사랑한 책들』(서울 : 문학의숲), p.22.

고도 볼 수 있다. 소로우의 '간소하게 살기(simple living)'의 철학을 찾아본다.

> 간소하게, 간소화하라. 하루에 세끼를 먹는 대신 필요하다면 한 끼만 먹으라. 백 가지 요리를 다섯 가지로 줄여라. 그리고 다른 일들도 그러한 비율로 줄이도록 하라.[39]

먹는 것만이 아니라 '다른 일들도' 그렇게 줄여라는 부분 역시 주목해야 할 일이다. 사회적 교류관계 같은 것도 줄여야 한다는 뜻이기 때문이다. 개인과 고독을 중시하는 맥락과 연결되지만, 그러한 점을 천착하기 보다는 좀더 '간소화하라'는 이야기에 대한 소로우의 부연설명을 더 들어볼 필요가 있다.

> 대부분의 사치품들과 이른바 생활 편의품들 중 많은 것들은, 필요불가결한 물건들이 아닐 뿐만 아니라 인간 향상에도 적극적인 방해가 되고 있다. 사치품과 편의품에 대한 얘기가 나왔으니 말이지, 가장 현명한 사람들은 항상 가난한 사람들보다도 더 간소하고 결핍된 생활을 해왔다. 중국, 인도, 페르시아 및 그리스의 옛 철학자들은 외관상으로는 그 누구보다도 가난했으나 내적으로는 그 누구보다도 부유한 사람들이었다. (……) 자발적인 빈곤이라는 이름의 유리한 고지(高地)에 오르지 않고서는 인간생활의 공정하고도 현명한 관찰자는 될 수 없다. 농업, 상업, 문학, 예술을 막론하고 사치로운 삶의 열매는 사치일 뿐이다.[40]

---

39) 헨리 데이빗 소로우 1999, 『월든』(서울 : 이레), p.108. 법정은 불일암의 식탁 앞에 "먹이는 간단히"라고 적은 쪽지를 붙여놓고 있었다.
40) 헨리 데이빗 소로우 1999, 『월든』(서울 : 이레), p.24.

소로우의 '간소한 생활'은 우선 물질적인 측면임을 주의해야 한다. 그렇게 물질적인 측면에서 간소하게 생활을 해야 하는 이유는 곧바로 '인간 향상'에 있는 것이다. 그때의 '인간'은 물질적인 측면과 정신적인 측면의 두 부분으로 이루어지겠으나, 물질적인 측면에 의해서 정신적인 측면이 덮이게 된다면 바람직한 인간의 향상은 이루어지지 않는다고 보는 관점이다. 오히려 간소한 생활을 통해서 물질적 욕구를 억압하고, 그럼으로써 정신적 측면에서 향상을 이루고자 하는 것이다.

2. 소로우와 법정의 동이(同異)

앞 절에서 살핀 바와 같은 소로우의 사상은 초월주의(transcendentalism)라고 할 수 있는데, 그 이면에 인도사상의 영향이 짙게 배어 있음을 알수 있게 된다. 물질적인 측면을 내다버리고 그 속으로 깊이 진전하여 정신적인 측면을 드러내고자 하는 것은 우파니샤드적 사고와 통하는 것이고, 고행(苦行, tapas)과 같은 육체적·물질적인 측면을 억제함으로써 정신적인 자유를 얻을 수 있다는 것은 요가적 사고와 통하는[41] 것이기 때문이다.

앞서 살펴본 법정의 소로우에 대한 평가에서도, 얼핏 생각하면 초월

---

41) "소로우가 생활을 단순하게 하려는 것은 육체를 통제해서 청정한 정신을 지니려는 기본적인 라아자 요가이다."(강연숙 1998, 「『월든』과 요가」, 『동서비교문학저널』 창간호(대전 : 한국동서비교문학학회), p.13.) 여기서 '라아자 요가(rāja yoga)'는 여러 가지 요가들 중에서 가장 으뜸(王)이 된다는 의미에서인데, 궁극적인 해탈을 지향하는 요가수행을 말한다. 또 "필라이(Pillai)에 따르면, 소로우가 단순 검소한 삶을 살려고 하는 이유는 자신의 감각을 정복해서 통제하려는 소로우의 노력을 가장 잘보여주는 것이며, 자아실현과 자아를 신성스럽게 하려는 면에서 힌두의 고행자와 같다고 한다."(강연숙 1998, 「『월든』과 요가」, 『동서비교문학저널』 창간호(대전 : 한국동서비교문학학회), p.14.) 이때 '자아'는 '아트만(ātman)'을 가리키는 것으로 보인다.

주의적 사유를 볼 수 있게 된다. "간소하게 사는 것이 가장 본질적인 삶입니다. 복잡한 것은 비본질적입니다."라고 하는 말은 간소하게 사느냐, 복잡하게 사느냐 하는 문제가 본질적인 삶을 사느냐 비본질적인 삶을 사느냐 하는 문제와 관련됨을 분명히 하고 있기 때문이다. 다만 여기서 주의해야 할 것은, 법정이 '본질'이라는 말을 쓰고 있지만, 그가 뜻하는 것이 철학에서의 본질주의와는 관련이 없다는 점이다. 철학에서 말하는 바와 같은 본질주의적 태도를 갖고 있는 소로우의 경우와는 다른 측면이라 생각된다.

대표적인 본질주의를 서양에서는 '이데아(idea)'를 말하는 플라톤이나 '절대정신'을 말하는 헤겔에게서 찾을 수 있겠으나, 인도의 우파니샤드사상이나 요가사상, 즉 힌두교철학 역시 본질주의의 한 형태이다. 법정은 소로우의 삶이나 사상에서 '간소한 생활'이라는 측면에 깊이 공감하면서 그 역시도 실천하고자 하지만, 소로우의 그러한 본질주의에 대해서는 언급하지 않고 있기 때문이다. 윤리학이나 사회철학에서는 소로우와 공감할 수 있지만, 형이상학이나 종교적 존재론의 맥락에서는 소로우에게서 볼 수 있는 인도사상의 본질주의적 측면은 받아들이지 않고 있는 것으로 보인다. "불도를 배우는 것은 자기를 배우는 것이고, 자기를 배우는 것은 자기를 잊는 것이다"[42]라는 도겐의 말에 깊이 공감하면서, '자기를 잊는 것'을 역설하는 법정의 사상에서는 힌두교철학의 구성적인 자아철학을 받아들일 수 없었던 것이다. 법정 역시 힌두교의 경전이나 힌두교철학을 배경으로 하는 간디와 같은 사상가로부터 많은 영향을 받은 것이 사실이지만, 본질주의적 측면을 받아들이는 모습을

---

42) 법정 2009, 『일기일회』(서울 : 문학의숲), p.177. 법정은 이 말을 '옛 선사의 법문'이라고만 소개하고 있지만, 실제로는 일본 조동종 개조 도겐의 말이다. 스즈키 슌류 1986, 『선심초심』(서울 : 해뜸), p.73. 참조.

확인하는 것은 쉽지 않아 보인다.

그러니까 법정이 말하는 '본질'의 의미는 오히려 '본연(本然)'의 뜻으로 받아들여야 할 것으로 생각된다. 물질적으로 간소하게 살지 못하고 풍요롭게 살고자 하며, 수행자의 본분사(本分事)로부터 벗어나는 일들에 개입하면서 번거롭게 사는 것은 출가자의 본연의 모습일 수는 없다는 것이다. 출가자 본연의 삶에 부합하는 것이야말로 진실한 삶일 것이기 때문이다. 그런 맥락에서 볼 때, 오히려 『월든』에 묘사되어 있는 소로우의 삶은 재가자(在家者)의 그것이지만, 불교의 출가자라도 본받아야 할 진실한 삶의 모습으로 법정은 평가했던 것이다.

오늘날 자본주의 사회 안에서 욕망과 소비를 한껏 확대해 가면서 살아가는 세속의 모습은 두말할 것도 없지만, 승가 자체도 그러한 세속을 정화하는 대신 오히려 영향을 받으면서 세속화되어 가고 있다. 그런 점을 생각한다면, 간소한 생활이라는 것은 단순히 수행의 출발점이 아니라 수행의 전부라고 해도 좋을 것이다. 단순한 삶은 결코 수행이 되지 않고서는 이루어질 수 없기 때문이다. 자본주의 사회 안에서 소비를 절약하고 욕망을 줄이며 간소하게 살아가는 것, 그럼으로써 환경을 사랑하고 이웃에게 나누는 것, 그러한 삶이야말로 소로우의 가르침만이 아니라 부처님의 가르침이기도 한 '맑고 향기로운' 삶일 것이다.

법정불교의 시대적 의미가 바로 이 점에서도 확인되는 것으로 생각되거니와, '간소한 생활'은 다시 법정의 핵심사상인 무소유와도 결코 무관한 것은 아니다. 이에 대해서는 다음 장에서 자세히 살펴보기로 하자.

V. 간디(Mahatma Gandhi) : 무소유(無所有)

1. 간디의 무소유와 법정의 부끄러움

법정의 많은 글 중에서 가장 울림이 컸던 작품으로 「무소유」를 드는
데 큰 이견(異見)은 없을 것이다. 평생에 걸친 글쓰기는 「무소유」에 나타
난 행지를 심화하고 확충하는 것이었다 해도 좋을지 모른다. 「무소유」
는 그 시작을 마하트마 간디(Mahatma Gandhi, 1869-1948)의 어록을
인용하는 것으로부터 출발한다.

> "나는 가난한 탁발승(托鉢僧)이오. 내가 가진 것이라고는 물레와 교
> 도소에서 쓰던 밥그릇과 염소젖 한 깡통, 허름한 요포(腰布) 여섯 장,
> 수건 그리고 대단치도 않은 평판(評判) 이것뿐이오." 마하트마 간디가
> 1931년 9월 런던에서 열린 제2차 원탁회의(圓卓會議)에 참석하기 위
> 해 가던 도중 마르세유 세관원에게 소지품을 펼쳐 보이면서 한 말이
> 다. K. 크리팔라니가 엮은 『간디어록(語錄)』을 읽다가 이 구절을 보고
> 나는 몹시 부끄러웠다. 내가 가진 것이 너무 많다고 생각되었기 때문
> 이다. 적어도 지금의 내 분수로는.[43]

물론 간디는 말 그대로 '탁발승'은 아니었다. 현실의 정치, 독립운동계
의 거두(巨頭)로서 영국으로 향하고 있었다. 그렇다 하더라도 그의 저
소지품은, 실로 검소하기 짝이 없다. 여기서 법정은 스스로의 소유가
간디의 소유에 비해 너무 많음을 "몹시 부끄러워했다"고 한다. 이 부끄

---

43) 법정 1994, 『무소유』(서울 : 범우사), p.30.

러움이 그 이후 법정의 삶과 교화에 큰 영향을 미쳤음은 두 말할 나위 없을 것이다. 도겐의 말을 빌리면, '부끄러움'의 경험은 법정에게는 하나의 행지였다.

간디는 종교적으로는 힌두교도였다. 유지(維持)의 신 비쉬누(Viṣṇu)파의 가정에서 태어나서 평생 힌두교 신앙을 견지했다. 총탄에 스러져갈 때 남긴 마지막 사세구(辭世句)[44] 역시 "헤, 람, 람(he, Ram, Ram)"이었다. 힌디어 람은 산스크리트 라마(Rāma)인데, 라마는 바로 비쉬누 신의 화신(avatar) 중 하나이다.

간디를 간디답게 만들어준 데에는 힌두교의 비쉬누 신앙 이외에도 많은 원류(源流)가 있었다. 『간디 자서전』에는 자신이 영향을 받은 스승들의 이름을 거명하고 있다.

> 세 사람의 현대인이 나의 삶에 깊은 영향을 미쳤고, 나를 사로잡았다. 살아있는 만남을 통한 레이찬드바이(Raichandbhai), 그의 책 『신의 나라는 그대 안에 있다』를 통해서 톨스토이(L.N.Tolstoy), 그리고 『이 마지막 사람에게로』를 통해서 러스킨 등이다.[45]

---

44) '사세구'와 '임종게'는 구분될 필요가 있다. '게(偈, gāthā)'는 시(詩)이기 때문이다. 운문(韻文)인 것이다. 리경 2018의 「여는 글」에서 '임종게'라는 표현을 쓰는 것은 그다지 적절한 것 같지 않다. "스님, 임종게를 남기시지요"라고 하여 '임종게'를 요구하였으나, 법정스님은 임종게를 남기지 않았다. "분별하지 말라. / 내가 살아온 것이 그것이니라. / 간다, 봐라."는 시가 아니기 때문이다. 편집을 하면서 3행으로 했으나, 그 말씀은 시가 아니다. 그러므로 '사세구'라고 하는 것이 옳을 것이다. '세상 버리면서 하시는 말씀'이셨기 때문이다. '구(句)'는 시를 포함하여, 시 아닌 경우에도 포괄할 수 있는 말이기 때문이다.

45) M.K.Gandhi 1927, *Autobiography or The Story of my Experiments with Truth*(Ahmedabad : Navajivan Trust), p.75. 우리나라에서 『간디자서전』을 최초로 번역한 것은 함석헌(咸錫憲, 1901-1989)이다. 법정은 그와 함께 민주화운동을 하였으며 늘 마음 속에서는 '스승'으로 모셨다. 서울시 도봉구 쌍문동에는 '함석헌기념관'이 있는데, 한때 그가 살았던 집이었다. 어느 때 '함석헌기념관'을 찾아간 적이 있었다. 함석헌이 간디의 자취를 찾아서 인도를 방문한 일이 있음을 알 수 있었고,

이 중 레이찬드바이(Raychandvai, 1867-1901)는 자이나교(Jainism)의 철학자이자 시인이었다. 나중에 출가하지만, 간디에게 영향을 미쳤을 때는 재가자였을 것이다. 그런 레이찬드바이를 스스로의 삶에 깊은 영향을 미친 사람으로 거론함으로써, 간디는 자이나교의 영향[46]을 깊이 받았음을 스스로 고백하고 있는 것이다.

자이나교에서도 불교와 마찬가지로 오계(五戒)를 말하고 있는데, 마지막 다섯째가 서로 다르다. 지혜와 깨달음을 중시하는 불교는 다섯 번째 계율로서 불음주(不飮酒)를 들고 있는데, 자이나교는 무소유를 들고 있다. 간디에게 불살생은 인도의 독립운동을 이끌어온 그의 정치철학이 되었고, 무소유는 그가 실천했던 공동체(ashram)적 삶의 철학적 기반이 되어 왔기 때문이다. 법정의 '무소유' 개념 역시 자이나교적인 무소유사상과 맞닿아 있음을 알 수 있다. 이는 "아무 것도 갖지 않을 때(aparigraha)"[47]라는 말에 잘 나타나 있다.

자이나교에서는 무소유를 "아무 것도 갖지 않는다"[48]는 말로 정의(定義)한다. 그들은 무소유를 극한으로 철저하게 실천하는 것으로 알려져 있다. 그래서 하늘을 옷으로 삼은 사람들(Digaṁbara, 空衣派)[49]이 나올 수 있는 것이다. 후대에 "아무것도 걸치지 않고 발가벗고 다니는 것

법정의 스승 효봉을 동화사 금당선원으로 찾아가서 함께 찍은 사진이 있는 것도 볼 수 있었다. 아마도 법정의 주선이 있었을 것이다.

46) 이 글에서 논하는 무소유 외에도, 간디가 자이나교로부터 받은 영향은 더 있다. 불살생(아힘사, ahiṁsa), 채식의 강조, 그리고 화쟁(和諍)의 논리라 할 수도 있는 자이나교 특유의 논리 등이 더 있다.

47) 법정 1994, 『무소유』(서울 : 범우사), p.34.

48) 산스크리트 aparigraha를 분절(分節)하면, 동사 어근 √grah(취하다, 잡는다)에 '아니다'를 뜻하는 접두어 'a'와 '완전한'을 뜻하는 접두어 'pari'를 붙인 뒤, 다시 명사를 만들어 주기 위하여 접미사 'a'를 뒤에 붙인 것이다. 글자 그대로의 뜻은 '완벽하게 소유하지 않는 것'이라 할 수 있다.

49) 2008년 6월의 어느 날 MBC에서 이 공의파를 취재하여 방영한 일이 있다. 그때 제목이 '하늘 옷을 입은 사람들'이었다.

은 너무 하니까 흰색 옷 하나 정도는 걸치자"라는 사람들(Śvetāmbara, 白衣派)이 나오기는 하지만, 오늘날까지도 공의파는 존재하고 있다.

법정은 인도가 아닌 한국에서 살고 있었고, 자이나교가 아닌 불교의 승려였다. 초기불교에서는 자이나교를 벌거벗고 다니는 외도(裸形外道)라고 폄하한다. 왜 그랬을까? 불타 석가모니의 눈에는 그것이 계율의 금기사항에 지나치게 집착하는 소견(戒禁取見)으로 보였기 때문일 것이다. 불타 석가모니가 그렇게 생각한 것은, 어떤 의미에서는 상식선을 지키자는 중도(中道)적 입장을 가졌기 때문일 것이다. 그래서 출가자라 하더라도, 세 벌 정도의 옷(三衣)은 지니고 있어도 좋다고 보았던 것이다.

간디가 비록 자이나교의 무소유사상으로부터 영향을 받았으며, 법정이 그러한 간디로부터 부끄러움을 경험하면서 삶과 수행의 방향을 재정립했다고 해서, 간디와 법정이 자이나교에서 말하는 무소유를 따라 할 수 있었던 것은 아니다. 그것은 자이나교에서도 실천할 수 없는 것이다. 공의파라 하더라도, 살아있는 생명인 벌레를 쓸어내기 위한 '벌레털이'나 물을 마실 수 있는 '물 주전자' 같은 것은 갖고 다니기 때문이다. 그렇기에 글자 그대로의 의미에서 법정이 무소유가 되지 못했다고, 그의 삶과 가르침 사이에 모순이 있다면서 그를 비판하는 것은 지나치다고 본다. 그런 일부의 극단적인 주장에 대해서 김형록(인경)은 적절히 지적[50]하고 있다. 글자 그대로의 의미에서 무소유가 아니었다고 하는 비판을 불교에서는 '말을 따라서 알음알이를 내는 것(隨言生解)'이라 하여 잘못된 것이라 말한다. 중요한 것은, 말이 아니라 뜻이다. "말에 의지하지 말고 뜻에 의지하라"[51]는 것이 불교해석학의 한 원칙이기 때문이다.

---

50) 김형록(인경) 2021, 「회심(回心), 무소유의 명상작업」, 『보조사상』 제59집(서울 : 보조사상연구원), pp.20-21. 참조.
51) 依義不依文(arthaḥ pratisaraṇaṃ na vyañjanam). 『열반경』에서 말하는 '사의(四依)'

2. 무소유의 개념

앞서 언급한 것처럼, 법정의 삶이 글자 그대로의 의미에서 무소유의 삶이 아니었다는 비판이 제기된 것은 우리에게 '무소유' 개념을 좀더 천착하기를 요구한다. 법정의 무소유 개념에 대해서 김형록(인경)은, "적절하게 소유하되 소유 관념이 없으면 된다"[52]고 해석하면서, "소유를 물건 자체보다도 물건에 대한 '집착'이나 '소유 관념'과 같은 '사회심리학적 관점'에서 이해하는 방식"[53]이라 이해한다. 김형록(인경)은 에리히 프롬(Erich Fromm, 1900~1980)의 『소유냐 존재냐』를 인용[54]하고 있다. 법정 역시 그의 무소유 개념이 "물질 위주의 생활에서 존재 중심으로 이동"[55]하라는 것임을 말한다. 즉 무소유를 존재양식으로 파악할 수 있다는 것이다.

그러나 존재양식은 소유양식을 떠날 때 이루어질 수 있는 일이다. '물질 위주의 생활에서'라고 하는 말이 물질적인 소유를 말하는 것이 아닌가. 그러므로 무소유 개념은 소유 개념과는 서로 부정(否定)의 관계에 놓여있음이 분명하다. 글자 그대로의 '무소유'를 실천할 수 없다고 해서, 무소유를 소유의 긍정(肯定) 위에 놓을 수는 없다. 그런 의미에서 나는 법정의 무소유 역시 '적절하게 소유하는 것'을 인정하는 차원이 아니라, 오히려 '소유를 줄이고 줄이라'는 명제 위에서 성립하는 것으로 판단한

중의 하나이다.
52) 김형록(인경) 2021, 「회심(回心), 무소유의 명상작업」, 『보조사상』 제59집(서울 : 보조사상연구원), p.23.
53) 김형록(인경) 2021, 「회심(回心), 무소유의 명상작업」, 『보조사상』 제59집(서울 : 보조사상연구원), p.25.
54) 김형록(인경) 2021, 「회심(回心), 무소유의 명상작업」, 『보조사상』 제59집(서울 : 보조사상연구원), p.25.
55) 리경 2018, 『간다, 봐라』(서울 : 김영사), p.242.

다. 더욱이 '적절하게 소유'하는 것의 범위에 대해서는 개인 개인마다 다를 것 아닌가. 다른 사람이 볼 때, '지나친 소유'라고 보이는 것도 그 당사자의 판단으로는 얼마든지 '적절한 소유'라 할 수 있는 것이기 때문이다. 그렇게 된다면, 무소유를 말하는 것이 아무런 의미도 없게 되고 만다. 그렇기에 무소유를 말하는 맥락은, 가능하면 생활 상의 소유를 줄이자는 것이라고 본다.

소유를 줄이는 것은 필요를 줄여야 하고, 필요를 줄이는 데서 소비가 줄고, 소비를 줄이려면 욕망을 줄여야 한다. 이러한 '줄이기'의 연쇄에는 사회심리학적 차원도 존재할지 모르지만, 일단 그 출발점에는 물질적인 차원의 경제학과 '소유를 줄이라'는 윤리학의 맥락이 있음을 놓쳐서는 안 된다. 무소유가 가능하면 '소유를 줄이고 또 줄이자'라는 경제적이고도 윤리적인 맥락에 일차적으로 자리하고 있다는 점에서, 간디나 법정의 무소유가 소로우의 '간소하게 살기'와도 상통할 수 있는 것이다.

어쩌면 지금 우리가 살고 있는 이 자본주의 시대에서 본다면 간디나 법정이 말하는 무소유를 세속 사람들이 실천하는 것은 결코 쉬운 일이 아닐 수 있다. 바로 그렇기에 적어도 불교의 출가자들만이라도 무소유라는 행지를 모범적으로 보여줄 수 있다면 좋을 것이다. 과연 오늘날 출가자들의 삶은 얼마나 '무소유'일 수 있을까? 이런 질문을 간디나 법정은 하고 있는 것은 아닐까. 자이나교의 '무소유'는 차지하고서라도 어떤 의미에서는 상식선이라고 할 수 있는 불타 석가모니의 중도적 생활 규범 정도는 잘 지키고 있을까? 물론, 출가자 사이에도 빈부의 격차는 있을 수 있겠으나 그 물적 생활의 향유(享有)가 초기불교 당시보다 현저히 풍족해진 것은 부정할 수 없으리라. 바로 이 점에서 법정의 '부끄러움'이 시작된 것이리라. 실제로 이 「무소유」를 썼던 1971년 3월의 상황만 해도 승가사회는 세속사회에 비할 수 없을 정도로 '무소유'의 정도가 훨씬 더 심했음에도 불구하고, 법정은 부끄러움 속에서 자기성찰을 계속해 간다. 마침내는 3년 동안 애지중지 키워온 난초 화분까지 지인의 품에 넘긴다. 소유는 집착의 씨앗임을 깊이 깨달았기 때문이다.

나아가 법정은, 소유와 무소유의 문제를 인류사 전체의 맥락으로까지 확장하여 성찰하고 있다.

> 인간의 역사는 어떻게 보면 소유사(所有史)처럼 느껴진다. 보다 많은 자기네 몫을 위해 끊임없이 싸우고 있는 것 같다. (…) 그것은 개인뿐 아니라 국가 간의 관계도 마찬가지. 어제의 맹방(盟邦)들이 오늘에는 맞서는가 하면, 서로 으르렁대던 나라끼리 친선사절을 교환하는 사례를 우리는 얼마든지 보고 있다. 그것은 오로지 소유에 바탕을 둔 이해관계 때문인 것이다. 만약 인간의 역사가 소유사에서 무소유사로 그 향(向)을 바꾼다면 어떻게 될까. 아마 싸우는 일은 거의 없을 것이다. 주지 못해 싸운다는 말은 듣지 못했다.[56]

소유사에서 무소유사로 전환하는 일은 결국 자본주의 문명 전체에 대한 비판과 성찰로 나아가야 할 것이고, 그 대안이 제시되어야 할 것이다. 어떻게 보면 「무소유」 이후 법정의 삶은 전체적으로 이 문제에 대한 노력사(努力史)였다고 해도 과언이 아닐 것이다. 간디의 경우에서 볼 수 있듯이, 자본주의 문명의 폐해를 고치는 방향에서 '빵을 위한 노동(bread-labor)'[57]의 실천이 중요한 바, 법정은 불일암 이후의 생활에서 줄곧 농사를 통하여 실천하였다. 자연을 지켜가는 생태적(生態的) 실천

---

56) 법정 1994, 『무소유』(서울 : 범우사), p.33.
57) '빵'의 문제는 스스로 육체노동을 통해서 해결하고, 직업생활은 인류에 대한 봉사로서 해야 한다는 간디의 사상이다. 김호성 2011, 「근대 인도의 '노동의 철학(karma-yoga)'과 근대 한국불교의 선농일치(禪農一致) 사상 비교」, 『남아시아연구』 제17권 1호(서울 : 한국외대 남아시아연구소), pp.102-104. 참조.

의 강조 역시 그 일환이라 볼 수 있다. 무엇보다 중요한 것은 소유에서 보시(布施)로의 전환이라 하겠다. 1992년 출범하여 현재도 지속되고 있는 '맑고 향기롭게' 운동 역시 무소유 이념의 사회적 확충과 그 실천이라는 방향에서 지속되어야 할 것이다.

V. 출가, 무소유의 행지(行持)

'비구 법정'의 꿈은 자기질서를 지키면서도 중생구제의 이타(利他)적 실천을 병행하는 삶을 살고자 하는 것이었다. 화엄의 말로 하면 행원(行願)이요, 도겐의 말로 하면 행지(行持)이다. 많은 사람들이 자본주의 문명을 향유하며 더 많은 소유를 향하여 달려갈 때, 법정은 일찍부터 '무소유'를 천명하면서 나누는 삶을 지향했다. 이것이 바로 법정의 행지였다.

'비구 법정'을 자처한 그로서는 너무나 당연한 일이었을 것이다. 그렇게 살지 못한다면 비구로서는, 즉 출가자로서 대단히 부끄러운 일로 생각되었기 때문이다. 그러므로 법정 스스로 세운 가치관에 따라서 그의 행지를 실천하고자 한 것은 대자(對自)적으로는 그 스스로에 대한 충실이지만, 대타(對他)적으로는 그렇게 살지 못하는, 혹은 살아지지 않는 교단에 대한 준엄한 비판일 수도 있다.

여기서 우리가 주의해야 할 것은 그의 꿈이 불교계만을 범주로 하는 것이 아니었다는 점이다. 자신의 행위가 미칠 윤리공동체의 범위를 법정만큼 넓게 잡은 스님은 우리 불교사에서 다시 발견하기가 쉽지 않다. 불교교단 밖에 있는 시민이나 이웃들 모두를 배려하면서 발언했던 이유이기도 하다. 바로 그 점 덕분에, 법정은 교단 안의 '스승'을 넘어서 범종교(汎宗敎)적 '스승'으로서 역할을 하였으며, 우리 사회의 '사표(師表)'로서 존경받았던 것이다.

2020년 3월 11일은 '비구 법정'의 열반 10주기(週忌)였으니, 이미 그가 우리 곁을 떠난 지 10년도 더 지나버린 것이다. 그러는 사이, 우리는 그를 잊고 살고 있지는 않는가? 심지어 지금 20대 30대 젊은 세대들은 법정을 잘 모른다. 어쩌면 법정 스스로의 유언에 따라 저서들을 사실상 '분서(焚書)'하고 말았다는 데서도 그 이유를 찾을 수 있을 것이다. 그러나 그러한 공동(空洞)이야말로 '저자의 죽음'을 통해서 '독자가 저자로 재탄생되는' 절호의 찬스일 수도 있다. 그렇게 살리기 위해서는 법정의 감화를 입은 많은 사람들이 — 불교 안의 사람이든 불교 밖의 사람이든 — 모두 '비구 법정'에 대해서 계속 이야기해가기를 멈추지 않아야 한다. 다행히 그런 흐름은 이어지는 것으로 보인다. 침묵하는 법정에 대하여 인연 있었던 여러분들의 증언(證言)과 전언(傳言)이 출판되고 있기 때문이다.

비록 법정이 스스로 겸양하여 '말빚'이라 표현하였지만, 그의 말과 삶 사이에는 어떤 괴리도 모순도 없다. 간디는 "나의 삶이 나의 메시지다"라고 했는데, 법정 역시 그러하였다. "내가 살아온 것이 그것이니라"라고 말한 것처럼, 법정의 삶은 바로 법정의 메시지였다. 그러므로 그의 말은 여전히 읽혀져야 옳다. 사람들이 모여서 법정의 글을 함께 읽고 생각하고 토론하면서, 다른 이웃들에게 전해야 한다. 그리고 무소유의 행지, 이타의 비원이라는 행지 그대로 살아가야 한다. 그것이야말로 법정을 다시 되살리는 길이다.

이런 의미에서 가장 중요한 것이 '행지'[58]라는 말의 의미를 이해하는

---

58) 『정법안장』 행지편은 한보광 2020, 『역주 정법안장 강의 4』(성남 : 여래장)에 우리말 번역이 있다.

일이다. 이를 위해서 도겐의 『정법안장』 행지편은 법정불교를 행하고자 하는 후학들에게는 하나의 교과서 역할을 할 수 있을 것이다. 또한 '행지불교'의 상징적 의미를 띠고서 언제까지나 나부끼고 있어야 할 깃발이 될 길상사 '行持室'의 복원 역시 필요하리라 본다. 비록 스승의 진영(眞影)을 모시고 유품전시관의 역할은 그대로 하더라도, 그 현판만은 다시 바로 그 자리에서 '行持室'로서 지키고 있었으면 좋겠다. 그것이 법정의 뜻이 아니겠는가. 법정 스스로 길상사를 개산(開山)하면서 내걸었던 법당(法幢)에 매달았던 종지(宗旨)가 '行持'라는 두 글자에 다 모여 있다고 생각되기 때문이다.

장차 또 어떤 '비구/비구니'가 있어서 스스로 '비구/비구니'임을 깊이 자각·자임(自任)하고서도 이웃을 향한 이타(利他)의 메시지를 발하면서, 천하의 걱정을 먼저 걱정하고 이웃의 아픔을 먼저 아파하는 행지를 보여줄 것인가. 그런 '비구/비구니'를 기대하면서 그 마중물로 '비구 법정'을 그리워 해 본다.

제3부

일본의 출가정신

1장. 일본 중세의 둔세승(遁世僧)과 출가정신

– 마츠오 겐지(松尾剛次)의 『인물로 보는 일본불교사』

    이 글은 애당초 마츠오 겐지(松尾剛次) 교수의 저서 『인물로 보는 일본불교사(원제 : お坊さんの日本史)』(동국대출판부, 2005)를 번역하여 출판하면서 ①「옮긴이 해설 : 일본불교사를 이해하는 새로운 패러다임」이라는 제목으로 쓰여진 것이다.

    이 서평을 강의안으로 해서 2005년 7월 12일 마츠오 교수의 초청으로 일본 야마가타(山形)대학 인문학부에서 특강을 하였다. 이후, ②「韓國から見た日本佛教史 – 松尾剛次著『お坊さんの日本史』に寄せて(한국에서 본 일본불교사 – 마츠오 겐지 지음 『인물로 보는 일본불교사』에 부쳐서)」를 『山形大學歷史·地理·人類學論集』 제8호(山形大學歷史·地理·人類學研究會, 2007), pp.13–22에 발표한 바 있다. 이때 독자들이 일본인으로 바뀐다는 사정을 반영하여 Ⅰ장 서론 부분을 개정하였으며, ①에는 없었던 각주를 보완하였다.

    ③「일본 중세의 둔세승 교단과 출가정신」에서는 제1장을 다시 개정하며, ②에서 추가했던 각주에서의 보완만이 아니라 내용 역시 대폭적으로 보충되었다. 마츠오 겐지 이전에 일본 중세불교를 거시적으로 조망한 통설(通說) 두 가지에 대해서 좀 더 자세히 살펴보았을 뿐만 아니라, 이 글에서 비판의 대상이 된 니치렌의 입장을 좀더 자세히 고찰하였다.

엄밀하게 말하면, ②는 논문으로 발표된 것은 아니다. 하지만 이 글은 학술서적을 낼 때마다 부록으로 실은 「저자의 논문목록」에 수록하였다. 서평 형식을 취하고 있었지만, 나로서는 그 내용이 '논문으로서의 값어치'를 갖는다고 은근히 자부해왔기 때문이다. 마츠오 겐지 교수의 관점을 소개하는 데서 그치는 것이 아니라, 그에 근거하여 신라의 민중불교를 재평가하면서 출가정신을 드러냈다는 점에서 독창성이 있다고 판단하였던 것이다.

이렇게 긴 여정을 거쳐서 마침내 '논문화' 작업이 완성된 ③은 『일본불교사공부방』 제22호(일본불교사독서회, 2022년 4월 발행), pp.154-185에도 수록하였다.

I. 일본불교라는 이름의 '거울'

근래 다소 사정은 나아졌다고 생각되지만, 우리나라 불교도들에게 일본불교는 관심의 대상이 아니다. 일본불교에 대한 책을 읽거나 말을 하는 일이 그다지 발견되지 않는다. 그 이유는 불교 외적 이유와 불교 내적 이유로 나누어서 생각해 볼 수 있다.

불교 외적 이유에 대해서는 우리나라 사람이라면 누구나 짐작할 수 있을 것이다. 일본이 우리에게 지어온 역사적 업이 있기 때문이다. 임진왜란과 일본 강점기라는 두 번의 역사적 체험은 직접 그 고통을 겪은 세대가 다 사라졌다고 해서 사라지는 것은 아니다. 이른바 '기억'으로서 공동체의 역사적 유전자 속에 맥맥히 흘러오기 때문이다. 그리하여 '일본'이라고 하면, 우리에게는 결코 긍정적인 이미지를 갖고서 다가오지 않게 되었다. 이는 어쩔 수 없는 일이다. 누구도 하루아침에 이러한 역사적 업을 소멸시킬 수 없다. 그래서 여기서도 그 점을 더 이상 언급[1]하지 않기로 한다. 다음, 불교 내적 이유를 생각해 보자. 좀 더 세밀히 생각해 보면, 두 가지 이유 정도가 있을 것이다.

하나는 역사적으로, 보다 정확히 말하면 근대 이전 시대에 일본불교로부터 우리 불교가 받아온 것이 없기 때문이다. 우리 불교는 중국불교를 받아서 형성된 것이고, 다시 중국불교는 인도불교를 받아들인 것이다. 그러므로 우리에게 불교는 '인도 → 중국 → 한국' 혹은 '인도와 중국과 한국'의 것이었다. 다른 하나는 일본불교가 일제 강점기 시절 우리에게 부정적인 유산을 많이 남겨주었기 때문이다. 여러 가지로 지적될 수 있지만, 그 중 가장 뚜렷한 것으로는 취처(娶妻)라는 문제가 있다. '결혼한 승려'라는 의미로 우리는 '대처승(帶妻僧)'이라는 말을 쓰는데, 그러한 불교의 모습은 일본에서 전해진 것이기 때문이다. 일본의 영향력 속에서 형성된 것이 사실이므로, 일본으로부터 해방되어서 새로운 나라 건설에 매진하는 맥락에 발맞추어서 우리나라 불교의 전통 속에서 정체성을 확립하고자 해왔다. 그것이 1950년대의 '정화'운동이었다. 그러기에 독신의 비구승(比丘僧)이 거의 존재하지 않는 현재의 일본불교에 대한 평가가 낮을 수밖에 없다.

이 두 가지 내적 이유에 대해서는 다 그 나름의 일리가 있다고 생각된다. 그런데 나로서는 그런 점을 인정하면서도, 일본의 불교사 속에는 우리가 적어도 '거울'로 삼아서 우리 불교를 한 번 비추어 볼 수 있게 하는 부분이 적지 않게 존재한다고 생각한다. 앞에 든 외적 이유와 내적

---

1) 그 점을 생각해 본 것으로 김호성 2015, 「출가정신의 국제정치학적 함의」, 『동아시아불교문화』 제24집(부산 : 동아시아불교문화학회) 참조. 이 책의 제4부에 수록한 논문이다.

이유로 인하여 일본불교에 대한 이해를 소홀히 하고 있다면, 대단히 안타까운 일이라 생각되는 것도 그러한 점이 있기 때문이다. 일본불교를 위해서가 아니라 한국불교를 위해서 말이다. 일본불교의 이해가 필요하다는 것은 일본불교라는 거울[2]에 우리 불교를 비추어 보는 일이기 때문이다.

그러한 '거울'로 기능할 수 있는 일본불교의 역사 중에서, 이 글은 우리로 말하면 고려후기에 해당하는 일본의 중세 가마쿠라(鎌倉) 막부 시대[3]에 새롭게 등장한 불교를 둔세승 교단의 성립으로 보는 마츠오 겐지의 '관승과 둔세승의 패러다임'에 주목하여, 둔세승에게서 '출가정신의 회복'이라는 주제를 발견하여 공감한 기록이다.

먼저 마츠오 겐지가 제시하는 '관승과 둔세승의 패러다임'을 집중적으로 고찰하기 전에 그것을 그 이전의 통설(通說)들 2가지와 대조해서 살펴본다. 그런 뒤, 둔세승 교단에 초점을 맞춘다. 이때는 '권력과 탈(脫)권력'이라는 잣대를 가지고 둔세승 교단에 대해서 재평가해 볼 것이다. 이러한 논의과정에서 우리의 신라불교에서 볼 수 있는, 원효로 대표되는 민중불교의 모습이나 고려 중기의 불교와도 공관(共觀)하는 방법론을 취한다.

---

2) 굳이 일본불교만이 우리 불교를 비추어 보는 '거울'이 된다고 주장하는 것은 아니다. 일본불교 외에 미얀마 등의 남방불교, 티벳불교, 그리고 중국불교 계통의 타이완(대만)불교로부터 우리불교가 '거울' 이상으로 큰 영향을 받고 있다는 사실은 굳이 일일이 인용을 할 필요가 없을 정도일 것이다. 현재 한국불교를 안에서 살아가는 사람이나 밖에서 바라보는 사람이나 모두 그 점은 충분히 인식하고 있을 것이다.
3) 가마쿠라 막부를 세운 미나모토노 요리토모(源賴朝, 1147-1199)가 가마쿠라에 들어간 것이 1180년 10월이었고, 닛타 요시사다(新田義貞, 1301-1338)의 군대에 의해서 멸망한 것이 1333년 5월의 일이었다.

Ⅱ. 관승(官僧)과 둔세승의 패러다임

1. 중세불교를 보는 세 가지 패러다임

『인물로 보는 일본불교사』는 저자 마츠오 겐지 교수가 그동안 행해온 일본불교사 연구의 성과를 일반의 독자를 위하여 간략히 요약한 책이다. 따라서 비록 작은 책이지만, 저자 나름으로 일본불교사를 보는 독창적인 사관에 입각하고 있음을 놓쳐서는 안 된다.

마츠오 겐지가 주로 활동하는 일본불교연구회에서 편집한 『일본불교의 연구법』(법장관, 2000)이라는 책은 일본불교사 연구의 현단계와 새로운 연구의 출발선이 어디여야 하는지를 보여주는 논문집이다. 그 책에서 마츠오 겐지가 집필한 분야가 「중세」[4]이다. 그 글은 '3인칭 관찰자 시점'에서 중세 일본불교에 대한 연구사를 정리하는 대신, '1인칭 시점'에서 종래의 통설을 비판하면서 자기 견해를 부각하는 데에 힘을 쏟고 있다. 그런 점에서, 내가 말하는 '자기철학의 제시'[5]를 행하고 있다.

그 앞머리에 종래의 통설과 자기 견해가 어떻게 다른지를 2개의 표로써 보여주고 있는데, 나는 하나의 표 속에 종합해 보았다.[6]

---

4) 마츠오 겐지 2005, 「중세」, 『일본불교사공부방』 창간호(서울 : 김호성교수연구실), pp.11-18. 참조.
5) 나는 기본적으로 '철학은 자기의 관점을 제시하는 것'으로 생각하고 있다. 따라서 '철학한다'라는 것은 다른 사람의 학설을 인용하거나 정리하는 것을 넘어서 스스로의 관점을 제시하지 않으면 안 된다. 그러므로 이 부분에 있어서 일본불교사의 흐름을 전체적으로 파악하는 것도 역시 철학적이라고 말할 수 있으리라. 철학적 사고의 한 내포에 전체적 사고가 있기 때문이다.
6) 마츠오 겐지 2005, 「중세」, 『일본불교사공부방』 창간호(서울 : 김호성교수연구실), pp.12~13. ; 松尾剛次 2000, 「中世」, 『日本佛教の研究法』(京都 : 法藏館), pp.30-31. 참조. '마츠오 겐지의 관점'이라 한 것은, 원서에서는 '私見'이라 한 것이다.

표 8 : 중세불교를 보는 패러다임들

	통설 A(가마쿠라신불교론)	통설 B(현밀체제론)	마츠오 겐지의 관점
신불교	호넨, 신란, 니치렌, 에이사이, 도겐, 잇펜 등을 조사로 하는 교단의 불교	호넨, 신란, 니치렌, 도겐의 불교와 탄압을 받은 소수의 제자들의 불교	둔세승승단(호넨,신란,니치렌, 에이사이, 도겐, 잇펜, 묘에, 에손, 에친 등의 둔세승을 각기 중핵으로 하여 구성원을 재생산하는 시스템[7]을 갖추고 있는 승단)
구불교와 그 개혁파	남도(南都, 나라) 6종(삼론, 성실, 법상, 구사, 화엄, 율)과 헤이안(平安, 교토) 2종(진언, 천태)은 구불교, 묘에와 에손은 개혁파	남도 6종, 헤이안 2종은 구불교. 묘에, 에손, 에이사이, 잇펜은 개혁파, 호넨, 신란, 니치렌, 도겐 등의 대부분의 제자도 개혁파.	관승승단(천황으로부터 진호국가/鎭護國家를 위하여 기도하는 자격을 인정받은 승단)의 불교
신불교의 특색	선택, 전수(專修), 이행(易行), 민중구제	밀교의 부정, 세속권력과의 대결(이단으로 탄압당함)	'개인'구제를 가장 중시. 조사신앙, 여인구제, 비인(非人, 천민)구제, 장례, 권진(勸進, 화주)에 종사. 천황과는 무관한 독자의 입문의례 시스템의 수립. 재가신자를 구성원으로 하는 교단의 형성. 절의 총책임자를 장로라고 한다. 개인종교.
구불교의 특색	겸학(兼學), 잡(雜)신앙, 계율중시. 국가, 귀족불교.	밀교화, 세속권력과 유착(정통)	진호국가의 기도를 가장 중시. 여인구제, 비인구제, 장례, 권진활동의 종사에 제약을 갖는 국가적 수계제도[8] 아래에 있다. 절의 총책임자를 별당(別當)이라 한다. 재가신자를 구성원으로 하는 교단을 형성하지 않는 공동체 종교.

---

7) 입문의례(入門儀禮)를 말한다.
8) 국가에서 인가받은 계단(戒壇)에서 수계받는 승려를 '관승'이라 말한다.

중세불교	신불교	변질된 구불교. 신불교는 소수파.	신불교(중세불교의 새로움을 적극적으로 나타낸다는 의미에서)
포교대상	무사, 농민, 도시민.	장원농민	'개인'(도시민)
사회경제사와의 관계	장원제를 고대적으로 보고, 장원영주인 사사(寺社)[9]를 고대적으로 본다.	장원제를 중세적으로 보고, 장원영주인 사사를 중세적으로 본다.	

통설 A, 통설 B, 그리고 마츠오 겐지의 관점(=관승과 둔세승의 패러다임)은 그러한 학설[10]이 등장한 시간적 순서와 일치한다.

통설 A라 평가된 것은 중세의 불교, 즉 가마쿠라 막부 시대에 등장한 신불교가 그 중심이 되었다고 본다. 그러한 의미에서 '통설 A'에서의 '가마쿠라신불교'라는 말은 그저 '가마쿠라 시대에 성립된 새로운 불교'라는 객관적 의미보다, 그것이 중세불교의 주류였다고 보는 사관이 투영된 개념인 것이다. 이러한 학설은 이에나가 사부로(家永三郎, 1913-2002)의『중세불교사상연구』와 이노우에 미츠사다(井上光貞, 1917-1983)의『일본 정토교성립사의 연구』로 구축되었다.

다음 통설 B, 즉 현밀체제론은 통설 A의 '가마쿠라신불교'론을 비판하면서 등장하였다. 중세불교는 "9세기에 발달한 밀교에 의해서 각 종파의 통합적 형태가 진행되고, 11세기에 이르러서는 현교와 밀교가 서로 의존적인 존재방식으로 병존(倂存), 통합하는 형태로 존재했던 체제"[11]였다고 본다. 여기서 '현교와 밀교'는 고대, 즉 헤이안(平安) 시대에

---

9) 불교의 사원과 신도의 신사를 함께 부르는 말이다.
10) 이 세 가지 학설을 제시한 네 명의 학자들(家永三郎, 井上光貞/黑田俊雄/松尾剛次)은 모두 불교계 종단에 소속된 학자가 아니라 일반 역사학자라는 사실도 주목할 필요가 있다.
11) 市川浩史 2000, 「淨土敎」, 『日本佛敎の硏究法』(京都 : 法藏館), p.161.

성립된 천태종(=顯敎)과 진언종(=密敎)을 가리키고 있는데, 그 현밀의 불교가 고대는 물론 중세에 이르러서도 여전히 주류(主流)였다고 보는 이론이다. 비록 가마쿠라 시대에 등장한 새로운 불교 종단들 – 선종계, 정토종계, 법화경계 – 이 있으나, 그것들은 모두 이단(異端)으로 치부된 '소수파'였다는 것이다. 이는 구로타 도시오(黑田俊雄, 1926-1993)가 창안한 학설인데, 1963년에 발표된 논문 「중세의 국가와 천황」에서부터 수립된 것이다. 상당히 폭넓은 지지를 받아왔으나, 근래 그것을 넘어서려는 '포스트 현밀체제' 역시 여러 갈래로 시도[12]되고 있다. 그 하나가 마츠오 겐지의 새로운 패러다임이다.

마츠오 겐지의 새로운 패러다임은 종래의 통설들, 즉 '가마쿠라 신불교론'과 '현밀체제론'을 모두 상대화시킨다. 중세불교의 주류가 가마쿠라 시대에 성립된 신불교라고 하는 점에서 통설 A와 유사하지만, 신불교의 특색을 불교사상이나 수행의 측면에서 선택과 전수, 그리고 이행을 중시했다고 보는 대신 승려의 재생산 시스템인 입문의례나 국가 및 민중과의 관계 등을 고려하고 있다. 그렇게 함으로써, 신불교에 들어가는 교단의 범위를 넓혀 놓는다. 종래 구불교(舊佛敎)로 평가되던 화엄종의 묘에(明惠, 1173-1232)나 진언율종의 에손(叡尊, 1201-1290), 천태종에서 계율부흥을 뜻하였던 에친(惠鎭, 1283-1358)까지도 신불교로 평가하고 있다. 그런 점에서 통설 A와도 다른데, 마츠오 겐지는 기본적으로 일본의 중세까지 이루어진 불교를 '관승'과 '둔세승'으로 이분(二分)[13]

---

12) 菊地大樹 2000, 「ポスト顯密體制論」, 『日本佛敎の硏究法』(京都 : 法藏館), pp.130-140. 참조.

13) 마츠오 교수의 '관승과 둔세승의 패러다임'이 일본불교를 이해하는 가장 정확하거나 유일하게 옳다는 것은 아니다. 내가 그 여부를 판단할 수는 없지만, 마츠오 교수의 '관승과 둔세승의 패러다임' 외에도 다양한 관점 역시 얼마든지 가능하다.(예컨대 愛宕邦康 2018, 「元曉撰『無量壽經宗要』硏究方法改革論」, 『불교학보』 제82집(서울 : 동국대학교 불교문화연구원), pp.17-19. 참조.) 다만, 나로서는 그것이 '권력 내려놓기'

하면서, 둔세승의 불교를 신불교로 정리하고 있기 때문에 가능한 일이었다. 관승보다 둔세승을 보다 바람직한 불교인의 존재양식으로 평가하고 있음은 물론이다.

2. 관승불교의 극복과 둔세승

위에서 마츠오 겐지의 새로운 패러다임이 갖는 특성을 확인해 보았다. 우선, 그 나름의 독창적인 견해를 가능케 한 데에는 마츠오 겐지가 갖는 방법론적 독자성이 적지 않은 기여를 한 것으로 보인다. 위의 표8에서 볼 수 있는 것처럼, 통설 A(家永三郎, 井上光貞)와 통설 B(黑田俊雄)는 모두 사회경제사를 종교사와 함께 고려하고 있다. 그러나, 마츠오 겐지는 그러한 관련성에 대해서는 전혀 고려하지 않는다. 위의 표8에서 그 부분을 여백으로 남겨둔 이유이다. 마츠오 겐지는 그 이유에 대해서 "종교사의 전개는 사회경제사의 전개에 대해서 우선 자율적인 움직임을 보였다고 본다. 요컨대, 마르크스주의 역사관의 입장에 서지 않는다. 그리고, 종교사의 전개에 대해서는 종교사 독자의 전개를 살필 필요가 있다."[14]고 말한다. 그래서 "종교학, 신화학의 성과를 반영하였고, 입문의례나 조사신화 등을 이용"[15]함으로써 자신만의 새로운 결론을

로서의 출가정신을 가장 잘 구현하고 있는 일본 중세불교의 한 측면을 가장 잘 드러낸다고 보기 때문에, 그에 의지하여 나 자신의 자기철학을 제시해 보는 것이다.
14) 마츠오 겐지 2005, 「중세」, 『일본불교사공부방』 창간호(서울 : 김호성교수연구실), p.18. ; 松尾剛次 2000, 「中世」, 『日本佛敎の硏究法』(京都 : 法藏館), p.39. 통설 B의 현밀체제론에 대하여 "마르크스주의 역사학의 양질(良質)의 유산 중 하나라고 말해야 할 것이다."(市川浩史 2000, 「淨土敎」, 『日本佛敎の硏究法』(京都 : 法藏館), p.160.)라는 평가가 있음을 생각할 때, 마츠오 겐지의 방법론적 특색이 더욱 뚜렷이 이해될 수 있을 것이다.
15) 마츠오 겐지 2005, 「중세」, 『일본불교사공부방』 창간호(김호성교수연구실), p.16. : 松尾剛次 2000, 「中世」, 『日本佛敎の硏究法』(京都 : 法藏館), p.37.

도출할 수 있었던 것이다.

왕실이나 국가를 위해서 기도하는 것을 그 임무로서 부여받은 관승들은 국가가 인정해준 계단에서 수계해야 하며, 백의(白衣)[16]를 입어야 하며, 관사(官寺)에서 머물러야 했다. 이러한 관승불교가 갖는 문제점은 701년에 제정된 「승니령(僧尼令)」의 규정이 보여주는 것처럼, 관승들에게는 "민중교화의 제약이라든지 부정한 것을 기피해야 하는 등의 제약"[17]이 있었다는 점이다. 관승들에게 부여된 의무는 '개인'의 구제라기보다는 '개인'이 사라진 '공동체' 전체와 관련되어 있었다. 그런데, 문제는 불교가 그런 것이 아니라는 점이다. 비록 '일체'중생을 다 구제하는 것이 불교라 해도, '하나하나'의 중생을 개별차원에서 다 구제해서 '일체'의 중생을 구제하는 것이 불교이기 때문이다. '하나하나' 외에 '일체'를 국가와 같은 공동체에서 찾는 것[18]은, 그런 공동체 차원에서의 구제를 말하는 것은 불교의 본질에서 벗어나는 일이 되고 만다. 그런 점에서 불교는 모든 '개인'의 구제를 통하여 '공동체'의 구제를 지향하는 것이라 해야 한다.

---

16) 전통적으로 출가승려는 염의(染衣)라거나 치의(緇衣)라고 하여 검정색이나 회색 계통의 옷을 입는다. 그것 자체가 하나의 '죽음'의 상징이다. 그 반면에 재가자는 흰 색 계통을 입는다. 백의(白衣)라거나 소의(素衣)라고 말하면 재가자를 가리키는 말이다. 그만큼 관승들이 백의를 입는다는 것은 그들이 '세속화'되었음을 나타내는 것이기도 하다.

17) 마츠오 겐지 2005, 『인물로 보는 일본불교사』(서울 : 동국대출판부), p.41.

18) 뒤에서 자세히 논의하겠으나, 공동체의 불교를 지향한 것이 니치렌이었다. 한편 이 책의 제1부 1장의 논문에서, 불교의 출가는 힌두교적-유교적 효(孝)담론을 해체하는 것이라고 하였다. 효는 '가문(家門)'이라는 가족공동체에 묶여 있는 공동체윤리였다. 그런 효 이데올로기를 넘어서는 곳에 불교의 출가가 자리하고 있다는 것은, 애당초 불교는 공동체의 종교가 아니라 개인 종교였음을 의미한다. 바로 그런 점에서 '개인(個)'의 확립을 특징으로 하는 근대정신과 연결되어 있었던 것이다. 개인과 근대의 관계에 대해서는 스에키 후미히코 2009, 『일본의 근대와 불교』(서울 : 그린비), p.14. 참조.

인류의 역사는 국가가 정한 규칙과 내면으로부터의 종교심이 갈등하는 경우, 종교인들은 그들의 종교가 명령하는 바에 따라서 국법을 어기는 경우도 없지 않았음을 보여준다. 이는 국가적 명령을 거부하는 일이기도 했다. 따라서 관승의 세계로부터 이탈한다는 것은 체제 – 국가 시스템 – 로부터의 이탈로서, 세상을 버리고 숨는 일로서 받아들여졌다. 그것이 '둔세'이며, 그러한 둔세를 감행한 스님을 '둔세승'[19]이라 한다.

마츠오 겐지는 둔세승들의 불교를 '신불교'라고 범주화한다. 이미 마츠오 겐지도 지적하고 있지만, 출가 그 자체가 둔세의 의미를 갖고 있다. 그런데, 국가불교화된 관승의 세계로부터 이탈하는 것을 다시 '둔세'라고 불렀다는 점에서, 둔세가 '또 한 번의 출가(二重出家)'[20]임을 알 수 있다. 그와 동시에 관승의 세계는 사실상 세속의 세계와 다르지 않았음을 나타내고 있는 것으로 생각된다. 둔세한다는 것, 즉 둔세승이 된다는 것은 곧 붓다의 출가정신을 회복한 것이라 평가할 수 있는 것이다.

그런데, 이러한 마츠오 겐지의 관점은 중세 이후의 일본불교에도 그

---

19) 관승의 제도 밖에 존재하는 것은 둔세승 만은 아니다. '무허가 출가'를 감행한 사도승(私度僧) 역시 존재했다. 둔세승과 사도승은 모두 민중불교의 한 모습이라 할 수 있다.

20) 가마쿠라 시대에 성립된 여섯 종파 중 정토종의 호넨(法然, 1133-1212), 정토진종의 신란(親鸞, 1173-1262), 임제종의 에이사이(榮西, 1141-1215), 조동종의 도겐(道元, 1200-1253) 등은 모두 천태종에 출가한 뒤, 관승교단인 천태종을 이탈했으므로 이중출가를 했다고 볼 수 있다. 그러나 잇펜(一遍, 1239-1289)은 이미 둔세승 교단으로 성립되어 있었던 정토종에 출가를 했다. 니치렌은 천태종에 출가하여 초기에는 천태종의 승려라는 자각을 갖고 있었다. 후기로 갈수록 밀교와 습합(習合)되어 있던 천태종을 비판하면서 『법화경』에만 의지해야 한다는 것을 주장함으로써 새로운 종파 형성의 길을 걸었지만, 그의 경우를 명확히 '이중출가'라고 볼 수 있을지는 의문이다.

대로 확대 적용된다. 에도(江戶, 도쿄)시대 근세불교의 스님들을 '에도 막부의 관승들'이라고 표현하고 있는 것이다. 그렇다고 해서 "근세불교 는 타락된 것이다"라고 생각하지는 않는다. 오히려 근세불교타락론에 반대하면서 "근세야말로 가마쿠라 신불교가 전면적으로 전개된 시기였 다"[21]고 평가한다. 그렇게 보는 이유는 단가(檀家)제도[22]가 성립된 데에 는 둔세승들의 사회구제활동이 있었음을 평가하고 있기 때문이다. 관 승들은 국가를 위하여 기도하는 것이 주된 임무였으므로, 당연한 일인 지 모르지만 '부정(不淨) 타는' 일과 가장 먼 거리에 있어야 했다. 그런 까닭에, 관승들이 '부정타는 것'의 대표로 생각된 주검(死穢)을 만지면 서 사후의 왕생을 염원하는 의식을 담당한다는 것은 생각할 수도 없었 던 시대에, 둔세승들이 그러한 일을 하였다[23]는 점에서 마츠오 겐지는 높이 평가하고 있다.

현재까지도 일본불교에는 에도시대에 확립된 단가제도가 영향을 미 치고 있다. 이른바 '장례불교'라고 일본불교를 말하는 것도 그러한 까닭

---

21) 마츠오 겐지 2005, 『인물로 보는 일본불교사』(서울 : 동국대출판부), p.144.
22) '단가'의 '단'은 산스크리트(범어)에서 보시(布施)를 의미하는 '다나(dāna)'를 음사 한 '단나(檀那)'에서 온 말이다. 즉 단가는 '보시를 하는 집'이라는 의미이니, 우리 말로 하면 시주(施主) 내지 신도(信徒)라 할 수 있을 것이다. 하지만 일본 근세의 단가는 기독교 포교를 막기 위하여 모든 국민들이 다 사찰에 등록을 해야 하고, 그 등록증(寺請)을 받아야 했다. 그 매개가 된 것이 장례를 사찰에서 치르고 유골 을 사찰에 납골(納骨)하는 형식이었다. 그런 점에서 우리의 장례불교와 일본의 장 례불교는 다른 점이 있다. 하드웨어상으로는 비슷하게 보이지만, 실제로 소프트웨 어상으로는 다르다 말해야 하는 이유이다.
23) 인도, 한국, 일본 모두 '주검'이나 '피'와 같은 것이 부정타는 일이라 여겼다. 사람의 주검이든 동물의 주검이든 그것들을 다루는 일에 종사하는 사람들을 '천민(賤民)' 이라 하여 차별하는 관습이 있었다. 이를 생각할 때, 둔세승들이 주검을 다루었다 는 사실은 차별을 넘어서 평등을 구현했으며 차별받는 사람들을 구제했음을 의미 한다. 장례불교에는 그러한 측면이 있다는 것이다.

에서이다. 저자 마츠오 겐지는 『인물로 보는 일본불교사』의 「후기」[24]를 통하여, 현재 일본불교의 스님들이 장례에 종사하는 것은 이러한 장례불교의 유래에서 볼 수 있는 긍정적인 측면이 있음을, 즉 민중들의 구제염원에 응하는 것임을 적극적으로 의식해 주기를 주문하고 있다. 장례불교 그 자체에는 가마쿠라 신불교의 둔세승들이 보여준 둔세의 정신이 담겨 있음도 사실일터이고, 죽음과 관련한 장례의식에 종사하는 것 자체를 종교적인 의미에서 평가할 수 있음도 사실이라고 본다. 그러나, 다른 한편으로 단가 제도를 통해서 사원이 국가권력의 말단행정을 담당하는 지경에까지 이르게 되었다는 것은 국가불교로부터의 이탈, 즉 탈권력(脫權力)을 그 본질로 하는 둔세승 전통을 어느 정도 훼손한 것은 아닌가 싶다. 비록 근세에 사찰이 국가권력의 지배로부터 자유로울 수는 없었다는 사실을 감안하더라도 말이다. 그런 한계에 대한 반성이 결여되었을 때, 근대[25] 일본 불교 역시 적극적으로 전쟁에 참여하게 되었던 것으로 생각되기 때문이다. 이미 불교와 정부/권력이 한 덩어리가 되어서 존재하고 있었다는 역사를 단가제도가 낳았던 것이다. 그런 점에서 장례불교는 일본불교의 빛이면서 그림자[26]일 수도 있다고 본다.

---

24) 마츠오 겐지 2005, 『인물로 보는 일본불교사』(서울 : 동국대출판부), p.194. 참조.
25) 일본 역사의 시대구분에서는 '근세'는 에도시대, 즉 도쿠가와(德川)막부시대를 가리키고, '근대'는 1868년의 메이지(明治) 유신 이후 1945년 패전 – 일본에서는 '종전'이라 부른다 – 까지를 말한다.
26) 나는 2002년 가을부터 2003년 여름까지 교토의 '불교대학'에서 공부한 일이 있는데, 이때 견문한 일본불교의 이모저모를 글로 써서 책을 냈다. 장례불교를 다룬 글역시 그 속에 포함되어 있다. 김호성 2011, 『일본불교의 빛과 그림자』(서울 : 정우서적), pp.171-176. 참조.

III. 둔세승 교단과 권력의 문제

1. 한일불교사의 둔세승들

일본불교사를 '관승'과 '둔세승'으로 나누어서 살피는 마츠오 겐지의 패러다임이 갖는 유용성에 대해서 공감하는 한편으로, 아쉬움 역시 없지는 않다. 둔세승 논의에 있어서 둔세승의 정신적 지향성에 대해서는 그다지 강조하고 있지 않은 듯해서이다. 관승의 세계가 권력과 밀착한 세계라고 한다면, 그로부터 이탈하여 둔세한다는 것은 곧 권력으로부터 탈피하는 것임에도 불구하고 그 점을 마츠오 겐지는 주의하지 않았다. 왕자의 신분이었던 고타마 싯다르타가 출가함으로써 권력을 버린 것이 '출가'의 본질이었음을 생각할 때, 불교는 권력추구의 방법론이 아니며 권력을 버리고 본래면목을 추구하는 길이라 할 수 있을 것이다. 그런 점을 생각할 때 둔세승과 권력의 관계는 매우 중요한 측면일 것이다.

예컨대, 권력과는 일정한 거리를 두고, 민중들과 함께 한 불교인들이 더 있었음도 사실이다. '히지리'(聖)들이 그들이다. 일찍이 히지리 집단의 리더였으나 도다이지(東大寺) 대불 조성불사의 권진(勸進)[27]을 맡은 교키(行基, 668-749)나 '아미타히지리'(阿彌陀聖)로 불리던 쿠야(空也, 903-972) 등을 예로서 들 수 있을 것이다. 이들에 대한 마츠오 겐지의 소개를 들어보자.

---

27) 이 경우에는 총책임자라는 뜻이다. 우리 불교에서 말하는 '도감(都監)'과 '화주(化主)'의 기능을 겸하고 있는 직책이라 볼 수 있다. 원래 이 말은 『관무량수경』에 나오는 말이다.

(교키는 - 인용자) 16세에 출가하여 나라의 야쿠시지(藥師寺) 소속의 관승이 되었다고 합니다. 그러나 일단은 이탈하여 기나이(畿內)지방을 돌아다니며 민간에 포교하고 연못·도랑·다리를 개발하는 등의 사회사업을 행한 승려로서 알려져 있습니다. 그래서 기나이지방에는 현재까지도 교키가 만들었다고 하는 저수지가 남아 있습니다.[28]

쿠야는 903년에 태어나, 어렸을 때부터 5기 7도(五畿七道)를 순례하며, 강에는 다리를 놓고, 도로를 정비하며, 들판에 버려져 있던 유해를 찾아내서는 한 곳에 모아 기름을 붓고 태우며 아미타불의 명호를 칭하여 회향했다고 합니다. (……) 938년 교토에 들어가 거의 시정에 숨어 걸식하고, 보시가 들어오면 불사를 하며 빈민이나 병자에게 베풀었다고 합니다. 그래서 이치히지리(市聖) 또는 이치쇼닌(市上人)으로 불렸습니다. 또한, 평소 언제나 입으로 '나무아미타불'을 칭하였기 때문에 '아미타히지리'로도 불렸습니다.[29]

교키나 쿠야와 같은 히지리(聖, 聖者)를 그 선구자로 갖는 둔세행(遁世行) 자체는 한국불교사의 경우에도 없는 것은 아니다. 예컨대, 『삼국유사』에 나오는 혜숙과 혜공의 이야기(「二惠同塵」)[30], 계를 잃은 뒤의 원효 이야기(「元曉不羈」)[31] 등에서도 볼 수 있다. 혜숙과 혜공은 이미 높

---

28) 마츠오 겐지 2005, 『인물로 보는 일본불교사』(서울 : 동국대출판부), p.45. '기나이'는 지금의 쿄토, 나라, 오사카 지방을 가리킨다.
29) 마츠오 겐지 2005, 『인물로 보는 일본불교사』(서울 : 동국대출판부), pp.76-77. '오기칠도'는 지방행정구역을 뜻하는 말인데, 전국이라는 의미로 이해하면 된다. '이치히지리'는 저자거리의 성자, '이치쇼닌'은 저자거리의 스님, 그리고 '아미타히지리'는 아미타불을 말하는 성자라는 뜻이다.
30) 한불전 6, pp.344c-345c. 참조. '동진'이라는 말은 『노자』 제56장에 "빛을 누그러뜨리고 티끌과 함께 노닌다(和其光, 同其塵)"(오진탁 1990, 『감산의 노자 풀이』(서울 : 서광사), p.179.) 라는 말에서 유래한 것이다.
31) 한불전 6, pp.347b-348b. 참조. 쿠야와 원효의 관련성에 대해서는 김호성 2020, 「일본 정토불교와 관련해서 본 원효의 정토신앙」, 『불교학보』 제90집(서울 : 동국대 불교문화연구원), pp.99-100. 참조.

은 깨달음을 얻었지만, 스스로 신분을 숨기고 고관(高官)의 집에서 미천한 일을 하면서 고관의 잘못을 바로잡아 주고 있다. 즉 그 자신은 신성한 존재이지만, '먼지'로 상징되는 세속 안에 숨어 있다. 그와 같이 그들 자신은 '둔세'했다고 생각된다. 또한 원효는 신라의 고승이었지만, 음계(淫戒)를 범한 뒤에는 스스로 속복을 입고, 노래를 부르며, 춤을 추면서 민중에게 염불을 가르쳤다. 정히 아미타히지리(阿彌陀聖)와 같았다. 대표적인 둔세승이었던 것이다.

더욱이 일연은 『삼국유사』에 따로이 둔세한 분들의 이야기를 모았으니, 그 편명(編名)을 '피은(避隱)'[32]이라 이름하였다. 일연 역시 세상의 시끄러움을 피하여, 숨어 살아가는 것을 높이 숭상하였던 것이다. 지금 그 피은편을 읽어보면, 정히 둔세승전(遁世僧傳)임을 알 수 있게 된다. 이러한 이야기가 우리에게 전해주는 것은 아무런 권력이 없으며, 명예가 없으며, 지식이 없으며, 돈이 없다고 하더라도 그 속에서 진실한 도의 길을 가는 사람들이 있었다는 점이다. 그러한 히지리나 둔세승들을 우리는 알아볼 수 있어야 할 것이다.

2. 한일불교사의 권력과 탈권력

불교가 진실로 자기를 잊고, 자기를 넘어서는 길이라고 한다면 출가자(를 포함한 불교인들)은 당연히 인간의 욕망 중에서 가장 집요하게 마지막까지 남아있는 권력욕[33]을 극복할 수 있어야 한다. 권력에 대한 욕

---

32) 『삼국유사』, 한불전 6, pp.363a-367a. 참조. 열 사람의 이야기가 서술되어 있다. 이 책의 제2부 2장 논문에서, 보조지눌의 은거와 관련해서 『삼국유사』 피은편이 함께 고찰되었다.

33) 불교에서는 그다지 권력욕을 경계하지 않는 것같다. 오욕락(五欲樂)에 권력욕은 포함되어 있지 않은 것이다. 하지만, 나는 권력욕이야말로 가장 강한 번뇌라고 생각

망을 버리는 곳에 비로소 불교의 세계가 열리기 때문이다. 그럼에도 불구하고, 그러한 가치를 내함(內含)하고 있는 불교의 승단 역시 하나의 집단으로서 권력을 지니게 됨을 어쩔 수 없이 보게 되는 것도 역사적 현실이다.

실제로 일본불교사의 경우에도 그러한 모습을 비일비재하게 볼 수 있다. 그렇게 된다면 세속권력과 대결할 수밖에 없을 것이다. 불교 승단 중에서 가장 큰 세속권력을 갖고 있었던 것은 일향종(一向宗)[34]이나 천태종 등이었다. 일본 전국을 통일한 오다 노부나가(織田信長, 1534-1582)는 이들을 제압하기 위하여 힘을 쏟게 되는데, 일향종과는 끝내 휴전으로 끝났으나 15년 동안 전쟁을 했으며 천태종 총본산 엔랴쿠지(延曆寺)를 불태우기에 이르렀던 것이다. 그 배경에는 당시 사원세력 역시 세속의 정치세력으로 변질되었다는 사정이 있다.

여기서 다시 우리의 고려시대가 생각나게 된다. 무신의 난 전후 무렵이다. 거대한 세력을 갖고 있었던 사원들은 승병(僧兵)을 조직하고 있었고, 정치권 내부와 밀접하게 결탁되어 있었다. 정변에 휩싸인 승병들이 수 백명씩 죽어갔던 일도 비일비재하였다. 『고려사절요』제12권, 명종 4년(1174) 정월에 다음과 같은 기록이 전한다.

한다. 그것은 정히 자기의식(我見, 我相) 위에 뿌리내리고 있다. (권력이야말로 인간의 마지막 욕망이라는 나의 생각은 김호성 2008,『불교, 소설과 영화를 말하다』(서울 : 정우서적), pp.110-117. 참조.) 권력이야말로 인간의 마지막 욕망이라는 것은 깨침을 지향하면서 수행해 가는 출가자의 경우에도 쉽게 떨쳐버릴 수 없는 욕망임을 의미한다. 바로 그렇기에 '출가'라는 것은 권력욕을 내다버리지 않고서는 이룰 수 없는 일이며, 교단이 분규의 소용돌이에 빠지지 않으려면 그 구성원들이 모두 권력욕으로부터 자유를 얻지 않으면 안 된다고 보는 것이다.

34) 현재의 정토진종을 가리키는 말이다. '정토진종'이라는 명칭은 근대 이후에 쓰기 시작하였고, '일향종'이라는 명칭은 정토진종 자신들의 입장에서는 그다지 좋아하는 이름은 아니지만 그렇다고 달리 뚜렷한 대안이 없기에 '일향종'이라 부르기도 했다.

봄 정월 귀법사(歸法寺) 승려 백여 명이 성의 북문을 침범하여 선유승록(宣諭 僧錄) 언선(彦宣)을 죽였다. 이의방(李義方)이 군사 천여 명을 거느리고 가서 승려 수십 여 명을 쳐 죽이니, 그 나머지 (승려들)은 다 흩어져 가버렸다. (이의방의) 병졸들 역시 죽고 상한 자가 많았다. 중광사(重光寺), 홍호사(弘護寺), 귀법사, 홍화사(弘化寺) 등 여러 절의 승려 이천여 명이 성의 동문에 집결하므로 문을 닫았더니, 성 밖의 민가를 불태워서 숭인문(崇仁門)을 연소시키고 (성 안으로) 들어와 (이)의방 형제를 죽이고자 하였다. (이)의방이 이를 알고 부병(府兵)을 징집하여 (그들을) 쫓아가서 승려 백여 명을 참살하였는데 부병도 역시 많이 죽었다. 이에 부병을 시켜서 각자 성문을 나누어 지키게 하여 승려의 출입을 금하게 하고, 부병을 보내어 중광사, 홍호사, 귀법사, 용흥사(龍興寺), 묘지사(妙智寺), 복흥사(福興寺) 등을 파괴하니 이준의(李俊儀)가 그만두게 하였다. (이에 이)의방이 노하여 "만약 그대의 말을 따르게 된다면, 일은 이루지 못 할 것이다."하고, 드디어 그 절들을 불태우고 재물과 그릇들을 빼앗아 가자, 승려의 무리들이 길에서 격퇴하여 다시 빼앗아 갔으며, 부병들도 역시 많이 죽었다.[35]

이러한 당시 불교계의 상황이 불교의 가르침과 동떨어진 것임을 예리하게 파악하고, 불교의 본래 정신으로 돌아가자고 외친 분이 바로 보조지눌(1158-1210)이다. 그가 일으킨 정혜결사(定慧結社)[36]라는 운동이 이러한 배경에서 일어난 것이다. 『정혜결사문』에 그 증거가 있다.

때는 임인년(1182 - 인용자) 정월 상도(上都, 개경, 현 개성)의 보제사

---

35) 김종서 등 2021, http://db.history.go.kr/id/kj_012_0010_0050_0010_0010 (accessed 2021. 12. 24)
36) 정혜결사의 배경에 있는 승병들의 정치참여를 일본에서 가마쿠라 막부가 성립하는 과정에서 일어난 내전에 불교의 승병들이 다시 참전하는 사례와 비교하며 살핀 것으로 김호성 2008, 「정혜결사와 헤이케이야기(平家物語)」, 『일본불교사공부방』 제5호(서울 : 김호성교수의 열린 연구실), pp.5-9. 참조.

(普濟寺) 담선법회(談禪法會)에 참여하였는데, 하루는 동학(同學) 십여 명과 함께 약속하였다. "법회를 마친 이후 마땅히 명예와 이익에 대한 욕망(名利)을 버리고 산림에 은둔하여 함께 결사를 하자. 항상 선정을 익히며 지혜를 가지런히 하며 예불하고 경전을 읽으며 노동을 하며 운력하는 것까지 각기 소임에 따라서 그 일들을 경영하면서, 인연에 따라서 성품을 기르며 평생토록 (집착을) 놓아버리고 지내면서, 저 옛날의 달사(達士)와 진인(眞人)의 숭고한 행을 따른다면 어찌 상쾌하지 않겠는가."[37]

"명예와 이익에 대한 욕망을 버리자"는 것은 곧 권력에 대한 욕망을 버리자는 말로 연결된다. 세속의 권력 다툼에 휘말렸던 승가의 모습을 성찰하면서, 극복하자는 제언이다. 그러한 보조지눌의 뜻은 당시 수도였던 개경(개성)으로부터 멀리 떨어진 산중(팔공산 은해사 거조암 → 지리산 상무주암 → 조계산 송광사)으로 둔세해 가는 것으로 구현되었다. 여기서 결사(結社)의 정신은 곧 둔세정신이며 피은정신임을 확인[38]케 되는 것이다.

3. 권력의 문제와 둔세승의 개념 재고

1) 호국불교의 논리

일본 중세의 둔세승이 관승과 대척점에 놓여 있는 것이라 한다면,

---

37) 『정혜결사문』, 한불전 4, p.698a-b. ; 보조지눌 1989, 『보조전서』(서울 : 보조사상연구원), p.7.
38) 보조지눌의 결사정신이 곧 둔세이자 피은임을 밝힌 논문으로 김호성 2017, 「출가, 은둔, 그리고 결사의 문제」, 『보조사상』 제47집(서울 : 보조사상연구원)이 있다. 이 책의 제2부 2장에 수록된 논문이다.

'권력이냐 탈권력이냐'라는 문제와 결합해서 보는 것은 대단히 중요한 일이라 생각된다. 하지만 마츠오 겐지는 그러한 점을 언급하지 않는다. 의식하지 못하고 있는 것이다. 역사학자로서 마츠오 겐지는 과거 사실을 설명하고 이해하는 것이 위주이고, 나는 바람직한 출가자의 모습을 찾는다는 점에서 애당초 문제의식이 다를 수밖에 없었기 때문인지도 모른다. 그런 점은 이해가 되지만, 나로서는 이 문제를 좀 더 천착해 보기로 한다.

마츠오 겐지의 '관승과 둔세승의 패러다임'이 등장하기 전의 통설B의 현밀체제론의 경우에는 구불교가 권력과 밀접한 관계를 맺고 있었음을 아무런 거리낌없이 말하고 있다. 구불교의 입장은 "왕법불법상의상즉(王法佛法相依相卽)의 사상 등에 의해서 중세 국가를 부지(扶持, 扶翼)하는 현밀주의적 이데올로기"[39]였다고 말이다. 역시 권력의 문제를 비평적으로 보지 않는다. '왕법불법상의상즉론'은 불교(=불법)와 국가(=왕법)의 관계에 대해서 양자는 서로 의존하는(相依) 관계에 있으며, 더 나아가서 마침내는 왕법이 곧 불법인 관계(相卽)라고 말하는 입장[40]이다. 실제 현재 남아있는 사료에서 왕법불법상의상즉론의 관점을 극명하게 표명하고 있는 글을 하나 읽어보기로 하자.

현재(方今) 왕법과 불법은 서로 짝이 되는 것이니, 비유하면 수레에 두 바퀴가 있고 새에 두 날개가 있는 것과 같다. 만약 그 중에 하나가 없다고 한다면, 감히 날거나 구를 수 없을 것이다. 만약 불법이 없다고

---

39) 菊池大樹 2000,「ポスト顯密體制論」,『日本佛教の硏究法』(京都 : 法藏館), p.132. "현밀주의라는 것은 '불교, 나아가서는 모든 종교를 현교와 밀교의 두 측면에서 파악하고, 그러한 일정한 관계로 이해하는 논리'이다." 末木文美士 1998,『鎌倉佛敎形成論』(京都 : 法藏館), p.40.

40) 일본불교사에서 왕법불법상의상즉론의 전개에 대해서는 김호성 2016,『힌두교와 불교』(서울 : 여래), pp.190-192. 참조.

한다면 어찌 왕법이 있겠으며, 만약 왕법이 없다면 어찌 불법이 있겠는가.[41]

위의 인용문은 불법의 담당자가 왕법의 담당자에게 제출한 문서라고 한다. 그런 점을 감안해서 생각해 보면, 왕법이 불법을 잘 보살펴야 한다는 것이 요지임을 알 수 있다. 그렇다고 해서, 불법이 왕법으로부터 독립할 수 있다는 것은 아니다. 오히려 불법이 왕법에 종속되는 것임을 알게 된다. 그것이 왕법불법상의상즉론의 본질인데, 이는 고대불교의 모습, 즉 국가를 지키는(鎭護國家)[42] 관료로서의 불교(관승불교)의 전통을 본질적으로 계승[43]하고 있는 것이다. 이러한 논리 자체가 '오직 불법'[44]에만 의지하고 왕법은 포기함으로써, 왕법은 출가자의 일(dharma)이 아님을 보여준 고타마 붓다의 출가가 보여 준 입장과는 상반되는 것임은 물론이다.

현밀체제론[45]이 권력과 결부되는 불교의 존재양식에 대해서는 비판의식을 갖지 못했던 것과는 달리, 통설A의 '가마쿠라신불교'론을 주창했던 이에나가 사부로(家永三郎)는 권력과의 유착을 출가정신의 상실로 규정한다. 그는『일본도덕사상사』제5장에서 '승려의 도덕사상'을 논할

---

41) 『평안유문(平安遺文)』3, 702호. 佐藤弘夫 1993,『日本中世の國家と佛教』(東京 : 吉川弘文館), p.7. 재인용.
42) 진호국가는 우리나라 말로 하면 '호국불교'가 된다. 물론, 일본에서도 '호국불교'라는 말을 쓰기는 한다.
43) 佐藤弘夫 1993,『日本中世の國家と佛教』(東京 : 吉川弘文館), pp.11-12. 참조.
44) 힌두교 텍스트인『마하바라타(Mahābharata)』제12 평안의 권(śānti-parvan)에는 '왕법품(王法品)'과 '해탈법품(解脱法品)' 모두 존재한다. 이를 통해서 왕법과 해탈법 모두 추구하는 것이 힌두교 다르마임을 알 수 있는 것이다. 그와 달리 불교에서는 '해탈법'을 '불법'이라 말하게 되지만, '왕법'을 말하지는 않는다.
45) 현밀체제는 "현밀주의를 기조로 하는 모든 종파가 국가권력과 유착한 형태로 종교의 존재방식을 고정시켰던 체제"이다. 末木文美士 1998,『鎌倉佛教形成論』(京都 : 法藏館), p.40.

때 '출가의식', '출가정신의 상실'이라는 두 개의 절(節)을 두었다. 그러면서 출가의식 내지 출가정신을 평가할 때, 권력과의 거리문제를 고려하고 있다. 직접 그의 말을 들어보자.

> 불교는 왕성(王城)을 버린 싯다르타 왕자(석가/釋迦)가 창립한 종교라는 점에서도 잘 알 수 있듯이, 국가권력으로부터 초월해서 전 인류적인 구제를 지향하는 세계종교이다. 당시까지의 일본불교는 진호국가를 위한 종교였거나 귀족을 후원자로 하는 종교여서 국가를 초월하는 성격을 지니지 못했으나, 호넨이나 신란은 국가와의 악연을 확실하게 끊고서 민중의 혼을 구제하는 것에만 전념하는 태도를 보였다. 신앙의 자유와 국가로부터의 독립이라는, 종교가 지향해야 할 가장 중요한 조건을 처음으로 자각하게 되었다.[46]

그런데 이에나가 사부로의 이러한 평가는 호넨과 신란의 정토불교만이 아니라 법화불교를 주장한 니치렌(日蓮, 1222-1282)에까지 이어진다는 점에서 재고의 여지가 있어 보인다.

2) 니치렌의 둔세승 여부

마츠오 겐지나 이에나가 사부로 모두 니치렌을 둔세승으로 보는 데

---

46) 이에나가 사부로 2003, 『일본문화사』(서울 : 까치), p.139. 이에나가 사부로는 '승려의 도덕사상'을 논의하면서, 기본적인 전제를 하나 세우고 있다. "승려의 본질은 '출가'라 할 수 있다. 출가하였다는 자각이 승려의 실천생활의 규범이 되는 것이며, 이 자각이 분명히 나타날 때 승려의 독자적인 실천철학이 형성된다."(이에나가 사부로 2005, 『일본도덕사상사』(여래, 예문서원), pp.106-107). 나는 이러한 전제에 뜻을 같이한다. 이 책이 출발하는 전제 역시 그와 같은 것이며, 이 책에서 출가자의 전범으로, 출가정신을 잘 구현한 분으로서 언급되는 모든 스님들은 다 이에나가 사부로의 그러한 전제를 충족하고 있는 분들이 아닐 수 없다.

에는 견해를 같이 한다. 그러나, 나는 니치렌의 입장은 호넨이나 신란의 입장과는 다르다고 본다. 니치렌이 과연 둔세승일 수 있는지, 권력의 문제에 초점을 두고서 논의해 보고자 한다. 우선, 이에나가 사부로의 말을 들어보자.

> 니치렌의 종교에는 구불교적인 요소가 많아서 법화신앙을 도입하지 않으면 나라가 멸망한다고 가마쿠라 막부에 대해 강하게 주장한 것도, 진호국가적인 생각의 잔재임을 보여주는 것이다. 그러나 구불교가 국가권력에 대해서 봉사하는 예속적 태도를 취했던 것과는 달리, 국가권력으로 하여금 법화신앙을 섬기게 하고자 했던 점에서, 정치보다도 종교를 높은 차원에 두고 있었다는 점을 간과해서는 안 된다.[47]

마츠오 겐지가 둔세승 교단을 이끌었던 대표적 인물로 호넨(法然, 1133–1212), 신란(親鸞, 1173–1262), 니치렌, 에이사이(榮西, 1141–1215) 도겐(道元, 1200–1253), 잇펜(一遍, 1239–1289), 묘에, 에손 등을 거명하였음에 대하여, 나는 그 범주에서 니치렌은 제외해야 한다고 본다. 왜냐하면 니치렌에게는 이에나가 사부로도 잘 지적한 바와 같이, 불교는 국가를 보호하는 것이라는 진호국가적 사고가 있었기 때문이다. 진호국가적 사고는 관승불교의 유물(遺物)이 아닌가.

다만 이에나가 사부로는 그러한 점을 인정하면서도, 니치렌이 "정치보다 종교를 높은 차원에 두고 있었다"는 점에서 문제가 없다고 본다. 그러나 그렇지 않다. 사도(佐渡)에서 유배를 경험한 그 무렵, 사토 히로오(佐藤弘夫)는 니치렌이 갖고 있었던 생각을 다음과 같이 정리하고 있다.

---

47) 이에나가 사부로 2003, 『일본문화사』(서울 : 까치), p.140.

니치렌은 사도 유배를 전후하여, '범성불이(凡聖不二)'라고 하는 천태적 이념을 근본으로 해서, 모든 인간에게 내재하는 불성의 보편성을, 역사상의 각자(覺者) 석존의 이름을 빌어서 비유적으로 표현하고 있던 그때까지의 입장(내재적 석존관)으로부터 한 바퀴 굴러서(一轉), 석존을, 이 땅의 모든 존재를 지배하고 '삼계의 모든 왕' 위에 군림(君臨)하는 초월적 인격으로까지 올려서(외재적 석존관), 국토의 본원적(本源的) 주권자로서 실체시하기에 이르렀다.[48]

석존, 즉 붓다를 초월적 인격으로 볼 수는 있지만, 실제로 "이 땅의 모든 존재를 지배하고 '삼계의 모든 왕' 위에 군림(君臨)하는" 권능자(權能者)이거나 세속을 직접 다스리는 통치자는 아니다. 세속에서 고통스럽게 살아가는 현세의 중생들에게 그 원인과 그로부터 벗어나는 길을 열어서 보여주고 깨달아서 들어가게(開示悟入) 하는 가이드(guider, 導師, 스승)일 뿐이다. 중생들이 그 길을 따라서 가든 안 가든, 그것은 중생들에게 달린 것이다.

더욱이 니치렌은 그러한 석존으로부터 심부름꾼(如來使)로서 위촉된 지용(地涌)보살[49]로 자임하였다. 그러한 측면은 종교에서는 가능한 부분이다. 스스로 지용보살의 역할을 붓다가 위탁한 사명으로 자각할 수 있는 것이다. 문제는 일본의 국왕조차도 그 보다 하위에 있으며[50], "국왕은 니치렌 교단에 대해서도 석존에 대한 것과 완벽하게 같은 최대한의 존경을 바치면서 보호해야 할 의무를 지고 있다"[51]고까지 하였다. 이

---

48) 佐藤弘夫 1993, 『日本中世の國家と佛教』(東京 : 吉川弘文館), p.181. '사도'섬은 니가타(新潟)현 앞의 바다에 있는 큰 섬이다.
49) 『법화경』 종지용출품(從地涌出品)에서는 땅 속에서 보살들이 솟아나와서 『법화경』을 지킨다고 설한다.
50) 佐藤弘夫 1993, 『日本中世の國家と佛教』(東京 : 吉川弘文館), p.185.
51) 佐藤弘夫 1993, 『日本中世の國家と佛教』(東京 : 吉川弘文館), p.185.

는 철저히, 자신의 불교를 권력을 활용해서 넓히려는 의지가 투영된 것이다.

이에나가 사부로는 이런 점을 두고서, 종교를 정치보다 우위에 놓았다고 긍정적으로 평가하였으나, 니치렌은 왕법불법상의상즉론의 '왕법에 종속된 불법'이 아니라 '왕법을 지배하는 불법'을 꿈꾸었던 것으로 보인다. 그 위상의 역전(逆轉)은 인정된다고 해도 여전히 '구불교적 요소', 즉 권력에 의지하여 불교를 넓히려는 진호국가적 성격을 띠고 있는 것이다. 더욱이 그의 구제는 구불교의 '공동체 구제'의 성격에 부합하는 것이다. 마츠오 겐지가 생각하는 '개인 구제'의 종교인 둔세승의 불교와는 다른 것이다. 그런 점에서 둔세승의 범주로부터 니치렌은 제외되어야 한다고 나는 생각하는 것이다.

교단차원에서나 개인의 차원에서나 탈권력의 자세를 굳게 지녀야 하는 것은 국가권력 아래에 불교가 놓여 있어도 안 되지만, 불교가 국가권력 위에 자리해서도 안 된다는 것이다. 그 어느 경우이든 불교교단이나 출가자가 정치권력과 관련을 맺으면서 권력화된다는 점에서 다름이 없기 때문이다. 굳이 근대적인 의미에서의 세속주의(=정교분리주의)를 요구하지 않는다 하더라도 말이다.

왜 권력의 문제를 이토록 예민하게 의식해야 하는가 하면, 바로 권력으로부터의 자유, 즉 둔세는 우리에게도 여전히 남겨진 과제이기 때문이다. 니치렌 교단을 제외한 교단은 물론이거니와, 조직을 가진 자들은 엄격하게 말하면 완벽한 둔세라고 할 수 없을 지도 모른다. "권력은 어디에나 있다"고 말하는 푸코(M. Foucault, 1926-1984)나 바르트(R. Barthes, 1915-1980) 등 프랑스 후기구조주의자들의 이야기를 염두에 두고 생각한다면, 종(宗)이나 파(派)라고 하는 집단을 이룬다면 거기에도 권력이 존재할 수밖에 없기 때문이다. 우리는 우리 자신에게서 다시 둔세해야 한다는 숙제를 여전히 갖고 있다는 이야기이다. 과연 호넨, 신란의 정토불교를 포함한 둔세승 교단은 과연 계속적으로 둔세하고 있는가? 계속적으로 둔세하지 못했다면, 어느덧 그들 조사의 둔세정신에 반하겠기 때문이다. 이에나가 사부로는 정토진종의 경우, 가쿠뇨(覺如, 1270-1351)나 렌뇨(蓮如, 1415-1499)에 이르러서는 신란과는 달리 권력에 가까워진 모습을 보이고 있다[52]고 지적하면서 그 출가정신의 상실을 말한다. 그들이 의지하는 논리는 한결같이 왕법불법상의상즉론이었던 것이다.

내가 원효를 '홀로결사'[53]의 전범이라고 생각하지만, 원효만 하더라도 완벽한 둔세일 수는 없다. 오히려 원효의 허물을 지적해 주었던 이름모를 어느 아주머니(『삼국유사』 낙산이대성 관음 정취 조신)[54]와 같은 분이야말로 완벽한 둔세의 모습을 보여주고 있는 것으로 나는 생각한다. 물론, 일본불교에서도 그러한 이름모를 둔세승들의 이야기는 존재한다. 원효가 둔세와 세상 사이의 문턱에 존재하고 있었던 것처럼, 가마쿠라 신불교의 조사들 역시 그랬다. 실제로는 '둔세'라기 보다는 '둔세와 세상 사이의 문턱'에 자리하고 있었을 수 있다. 물론, 원효가 만난 아주머니는 관음의 화현이라는 점을 생각하면 진실로 둔세는 보살이어야 비로소 가능한 일일 수도 있으리라고 생각할 수 있다. 그만큼 오르고 또 올라야 할 절정(絶頂)이라 말해야 할지도 모른다. 둔세나 권력으로부터의 자유는 출가자에게 주어지는 영원한 화두일 것이다.

---

52) 이에나가 사부로 2005, 『일본도덕사상사』(여래, 예문서원), pp.125-126. 참조.
53) '홀로'와 '결사'는 모순된 개념이다. 결사가 갖는 권력에의 지향성을 피하기 위해서는 '홀로결사'라는 말을 생각하고 있다. 이제부터는 각성을 하더라도, 형식적인 조직을 하지 않는 것이 중요하다고 나는 생각한다. 나의 '홀로결사'론에 대해서는 김호성 2016, 『결사, 근현대 한국불교의 몸부림』(서울 : 씨아이알), pp.348-352. 참조.
54) 『삼국유사』, 한불전 6, p.331a. 참조.

Ⅳ. 탈권력, 둔세와 참여의 필수조건

이름조차 알려지지 않을 정도로 '철저한 둔세'를 했든지, '둔세와 세상 사이의 문턱'에 존재하고 있었든지, 은둔을 한 출가자들은 우리 불교에서도 확인된다. 구체적으로 신라시대의 민중불교 안에서 그 존재를 발견할 수 있다. 하지만 우리의 경우 그들의 존재가 주류는 되지 못한다. 비주류의 '소수파'이거나 '이단파'라고 생각되어 왔을 뿐이다. 하지만 일본불교사에서는 그들이 오히려 주류가 되었다. 현재 일본불교에서 가장 거대한 종단들, 신자가 많은 종단들은 다 가마쿠라 시대에 새롭게 등장한 종단들이다.

이 글은 그러한 둔세승들의 문제에 초점을 두고서, 일본불교와 우리불교, 특히 우리 불교의 미래를 생각해 보고자 했다. 이를 위해서 귀중한 실마리가 되어준 것이 마츠오 겐지의 『인물로 보는 일본불교사』였다. 마츠오 겐지는 둔세승을 그 이전 시대 관승불교에 대한 안티테제(antithese, 反)로서 자리매김했다. 즉 일본의 중세불교를 관승과 둔세승의 패러다임으로 보고 있었던 것이다.

먼저 마츠오 겐지의 새로운 패러다임 이전에 존재했던 통설A(='가마쿠라신불교'론)와 통설B(=현밀체제론)를 충분히 이해한 뒤, 그들과 비교하여 마츠오 겐지의 새로운 패러다임을 포함하여 그 모두에 대해서 '권력이냐 탈권력이냐'라는 평가기준을 하나 더 설정하였다. 현밀체제론은 현교의 천태종과 밀교의 진언종이 중심이 되는 중세불교는, 왕법과 불법은 서로 의존하는 것이고 서로 같은 목적을 갖는 것이라는 왕법불법상의상즉론에 입각해서 권력과 밀접한 관련을 맺고 있었다 말한다. 현밀체제론의 주창자 구로다 도시오는 그 점에 대해서 아무런 비판의식

을 보이지 않는다. 마츠오 겐지에게도 그 문제는 둔세승교단 여하를 평
가하는 잣대가 아니었다. 그리하여 니치렌까지도 둔세승이라 하였던 것
이다. '가마쿠라신불교'론을 주장한 이에나가 사부로는 권력의 문제를
의식하였으나, 니치렌이 국가보다 종교(=니치렌의 불교)를 우위에 두고자
했다는 점을 높이 평가하였다. 그러나 나로서는 그 역시도 '권력화'의 모
습일 뿐, 탈권력을 본질로 하는 출가자의 모습, 즉 고타마 붓다의 모습
과는 동떨어진 것임을 논의하였다.

이리하여, 둔세나 은둔, 동진(同塵)의 입장을 가진 출가자들을 높이
평가하였다. 얼핏 생각하면, 둔세나 은둔은 세속과의 거리두기로 생각
할 수 있지만, 그 정신의 본질이 권력과의 거리두기에 있음을 생각하면
반드시 둔세와 세속에의 참여가 양자택일적 모순 관계는 아닐 수도 있
다. 그러한 예는 원효 등 신라 민중불교의 스님들이 보여주었다. 그들에
게는 피은(避隱)이 곧 동진(同塵)이었다. 둔세나 피은을 전근대로 보고,
참여나 동진을 비로소 근대화로 여겨서는 안 된다. 둔세나 피은에 있어
서 핵심은 바로 '몸'의 문제가 아니라 '마음'의 문제이기 때문에, 우리 마
음 속에서 권력욕을 버리는 한 몸은 세속 생활 속에서 대중들을 섬길
수 있을 것이다. 둔세와 참여, 피은과 동진의 아름다운 조화이다.

다행히 마츠오 겐지는 이 점만은 놓치지 않고 있다. 한센병(나병) 환
자의 구제에 온 힘을 쏟았던 에손과 닌쇼(忍性, 1217-1302) 사제(師弟)의
이야기로부터 종교인의 참된 존재양상을 확인하고 불교사 연구에 생을
걸기로 발심했다는 자기고백[55]도 있거니와, 『인물로 보는 일본불교사』의
종장(終章)으로 국제적인 자원봉사활동에 힘을 쏟았던 조동종 스님 아
리마 지츠죠(有馬實成, 1936-2000)를 다루고 있음도 주목해야 한다. 그

55) 마츠오 겐지 2005, 『인물로 보는 일본불교사』(서울 : 동국대출판부), p.195. 참조.

렇다. 둔세하여 (권력욕을 버리고서) 참여하는 것, 둔세하여 (권력욕을 버리고서) 봉사하는 것이야말로 일본과 한국의 불교가 나아가야 할 길이 아닐까.

자기 나라 불교 전통 밖에서 자기 나라 불교 전통과 똑같은 것이 있다는 것을 확인하는 것은 같은 불교로서의 동질성 내지 보편성을 찾는 것이고, 또 자기 나라의 불교전통에 대한 이해를 보다 강화(强化)하는 것이며, 보다 새롭게 창조하는 일이 될 것이다. 한국불교와 일본불교가 서로를 배우고 이해해야 하는 이유이다. 나는 그런 뜻으로 마츠오 겐지의 『인물로 보는 일본불교사』를 우리말로 옮겼던 것이고, 지금까지 일본불교를 말해 오고 있는 것이다. 그 과정에서 출가정신을 구현한 일본의 스님들을 만날 수 있게 된 것은 뜻밖의 행운이었다. 그분들까지 마음속의 스승으로 모시게 된 것은 달리 얻을 수 없는 청복(淸福)이었다.

2장. 효, 출가, 그리고 재가의 딜레마
– 에죠(懷奘)의 『정법안장수문기(正法眼藏隨聞記)』

불교는 출가의 종교라고 할 수 있다. 그만큼 출가라는 사건, 내지 출가자 집단이 차지하는 비중은 막대하다. 인도의 힌두교에서는 먼저 가주기(家住期)의 의무를 다한 뒤에 출가하라는 시간적 배열에 의해서 효와 출가의 대립을 해소한다. 정반왕 역시 그러한 논리로 태자 싯다르타의 출가를 만류하였다. 그러나 싯다르타는 그렇게 시간적 배열에 의한 모순의 해결은 언제 죽음이 닥칠지 모르는 현실에서는 따를 수 없다고 하여 출가를 감행하였다. 그럼으로써 힌두교의 출가와는 다른 불교적 출가를 확립하였고, 마침내 불교라는 종교를 열었다.

이 글은 이러한 긴장과 갈등이 다시금 문제되는 이야기 하나를 한 번 더 논의해 본다. 일본 조동종 개조 도겐(道元, 1200-1253)의 제자 에죠(1198-1280)가 기록으로 남긴 『정법안장수문기』에 나오는 '선사 묘젠(明全)화상이 입송(入宋)코자 했을 때'라는 일화를 실마리로 하여, 병든 노스승이 간병을 요구하는 상황과 입송구법이라는 원력 사이에 놓인 묘젠의 딜레마를 논의하였다. 이 에피소드에서는 출가자에게 다시 문제되는 효를 볼 수 있고, 효의 문제를 중심에 두고 출가자와 재가자의 삶의 양식이 되물어진다. 그런 면에서 이 글은 제1부 1장의 논문과 깊이 관련되어 있다. 함께 읽고 생각해 보면 좋을 것이다.

이 이야기를 통하여 출가정신의 본질은 출세간적 가치의 선택이고, 불교적 가치의 선택이라는 사실을 다시 한 번 더 확인하였다. 다만 노스승의 간병 역시 효라는 맥락에서가 아니라 보살행의 맥락에서 할 수는 있다는 점에서, 보살행의 차원에서 재가의 삶을 영위하는 것이 출가정신과 반드시 모순된다고는 볼 수 없음을 말하였다.

어느 때인지 기억에 없지만, 재가불교를 주제로 총지종(摠持宗)이 주최한 국제학술회의(장소 : 경희대)에서 구두발표하였으며, 이후『불교학연구』제30호(불교학연구회, 2011) 499-535쪽에 수록하였다. 이 책에 다시 수록하면서, 다소 수정과 보완을 거쳤다.

Ⅰ. 불교 안의 유교, 어떻게 할까?

불교의 교단은 사부대중으로 이루어진다. 비구·비구니·우바새·우바이다. 앞의 둘은 출가중(出家衆)이고, 뒤의 둘은 재가중(在家衆)이다. 이렇게 불교교단이 재가의 이중(二衆)을 포함한 사부대중으로 이루어져 있으나, 실제로 대중의 입장에서 볼 때는 출가 이중에 의해서 대표된다고 해도 과언이 아닐 것이다. 그만큼 출가중의 비중이 크다. 그래서 출가중이 사회로부터 높이 존중받는다면 붓다의 가르침 역시 높이 존중받을 것이고, 출가중이 사회로부터 존중받지 못하고 경시된다면 붓다의 가르침 역시 경시[1]되고 말 것이다.

---

1) "스님이 존중받으면 법이 존중받을 것이고, 스님이 존중받지 못하면 법이 존중받지 못할 것이다(僧重則法重, 僧輕則法輕)"라는 옛사람의 말이 있다.

우리 역사에서 출가중이 경시되고 천시되었던 시기가 없지 않았다. 바로 숭유억불을 국시(國是)의 하나로 채택하였던 조선시대였다. 승려는 이른바 천역(賤役)의 하나였다. 온갖 수모와 고통을 당해왔던 것이다. 그러나 그 시대의 경시와 천시의 역사는 그렇게 '부끄러운 역사'는 아니다. 시절인연 탓으로 세속의 정치권력에 의한 탄압, 즉 법난(法難)을 당한 것이었기 때문이다. 오히려 그런 와중에도 굳건히 법을 지켜왔으며, 높은 수준의 사상과 수행을 성취[2]했으며, 함께 천시 받았던 민중들과 호흡을 같이 하기도 했다. 그러나 현대에 들어와서 출가중의 존재가 '존경의 대상'으로 인식되지 못한다면, 그 책임의 대부분은 출가중에게로 돌아갈 것이다. 그만큼 출가중이 차지하는 위상이 크기 때문이다.

구체적 사례나 원인분석은 차치하더라도, 오늘날 우리 사회에서 교세로 볼 때, 불교는 제2, 제3의 종교가 되었을 뿐만 아니라 사회적 영향력에 있어서도 이웃 종교에 비하여 현저히 약세를 면치 못하고 있다. 아쉽지만 인정하지 않을 수 없다. 이를 어디에서부터 풀어나갈 것인가? 옛사람이 말하기를, "땅에서 넘어진 자 땅을 딛고 일어나라"[3]라고 했으

---

2)   조선 후기의 학자 정시한(丁時翰, 1625-1707)은 많은 사찰들을 탐방하였는데 그때의 견문을 『산중일기』속에 잘 기록하였다. 그 안에 등장하는 스님들에 대한 평 중 몇 가지만 들어본다. "이곳에서 금강대암을 돌아보니 (……) 시야의 광활함은 실로 보기 드문 것으로 티끌같은 세상을 멀리하니 신선이 사는 곳과 한가지일 듯 하다. 그러나 승속이 모두 그 기묘함을 모르는데 오직 일흔세 살 된 각담 노장만이 그것을 알고 있다. 스님은 거짓으로 짐짓 미친 척 망령된 행동을 하지만 사람들은 그 안에 도(道)가 있음을 살피지 못한다. 스님은 윤판옥을 지어 혼자 거처하면서 10여 년을 수련하고 있다."(정시한 2005, 『산중일기』(서울 : 혜안), pp.130-131.) "식후에 뜰을 거닐다가 설제 스님 방에 들어갔다. 스님은 문도를 이끌고 불경을 강학하고 계셨는데 그 가운데는 지안(志安)스님도 보인다. 나이는 스물세살이다. 용모와 행동거지가 출중한데다 문장에도 능하니 앞으로 얼마나 발전할지 헤아리기 어렵다." 정시한 2005, 『산중일기』(서울 : 혜안), p.203. 여기서 '설제' 스님은 월담설제(月潭雪霽, 1632-1704)이고, '지안' 스님은 환성지안(喚惺志安, 1664-1729)이다. 두 스님은 조선불교사의 거성(巨星)이었다.
3)   보조지눌 1989, 『보조전서』(서울 : 보조사상연구원), p.7

니, 다시금 출가중이 일반사회 대중으로부터 높은 존경과 깊은 신뢰를 받을 수 있도록 하는 데에서 새출발해야 할 것이다. 이 일은 사실 출가중 스스로의 각성과 책임에 맡겨야 할 일임은 물론이다. 그러나 재가중인 나 스스로 사명감을 느끼고 있다면, 할 수 있는 일을 찾아서 해야 옳을 것이다. 이리하여 출가중을 향하여, 혹은 뜻있는 출가중이 있다면 언젠가는 숙고해 볼 수 있는 '출가정신의 탐구'를 실행하고, 그 결과를 기록으로 남겨놓는 일을 내가 할 수 있는 일로 파악하였다.

이런 뜻에서 그동안 '출가정신의 탐구'를 시도해 왔다. 도대체 '출가정신의 본질'이란 무엇일까, 하는 문제의식에서부터 출발하였다. 그 핵심을 말한다면, 불교교단 안으로나 밖으로나 권력의 추구를 포기(renunciation)하는 일이다. 그 전범은 바로 붓다의 출가이야기에서 확인할 수 있는 것이었다. 태자의 신분이었으므로 출가하지 않고 왕위에 나아갔더라면 권력자로서의 삶을 살았으리라는 점에서, 붓다의 출가에는 탈(脫)권력의 의미가 함축되어 있다. 이러한 출가는 힌두교적 가치관에 기반한 '힌두교적 출가'와는 궤(軌)를 달리하는 것이었다. 즉 '불교의 출가'는 힌두교의 출가와는 다르다[4]는 데에서 우선 그 정체성을 확인할 수 있다.

그런데 힌두교의 출가와 불교의 출가를 상반되는 것으로 보는 한, 필연적으로 만나게 되는 문제가 바로 불교의 출가는 유교적 가치와 모순된다는 점이다. 그 이유는 힌두교와 유교가 현실주의, 세속주의 윤리를 공유하고 있기 때문이고, 불교의 출가는 그러한 입장을 반대하면서 넘어서 있기 때문이다.[5] 그럼에도 불구하고, 우리의 출가교단은 아직도

4)   김호성 2009, 『힌두교와 불교』(서울 : 여래), pp.9-31. 참조.
5)   김호성 2010, 「불교화된 효담론의 해체」, 『불연록(佛緣錄)』(성남 : 여래장), pp.529-548. 참조.

'(힌두교적 -)유교적 가치'에 깊이 젖어있는 것으로 보인다. 조선시대에
는 억불(抑佛)에 맞서서 호불(護佛)의 논리를 펼치다 보니, "우리에게도
효가 있다"는 식으로 방어적 담론을 펼칠 수밖에 없었던 것 같다. 그
결과 유교적 가치관이 출가에 잘 드러나 있었던 불교적 가치관을 훼손
시켜 버린 것이다. 그러므로 다시 불교의 출가정신을 회복하기 위해서
는 불교교단 안에 내재화된 - 불교화된 - 유교적 가치관, 특히 효 담
론의 초극(超克)을 도모해야 한다.

이렇게 유교적 가치관의 초극을 하나의 과제로 생각하고 있던 나에
게 코운에죠(孤雲懷奘, 1198-1280)가 스승 도겐(道元, 1200-1253)의 말
씀을 기록한 『정법안장수문기(正法眼藏隨聞記)』에 등장하는 한 이야기
는 출가의 정신을 재고찰토록 자극하였다. 「스승 묘젠(明全) 화상이 입
송(入宋)코자 했을 때」[6]이다. 이 글에서는 묘젠(明全, 1183-1225)의 입
송이야기에 드러나 있는, 효와 출가정신의 대립, 즉 유교적 가치관과 불
교적 가치관의 대립을 분석해 보고자 한다. 그럼으로써 우리는 출가정
신의 본질은 유교적 가치관의 초극에서 찾을 수 있음을 재확인하게 될
것이다. 그런데 출가정신을 이렇게 분명히 정립코자 했을 때, 하나의 중
요한 문제가 제기된다. 출가의 논리가 효와 같은 세속적 가치를 넘어선
다는 점에서는 긍정적이지만, 그것이 곧 보살행의 거부로도 이어질 수
있는가 하는 점이다. 재가, 즉 세간에서의 보살행의 문제와 출가정신이
대립될 수밖에 없는 것일까, 아니면 조화가 가능할 것인가?

---

6)   水野彌穗子 2006, 『正法眼藏隨聞記』(東京 : 筑摩書房), pp.364-374. 참조.

II. 효와 출가의 대립

묘젠은 도겐의 스승이다. 도겐이 천태종의 총본산인 히에이잔(比叡山)을 내려와서, 에이사이(榮西, 1141–1215)[7]가 창건한 겐닌지(建仁寺)에 들어갔을 때, 거기서 만난 스승이다. 도겐이 겐닌지로 가게 된 것이 1214년 14세 때의 일인데, 에이사이 입적 한 해 전의 일이다. 그러니까 1년 정도는 에이사이로부터 직접 지도를 받았을 가능성이 있지만, 이내 에이사이는 입적하고 말았던 것이다. 이런 연유로 하여 도겐은 에이사이의 제자인 묘젠을 스승으로 모셨던 것이다. 그리고 묘젠과 함께 송나라로 유학을 간다. 이때가 1223년, 도겐의 나이 24세 때의 일이다. 그런데 묘젠은, 아쉽게도, 송나라의 천동산(天童山)에서 입적[8]하고 만다.

『정법안장수문기』를 읽어보면, 도겐이 긍정적으로 평가하는 일본의 승려는 단 둘 뿐임을 알게 된다. 에이사이와 묘젠, 이 두 분만이 그 당시 대부분의 관승(官僧)[9]들과는 달리 명리(名利)를 떠나서 정법을 구하려는 마음을 갖고 있었기 때문이었다. 그런 이유로 도겐은 이 두 분 스님에 대해서 깊은 존경심을 갖고 있었던 것이다.

이제 우리가 살펴볼 「스승 묘젠(明全) 화상이 입송(入宋)코자 했을 때」

---

7) '요우사이'로도 말한다. 일본 임제종의 조사이다.
8) 도겐은 귀국 후 이 입적의 전말을 『사리상전기(舍利相傳記)』로서 정리한다. 佐藤秀孝 2003, 「中國の禪宗と道元の傳法」, 『道元』(東京 : 吉川弘文館), p.101.
9) 관승은 국가공무원과 같은 승려를 말한다. 진호국가(鎭護國家)를 위한 기도가 그들의 임무였다. 마츠오 겐지는 일본불교사를 '관승 vs 둔세승(遁世僧)'의 패러다임으로 보고 있다. 김호성 2005, 「일본불교사를 이해하는 새로운 패러다임」, 『인물로 보는 일본불교사』(서울 : 동국대학교출판부), pp.203-209. 참조. 「일본불교사를 이해하는 새로운 패러다임」을 대폭적으로 수정 보완한 것이 이 책의 제3부 1장에 실린 논문이다.

라는 이야기는 그 두 분 중 묘젠과 관련한 이야기다. 그 당시 도겐이 한 사람의 참여자로서 직접 보고 들은 이야기를 에죠에게 전한 것이다.

일본불교사에서 대개 새로운 불교를 일으킨 분들은, 처음에 히에이 잔(比叡山)에 출가를 하였으나 나중에 그 산을 내려간다. 그리고는 새로운 불교를 개척해 간다. 에이사이, 묘젠, 그리고 도겐이 다 그랬다. 묘젠 역시 천태종의 총본산 히에이잔으로 출가했는데, 그 때의 은사가 묘유(明融)였다. 「스승 묘젠(明全) 화상이 입송(入宋)코자 했을 때」라는 이야기는 묘유와 묘젠의 사제(師弟) 사이에서 발단된다. 상황은 묘젠이 도겐과 함께 송나라로 새로운 불법을 구하러 떠나려는 상황인데, 히에이잔에 계신 은사 묘유가 병환에 걸리고 만 것이다. 아프면 외로운 것이 사람 아니겠는가. 아니, 사람은 본래 외롭지만 아프면 더 외로운 것이리라. 그래서 은사 묘유는 묘젠을 붙잡는다.

> 나는 벌써 노환으로 숨을 쉴 날도 얼마 남지 않았다. 그대 혼자만은 어떻게든 노환을 간호해서 저승길로 보내주기 바란다. 이번의 입송은 잠시 중지하고, 내가 죽고 나거든 입송의 희망을 성취하길 바란다.[10]

묘젠은 어떻게 해야 할까? 이 문제는 다만 묘젠만의 문제라든가, 사라진 문제라고 할 수만은 없을 것이다. 앞으로 우리 삶에서 얼마든지 만날 수 있는 문제이기 때문이다. 이러한 양자택일의 상황은 윤리적인 고려를 해야 할 상황이다. 그래서 윤리학 수업시간에 학생들에게 토론용으로 제출될 수 있는 윤리적 딜레마(ethical dilemma)이다. 과연 묘젠은 어떤 결단을 내렸을까? 그는 과연 스승의 부탁(혹은 은혜)을 저버리고 입송을 결행할 것인가? 아니면 자신의 꿈을 미루고 – 어쩌면 다시

---

10) 水野彌穂子 2006, 『正法眼藏隨聞記』(東京 : 筑摩書房), p.370.

올 수 없을지도 모르는 기회인지라 '포기'가 될 수도 있는데 – 스승을 간호할 것인가?

여기서 우선 주목할 것은 묘젠이 이 딜레마를 다루는 방식이다. 매우 민주적이라 할 수도 있고, 매우 교육적이라 할 수도 있다. 제자와 사형 사제들을 다 모아놓고 그들에게 문제를 제기했던 것이다. 어쩌면 그의 태도가 민주적이어서도 그렇겠지만, 이 윤리적 딜레마를 하나의 화두로서 제자나 사형사제들에게 던져보고 싶어서였는지도 모른다. 이러한 해석이 보다 타당할 것이다. 이미 그 자신은 해답을 갖고 있었기 때문이다. 그는 다음과 같이 말하면서, 문제를 제시하였다.

나는 어렸을 때 부모님의 집을 떠나온 이래 이 스승 밑에서 자랐으며, 그 덕분에 지금 성장하였다. 세간적으로 말하더라도 키워준 은혜는 특히 무겁다. 또한 출가자의 입장에서 말하더라도 생멸의 세간을 벗어나는 부처의 가르침이나 대승 소승, 진실한 가르침과 방편의 가르침 등의 말씀을 익히고 인과(因果)의 이치를 깨달아서, 옳고 그름을 분별할 줄 알게 되었고 동년배보다 뛰어나 명예를 얻은 일도, 또 이렇게 송나라로 건너가서 법을 구하고자 하는 뜻을 일으키게 이른 것도, 하나하나 이 스승의 은혜 아닌 것이 없다. 그런데 이 스승은 금년에 이르러 완전히 노쇠해서 누워계신다. 더 살 수 있으리라 생각 되지 않는다. 이번에 헤어지면 두 번 다시 뵈올 수 없다. 그러므로 스승님도 무리해서 나를 붙잡으려 하신 것이다. 스승의 간청을 뿌리치는 것도 불가능하다. 그러나 또 이제 이렇게 목숨을 돌아보지 않고 송나라로 건너가서 법을 구하는 것도, 보살의 큰 자비로부터 이루어진 것이고 중생을 위해서 그렇게 하고 싶은 것이다. 스승의 가르침을 저버리고 송나라로 가버리는 것은 어떨까? 각기 생각하는 바를 말해다오.[11]

---

11) 水野彌穗子 2006, 『正法眼藏隨聞記』(東京 : 筑摩書房), pp.370-371.

세간적으로 보더라도 부모와 같은 분인데, 하물며 불법의 깊은 이치를 깨우치게 해주신 은혜까지 중첩되어 있다는 것이다. 그러나 모처럼 큰 뜻을 세워서, 목숨을 걸고 송나라로 구법여행을 떠나려는 마음을 일으키지 않았던가. 한번 일으킨 마음을 방하착(放下着)하는 것 역시 쉬운 일은 아니다. 고인(古人)이 "있는 법도 없앨지언정 없는 법을 일으키지 말라" 한 것도 그 '내려놓기'가 더욱 어렵기 때문일 것이다. 묘젠은 과연 어느 길을 선택해야 할까? 고뇌가 일지 않을 수 없다. 스승의 은혜를 갚기 위하여 간병을 하는 것이 옳은가, 아니면 불법의 오의(奧義)를 깨치기 위하여 스승의 간청을 뿌리치고 입송을 행하는 것이 옳은가?

이러한 묘젠의 딜레마에 대해서 당시 모인 대부분의 대중들은 그들의 입장을 다음과 같이 말한다.

> 올해의 입송은 중지해 주십시오. 스승의 병 역시 이제 와서는 앞이 보입니다. 금년만 이 나라에 머무시고, 내년에 입송하는 것이 가장 좋습니다. 스승의 간청도 뿌리치지 않고, 무거운 은혜도 저버리지 않는 일입니다. 그런 뒤에 1년이나 반년 정도 입송이 늦어 지더라도, 어떤 지장도 없을 것입니다. 스승 제자의 정의(情誼)에도 거슬리지 않고, 입송의 희망도 이룰 수 있을 것입니다.[12]

이 관점은 스승의 은혜를 가벼이 할 수 없다. 스승은 곧 돌아가시려 한다. 그러니 먼저 간병을 해야 한다. 입송하여 구법을 하는 것은 1년이나 반년 쯤 연기해도 아무런 문제가 없다는 것이다. 윤리적 딜레마를 일으키는 선택지 두 가지를 시간적 선후관계[13]로 배열함으로써, 둘 다

---

12) 水野彌穗子 2006, 『正法眼藏隨聞記』(東京 : 筑摩書房), p.371.
13) 이 '시간적 선후관계의 배열'은 인간의 네 가지 목표/욕망(puruṣārtha)을 다 충족하기 위하여 세간과 출세간의 생애주기(āśramadharma)를 4단계로 설정했던 인도의

원만히 해결해 보려는 입장을 취한 것이다. 얼핏 보면 매우 합리적인 해결책인 것처럼 보인다.

그런데 여기 손들고 나서는 한 사람의 예외자가 있었다. 바로 이 이야기를 우리에게 전해준 도겐이다. 그는 다른 사람들과 달리 생각한다. 그 논리는 길지도 않다.

> 불법의 깨달음이 이제 이것으로 좋다고 생각하신다면, 그만 두는 것이 좋겠지요.[14]

어떻게 들으면 좀 퉁명스럽고 좀 시니컬하기까지 하다. 하지만 그는 혹시라도 스승 묘젠이 인정사정에 기울어질까봐 염려하고 있었는지도 모른다. 그래서 한발 앞서서 내지른 것일 수도 있겠다. "스님의 공부가 이미 다 이루어졌다고 생각한다면, 그렇게 하셔도 좋겠지요. 하지만 그렇지 못하다고 한다면, 시간이 마냥 있는 듯이 할 수는 없겠지요?" 라는 듯이 말하는 것이었다.

이제 묘젠이 나서서 그 스스로의 선택을 들려줄 차례이다. 묘젠은 과연 어떻게 선택했을까? 누구의 손을 들어 주었을까? 대중들의 다수의견일까, 아니면 오직 한 사람 도겐의 소수의견일까? 다수결의 민주주의라면 대중들의 손을 들어주었을 것이다. 하지만, 묘젠은 다음과 같이 말한다.

> 각자의 의견을 들으니 모두가 가지 않는 쪽을 원하는 것으로 생각된다. 그러나 나의 생각은 다르다. 이번에 가는 것을 중지한다 해도 어차

힌두교에서 말하는 다르마(dharma, 法)에서도 볼 수 있다. 이 시스템은 뒤에서도 다시 언급된다.
14) 水野彌穗子 2006, 『正法眼藏隨聞記』(東京 : 筑摩書房), p.371.

피 돌아가시는 것이 결정되어 있는 분이라면 그에 의해서 생명이 연장될 리는 없다. 또 내가 머물러서 간병해서 돌보아 드린다고 해서 고통이 없어질 리도 없다. 또 임종에 내가 보살펴 드려서 저승길에 지장이 없도록 권해드린다 해서, 그것만으로 반드시 생사윤회의 괴로움을 떠날 수 있는 것도 아니다. 다만 스승으로서는 일단 자기가 말하는 것을 들어주었다고 해서 기뻐하실 것이다. 이런 이유로 지금 입송을 단념하는 것은 어리석음을 떠나는 길을 얻는 데에는 도무지 소용없는 일이다.[15]

어떻게 들으면 인정머리 짝이 없는 이야기로 들린다. 간병을 한다고 해서 스승이 다시 살아나지는 않겠지만, 그래도 마지막 가는 길을 좀 외롭지 않게 해드리는 것이 도리 아닌가? 제자로서, 사람으로서 …. 그런데, 이 인정머리 없는 태도가 바로 묘젠이나 도겐 — 더 나아가서 도겐이 송나라에서 만나게 되는 스승 천동여정(天童如淨, 1163-1228)까지를 포함한 — 의 불교를 낳은 어머니가 아닐까 싶다.

"내가 여기 있다고 하더라도 실제로 도움이 되지 않는다"는 현실적 판단에서 한 걸음 더 나아가서, 묘젠은 다음과 같은 놀라운/무서운 이야기를 덧보탠다. 만약 스승의 원에 따라서 안 가게 되면, 그것은 스승에게 업을 짓게 하리라는 점이다.

오히려 스승은 자칫 제자의 구법의지를 방해하여 죄업의 인연을 짓게 될 수도 있을 것이다. 반대로 내가 입송구법의 뜻을 이루어 깨달음을 얻는다면 스승 한 사람의 번뇌에 의한 어리석은 정에는 저촉되었어도 많은 사람이 도를 얻는 인연이 될 것이다. 만약 이 공덕이 뛰어나다면, 이에 의해서도 또 스승에게 보은하는 것이 가능할 것이다. 설사

---

15) 水野彌穗子 2006, 『正法眼藏隨聞記』(東京 : 筑摩書房), p.372.

또한 바다를 건너다가 죽어서 입송구법의 희망을 이루지 못한다 하더라도, 현장(玄奘) 삼장의 저 웅대한 여행의 자취도 생각해 보는 것이 좋으리라. 한 사람을 위해서 얻기 어려운 때를 헛되이 보내는 것은 부처님의 마음에도 맞을 리가 없다. 그러므로 이번의 입송은 확실히 결심할 수 있었다.[16]

『삼국지』에서 오나라의 손권(孫權)이 칼로 탁자를 내리치면서 조조와의 결전을 결단하던 그때의 기백이 생각나는 장면이다. 묘젠은 인정과 불법을 예리하게 대립시키고, 긴장을 한껏 조성한 뒤에, 과감하게 인정을 일도양단(一刀兩斷)한 뒤, 불법을 선택한 것이다. 이렇게 윤리적 딜레마는 해결을 보게 된다.

Ⅲ. 출가정신의 본질

묘젠은—그 이면에서 도겐 역시— 스승에의 간병이냐, 입송이냐라는 윤리적 딜레마를 인정이냐 불법이냐라는 윤리적 딜레마로 치환한 뒤, 과감히 인정을 뒤로 하고 불법을 택하는 용기를 보여주었다. 이러한 윤리적 결단은 실존적 결단이라 할 수도 있을 것이다. 이제 나는 이 윤리적 딜레마를 둘러싼 묘젠의 윤리적/실존적 선택을 보면서, 그 속에 깃들어 있는 의미/에토스(ethos)를 좀더 드러내 보고자 한다.

---

16) 水野彌穗子 2006, 『正法眼藏隨聞記』(東京 : 筑摩書房), pp.372-373.

1. 출세간적 가치의 선택

묘젠의 입송이야기는 출가이야기의 변주라 할 수 있을 것이다. 부모님에 대한 효와 구도의지 사이의 딜레마가 싯다르타 태자의 출가는 물론 모든 출가의 막후에 놓여있는 것이리라. 비록 출가한 스승에 대한 효이긴 하지만, 효와 구도의지 사이의 대립은 묘젠의 입송이야기에도 놓여있었음을 알 수 있다. 그렇다면, 주제가 되는 이야기는 어디에서 발견할 수 있을까? 바로 싯다르타 태자의 출가이다. 싯다르타 태자가 출가했을 당시 상황은 지금 이 묘젠의 경우와 매우 유사한 바 있기 때문이다. 이야기의 플롯도 같고, 거기에서 오고가는 논리도 같다.

그러한 점을 우리는 불타의 생애를 다룬 『붓다차리타(Buddhacarita, 佛所行讚)』에서 확인해 볼 수 있다. 물론 이 작품은 하나의 '시로 읊은 붓다전(讚佛詩)'이다. 후대에 아쉬바고샤(Aśvaghoṣa, 馬鳴)라는 시인에 의해서 재구성된 것이므로 역사적 붓다의 입장이라기보다 마명이라는 한 해석자가 이해한 이야기로 볼 수 있다. 그렇긴 하지만, 작자 아쉬바고샤는 출가정신의 핵심을 잘 포착한 것으로 나는 평가하고 싶다. 그렇기에 『붓다차리타』라는 작품이 더욱 위대한 것이리라.

다 아는 이야기지만, 싯다르타 태자의 출가에 대해서 다시 한 번 생각해 보도록 하자. 늙으신 부왕(父王)의 뒤를 이어서 왕위를 계승해야 할 왕자 신분인 싯다르타 태자는 진리를 구하여 집을 떠나려 한다. 이때 "그래서는 안 된다"면서 반대하는 분이 아버지 정반왕이다. 이 당시의 상황은 『붓다차리타』 9~11장에서 자세히 묘사된다.[17] 범본으로부터

---

17) 김호성 2009, 「두 유형의 출가와 그 정치적 함의」, 『인도철학』 제26호(서울 : 인도철학회), pp.23-31. 참조.

해당 부분을 옮겨보면 다음과 같다.

> 그렇지만 그대가 때 아닌 때에 숲에 거주함으로 인하여
> 나는 실제의 불에 의해서 (태워진 것처럼) 슬픔의 불에 태워졌다.[18]

> 그대는 그 지상의 권력을 충분히 즐거라
> 법전에서 정해진 때가 되면 그대는 숲으로 물러나게 되리라.[19]

아버지 정반왕의 이야기도 묘젠을 말리는 대중들의 논리와 같다. 아직 때가 아니라는 논리(非時論)이다. 먼저 집에 있으면서 효를 다한 뒤에, 아버지가 돌아가신 뒤 출가해도 늦지 않다는 것이다. 효와 출가, 인정과 불법이라는 윤리적 딜레마 앞에 놓인 싯다르타 태자에게 제시되는 해결책은 그 두 가지 가치를 시간적으로 배열하라는 것이다. 먼저 효를 다하고 난 뒤에 출가하여 불법을 구하라는 것이다. 이러한 시간적 배열에 의한 해결책은 앞서 언급한 것처럼, 기실 그것 자체가 바로 힌두교 문화의 산물임을 간과해서는 아니 된다.

인도의 문화나 철학을 이야기하는 모든 입문서에 공통적으로 나오는 이야기는 바로 이렇게 세속적 가치/인정과 출세간적 가치/해탈을 둘 다 추구해야 한다는 것이다. 양자택일은 아니 된다. 그렇다고 해서 그 상반되는 가치를 동시적으로 추구할 수는 없다. 그렇게 해서 나온 해결책이 시간적 배열이다. 먼저 세속에서의 의무(dharma)를 다 하고 난 뒤에 출가해도 늦지 않다는 것이다. 정반왕 역시 이러한 힌두교적 다르마

---

18) 『붓다차리타』 9 : 14. E.H.Johnston 1984, *Buddhacarita or Acts of the Buddha*(Delhi : Motilal Banarsidass), p.96.
19) 『붓다차리타』 9 : 17. E.H.Johnston 1984, *Buddhacarita or Acts of the Buddha*(Delhi : Motilal Banarsidass), p.96.

에 입각하여 아들 싯다르타의 출가를 반대하고 나선 것이다. 그러니까 그렇게 시간적으로 배열된 과정을 충실히 거친 뒤에 행하는 출가는 '불교적 출가'일 수 없음은 물론이다. 그것은 힌두교의 다르마를 규정한 법전(Dharmaśāstra)을 충실히 준수하는 '힌두교적 출가'일 뿐이다. 이렇게 볼 때, 묘젠에게 입송을 연기하고서 먼저 스승을 간병한 뒤에 불법을 구하러 입송해도 늦지 않을 것이라 말한 대중들의 논리/윤리는 바로 '힌두교적 출가'의 논리/윤리에 다름 아님을 알 수 있게 된다. 불교적 사고에 기반한 논리는 아니다. 그만큼 다수 대중들은 불교적 사고에 철두철미하지 못했음을 보여준 것이라 할 수 있다.

그렇다면 이러한 '힌두교적 출가'의 논리에 대해서 싯다르타 태자는 어떠한 태도를 취했던 것일까?

> 죽음의 때는 언제나 세계를 지배하며, 영혼의 해방을 가져오는 지복을 얻는 데에 적절한 시간이 (따로이) 존재하는 것은 아닙니다.[20]

그렇다. "때가 아니라"는 비시론에 맞서는 대응논리는 "시간이 없다"는 무시론(無時論)이었다. 시간적으로 배열한 힌두교의 다르마가 전제하고 있는 것은 "사람은 노년에 이르러서 죽는다"는 점이 아닌가. 그러나 과연 그럴까? 죽음에는 노소가 없고, 선후가 없는 것이다. 다음 순간에 무슨 일이 일어날지 모르는 것이, 내일 아침까지 내가 살아있을지 모르는 것이 삶의 실상(實相)이리라. 싯다르타가 내보인 "적절한 시간이 (따로이) 존재하는 것이 아니라"는 입장은 바로 무상(無常, anicca, anitya)의 교리 속에 잘 갈무리 되어 있다.

---

20) 『붓다차리타』 9 : 38. E.H.Johnston 1984, *Buddhacarita or Acts of the Buddha*(Delhi : Motial Banarsidass), p.99.

우리는 무상을 잘 말하지 않지만, 실로 무상이야말로 불교의 알파와 오메가가 아니겠는가. 이 무상의 소식을 늘 말하는 것을 나는 '중세의 마음'이라 부르는데, 우리가 중세로 돌아가서 중세를 읽어야 할 이유이 다.[21] 이렇게 시간이 없다(無時), 무상(無常)하다는 인식 속에서 행해지 는 출세간적 가치의 선택이 출가라는 점을 확인해 두기로 하자.

2. 불교적 가치의 선택

묘젠의 입송이야기에 나타난 딜레마는 유교적 가치와 불교적 가치의 대립에서 연유한다. 겐닌지의 대중들은 입송을 만류하는 논리로서 스승 의 병을 간병하는 것이 '스승의 말씀에 거역하는 것이 아니기' 때문이라 거나, 스승의 '은혜에 보답하는 길', 혹은 '사제지간의 정에 어긋나지 않는 다'는 관점을 내세운다. 이러한 이유는 '효(孝)'라는 한마디 말로써 포섭 될 수 있으리라 본다. 그러니까 겐닌지 대중들의 입장은 먼저 스승에 대 한 효도(師孝)를 다 하고 난 뒤에 입송해서 불법을 구하라는 것이었다.

이렇게 해석하는 나의 관점이 타당하다면, 이 윤리적 딜레마는 유교 적 효와 불교적 출가[22] 사이의 대립이라 볼 수 있을 것이다. 효를 지배 이데올로기로 삼았던 유교적 관점[23]에서 보았을 때, 불교는 부모에 대

---

21) 우리 불교 전통 보다도 더 무상을 절절히 말하는 것이 일본이 아닌가 싶다. 『도연 초(徒然草)』, 『방장기(方丈記)』 등 일본의 고대와 중세 불교문학 작품들은 한결같 이 무상을 노래하고 있기 때문이다. 그것은 아마도 일본 열도가 지진, 화재, 태풍 등 자연재해를 우리보다 더 많이 겪음으로써 '있음'이라는 것이 얼마나 순간적이고 얼마나 허망한 것인지를 더 절절히 절감했기 때문일 수도 있다. 내가 일본의 불교 문학을 좋아하는 이유의 하나이다.

22) 구법(求法)이 '효'를 넘어선다는 점에서 곧 출가와 동의어로 봐도 좋을 것이다. 묘 젠의 구법을 위한 입송은 출가한 이후 다시 한 번 더 감행하는 또 한 번의 출가라 보아도 좋을 것이기 때문이다.

23) 김호성 2010, 「불교화된 효담론의 해체」, 『불연록(佛緣錄)』(성남 : 여래장), pp.532-

한 효를 다하지 않은 사람들의 집단이 아닐 수 없었다. 이른바 '임금도 없고 아비도 없는 종교'(無君無父)였던 셈이다. 그러한 배불론(排佛論)으로부터 탄압을 당한 것이 동아시아 불교의 역사이다. 중국 한국 일본 모두 정도의 차이는 있어도 마찬가지였다. 그 중에서도 특히 더한 것이 우리의 조선시대였음은 두말할 나위 없을 것이다.

이에 대한 불교 측의 대응논리로서 "불교에도 효가 있다"는 주장이 제기되었던 것이다. 그러나 그러한 반론 — 불교측의 호불론(護佛論) — 은 어디까지나 유교적 패러다임을 인정하고, 그 한계/범위 안에서의 대응이기에 언제나 수세(守勢)에 몰릴 수밖에 없지 않았던가 싶다. 유교적 가치관이라는 기준 자체를 무효화시키거나 그 부당성의 지적으로까지 나아갈 수는 없었다. 조선시대도 아니고, 유교가 국교인 것도 아닌 이제 불교도들은 당당히 '효 콤플렉스'로부터 과감히 벗어나서, 불교의 출가가 갖는 가치를 내보일 수 있어야 할 것이다. 그래서 다음과 같이 주장한 바 있었다.

> 불교는 출가주의라는 점을 명확히 하고, 그것이 갖는 의미를 재해석함으로써 동아시아 불교사에서 오랫동안 보여온 유교적 지배이데올로기의 효가 권력으로서 기능하는 담론의 질서를 내면화하고, 방어적 호교론으로서 불교를 지키려는 입장에서 벗어나야 한다. 그럴 때 불교는 가부장제(가족중심주의가 그 내포의 하나로서 존재하는) 이데올로기를 벗어나서, 인간의 해방에 기여하는 가르침이 될 것이다. 그리고 지금은 바로 그러한 불교의 사회적 역할이 요구되고 있으며, 그 가능성은 바로 붓다의 출가에서 상징적으로 나타나 있는 아름다운 전통을 불교가 갖고 있다는 점이다.[24]

---

535. 참조.
24) 김호성 2010, 「불교화된 효담론의 해체」, 『불연록(佛緣錄)』(성남 : 여래장), p.548

이제 우리가 유교적인 '효 컴플렉스'를 벗어나야 한다는 관점에서 볼 때, "스승에 대한 효를 다하자"는 식의 사고, 더 나아가서 구법이라는 가치보다 그것을 더욱 우선시하는 사고는 불교적이지 않다[25]는 것이다. 그러한 '효 컴플렉스'는 우리도 모르게 우리 안에 유교적 가치를 받아들여서 내면화했기 때문에 생긴 일이다. 바꾸어 말하면, 원래 출가정신으로 무장된 채 존재해야 할 승가의 사제관계에 유교적 부자관계에서 확인되는 효 관념이 스며들어 있다는 것이다. 불교적 사제관계가 유교적 부자관계로 치환되어 있는 것이다. 만약 그렇다고 한다면, 왜 세속의 부모님께 효를 다하지 않고 출가했는가 하는 물음 앞에서 대답이 궁색해지고 말 것이다.

유교의 효 관념이 자리하는 공간적 배경은 바로 '집(家)'이다. 그런데, 우리 불교는 바로 그 '집의 떠남', 즉 출가로부터 시작한다. 인도문화사에서 볼 때, 불교의 탄생은 붓다의 탄생이나 성도, 혹은 열반에 의해서 비롯되는 것이 아니라 바로 출가라는 사건으로부터 시작되는 것으로 나는 본다. 이렇게 말하는 이유는 붓다의 출가가 힌두교적 출가와 달라지는 문화사적 사건으로부터 힌두교와 다른 종교로서의 불교가 태어날 수 있었기 때문이다.

다시 말하면 인도문화사적 맥락에서 볼 때, 출가는 '집(house)의 떠남'이라거나 '가정(home)의 떠남'이라는 단순한 사건이 아니라 가정생활(家住期)의 의무를 다하고서 노년에 이르러 출가해야 한다는 힌두교적 다르마(dharma)의 포기에 다름 아니었다. 요컨대 '가주기의 의무를 행

---

25) 이러한 나의 관점을 "스승의 은혜를 외면하고, 스승을 모시지 말라"는 뜻으로 받아들이는 사람이 있다면, 그는 "선을 행하지 말라"는 이야기를 "그럼 악을 행하리이까?"라는 식으로 받아들이는 것과 다름이 없다. 선이나 효가 좋다(나쁘지 않다)할 수 있으나, 그것은 그보다 더 높은 가치를 위해서, 더 높은 가치로 고양되어 가야 한다는 뜻이다. 그것이 불교가 인천교(人天敎)일 수 없는 이유이다.

하지 않는 것'이 불교에서 말하는 출가의 의미이다. 그런 출가를 말하는 불교는 '선(先) 가주기의 의무, 후(後) 출가'를 말하는 힌두교의 다르마(Hindu Dharma)에 의해서 형성된 사회체제를 정면에서 반하는 반체제였던 것이다. 안티힌두(Anti-Hindu)였다.

이러한 불교의 출가가 갖는 본질적 함의를 우리가 정확히 이해한다면, 불교에는 '집'이 없음을 알게 되리라. 우리가 흔히 '절집'이라는 말을 쓰고 있지만, '절'은 결코 '절집'이 되어서는 안 된다. 절은 집이 아니다. 그런 까닭에 더 이상 스승과 상좌의 사제지간의 정이 세속의 부자, 혹은 모녀 사이의 정과 같은 수 없다는 것이다. 그래서는 안 된다. 그런 까닭에 유교적 가(家), 즉 '문중'이라는 관념 역시 얼마나 유교적이며, 얼마나 비불교적[26]인지 알 수 있게 된다. 오늘 우리의 불교는 그 문중을 중심으로 이루어지고 있다[27]는 데서 권력다툼과 분규의 가능성이 상존할 뿐만 아니라, 출가정신의 망각으로 이어진다. 마침내는 사회적 존중의 상실과 불교의 쇠퇴로 귀결되고 있는 것으로 나는 본다.

이런 맥락에서 볼 때 묘젠의 실존적 선택이 유교적 가치관을 넘어서

---

26) 이는 유교 문화의 세력이 지배적이었던 중국에 와서 인도불교 승가의 모습이 겪은 변화의 한 양상으로 생각된다. 현재 대만불교에서 볼 수 있는 자손총림(子孫叢林)의 모습이 그 하나의 예가 될 수 있을 것이다. 대만의 불광산사(佛光山寺), 중대선사(中臺禪寺), 그리고 법고산사(法鼓山寺) 등의 거대산문은 그 자체가 하나의 종파로 볼 수도 있으나, '한 스승—여러 제자'의 관계로 이루어진 자손총림이라 한다. 이는 바로 유교의 가부장제적 가족체계 그대로이다. 이를 지적하고 있는 것으로 Marcus Bingenheimer 2003, "Chinese Buddhism Unbound – Rebuilding Buddhism on Taiwan", *Buddhism in Global Perspective*(Mumbai : Somiya Publication), pp.122-146. 참조.

27) 문중에는 긍정적인 기능이나 의미가 있다는 주장도 있을 수는 있다. 설령 그렇다고 하더라도, 순기능은 잘 드러나지 않고 역기능이 더욱 더 크게 기능하고 있는 것이 아닌가 하는 성찰이 필요하며, 그 대안을 모색해야 할 것으로 나는 본다. 그 역기능은 현재 우리의 불교교단 안에 들어온 '선거'와 결합되어 증폭되는 것으로 보인다. '분규'의 씨앗이 될 가능성도 없지 않을 것이다.

고, 유교적 가치에 터한 집단적 관계 속으로 그 자신을 방임하지 않으려는 행위였음을 이해할 수 있게 된다. 이렇게 묘젠과 도겐의 불교는 바로 이러한 유교적 가치관, 유교적 효라는 관념을 받아들이기를 거부하였던 것으로 평가해서 좋으리라. 그들은 이미 송나라에 들어가기 전에, 적어도 이런 점에서 중국을 넘어서 인도불교에 맥을 잇고 있었으며 불교로서의 보편성을 확보할 수 있었던 것이다. 도겐이 말하는, '정전(正傳)의 불법'이라는 말이 단순히 법통이나 계보를 가리키는 술어가 아니라 참된 출가정신의 확보라는 의미에서 이해되어야 하는 것도 그런 뜻에서이다.

Ⅳ. 효에서 보살행으로

1. 스승과 제자의 관점 차이

묘젠이 제출한 윤리적 딜레마는 세간적 가치가 아닌 출세간적 가치의 선택으로, 또한 유교적 가치의 선택이 아닌 불교적 가치의 선택으로 해결되었다. 출가정신의 본질이 무엇인지 분명하게 확인할 수 있었다. 이 장면은 애초에 효보다는 입송구법을 주장했던 도겐에게도 깊은 인상을 남긴다. 그는 이렇게 회상한다.

내가 선사(先師) 묘젠화상에 대하여, 진실로 도심(道心) 있는 분이라고 본 것은 이러한 마음가짐 때문이다. 그러므로 오늘날 불도를 배우는 자도 혹은 부모를 위해서라거나 스승을 위해서(라는 명분으로) 무익한

일을 하며 쓸데없이 시간을 허비하면서 뛰어난 불도를 내버려 두고서 세월을 보내서는 안 된다.[28]

참으로 불도에 철저한 말씀이라 생각하지 않을 수 없다. 한편, 『정법안장수문기』를 읽을 때 특히 재미있는 것은 도겐의 말씀에 대해서 반문 내지 반론을 제기해 주는 기록자 에죠가 등장할 때이다. 이 묘젠의 입송이야기에서도 그렇다. 에죠가 반문을 제기함으로써 이야기는 더욱 극적인 상황으로 전개되어 간다. 마치 그 당시 두 사제의 대화를 엿듣고 엿보는 것 같은 느낌을 주는 것이다. 에죠 역시 "진실한 법을 구하기 위해서는 미혹의 세계에 있는 부모나 스승의 굴레를 버려야 한다."[29]는 점은 인정한다. 그런 까닭에 비록 그가 반론을 편다 하더라도, 묘젠으로부터 폐기된 유교적 가치인 효나 인정의 차원에서 반론을 펴는 것이 아님은 쉽게 짐작할 수 있다. 그것과는 다른 차원에서이다. 만약 묘젠이 입송을 미루고서 스승의 간병을 선택했다 하더라도, 그러한 행위를 단순히 효의 차원에서만 이해할 것이 아니라 보살행의 차원에서 이해할 수 있지 않겠느냐 라는 문제제기를 했던 것이다. 그의 말을 직접 들어보자.

진실한 법을 구하기 위해서는 미망의 세계에 있는 부모나 스승에 대한 끈(絆)을 버려야 한다는 도리는, 실로 그렇겠지요. 다만 부모의 은애(恩愛)의 정에 대해서 완전히 버린다 해도, 또한 보살의 자비행을 생각하면 자리(自利)를 버리고서 이타(利他)를 우선시해야 되는 것 아닙니까? 그럼에도 불구하고 노환에 걸려서 간호해 줄 사람이 없는데, 그것을 마다하고 자신의 수행만을 생각하여 사경을 헤매는 스승의 뒷

---

28) 水野彌穗子 2006, 『正法眼藏隨聞記』(東京 : 筑摩書房), p.373.
29) 水野彌穗子 2006, 『正法眼藏隨聞記』(東京 : 筑摩書房), p.373.

바라지를 하지 않는 것은 보살행에 어긋나지 않습니까? 또한 보살은 선행에 차별을 두지 않는 줄 압니다. 인연 따라 상황에 따라 때때마다 (경우에 따른) 불법을 생각할 수도 있어야겠지요?[30]

에죠의 관점은 묘유를 '스승'으로서 보고 간병을 '스승에 대한 효'로 보는 겐닌지 대중들이나 도겐의 관점과는 차원을 달리하고 있는 것이다. '병자'로 보고서, '중생'으로 본다면, 간병은 이미 '보살의 자비행'이 되지 않겠는가 하는 것이었다. 그런 관점에서 본다면 오히려 입송을 연기하고서라도 스승의 간병을 해야 하는 것 아닌가 라는 적극성까지 내보이고 있는 것이다.

에죠의 논리는 충분히 생각해 볼 수 있는 논리이며, 우리의 논의를 새로운 차원으로 데려간다. 효와 출가, 세간과 출세간, 혹은 (힌두교 —) 유교와 불교 사이의 딜레마가 아니라 불교 안에서 자기수행과 이타의 보살행 사이의 딜레마로 말이다. 진정한 보살이라면 자기 수행을 위한 선(禪)이든지 병자의 간병과 같은 보살행이든지 똑같이 선행(善行)이므로 그 사이에 우열의 차별을 두는 것은 문제가 아니냐는 것이다. 이에 대해서 도겐은 과연 어떤 입장을 취했던 것일까?

다른 사람을 위하는 행이든 스스로의 수행의 길이든 열등한 방법을 버리고 우수한 방법을 취하는 것이 보살의 선행이다. 부모의 노환을 돕고자 하여서 간소한 식사 준비 등을 하는 것은 살아가고 있는 이 세상에서의 짧은 순간, 미혹한 마음으로 즐거워하는 것에 지나지 않는다. 그를 거스르면서 무위의 불도(佛道)를 배운다면, 가령 죽음에서 벗어나지는 못하더라도 길이 미혹을 떠나는 인연은 될 것이다. 이를

---

30) 水野彌穗子 2006,『正法眼藏隨聞記』(東京 : 筑摩書房), p.373.

잘 생각해 보라, 잘 생각해 보라.[31]

「스승 묘젠(明全)화상이 입송(入宋)하고자 했을 때」는 이렇게 끝난다. 에죠스님의 반론과 그에 대한 도겐의 답변에 대해서 우리는 어떻게 평가해야 할까?

2. 출가주의와 재가의 가능성

위에서 제기된 문제에 대해서 나는 에죠스님의 입장 역시 가능하다고 본다. 다시 말하면, 스승에 대한 상좌로서의 사제지간의 정이라는 관점이 아니라, 이타행을 우선시하는 맥락에서라면 입송을 연기하고 간병을 선택할 수도 있다는 것이다. 정히 대승의 보살행의 입장에서 그러한 행위가 선택된다고 한다면, 비난할 수만은 없다고 본다. 지장보살은 중생을 구제하기 위해서 지옥까지 간다고 하지 않았던가. 진정으로, 내가 앞에서 비판한 것과 같은 (힌두교적 -) 유교적 가치관으로부터 놓여나서 구제의 대상으로서 스승을 바라볼 수 있다면 말이다. 효라는 관점에서가 아니라 보살행이라는 관점에서 간병에 임할 수 있다면 말이다.

이에 반하여, 에죠의 반론에 대한 도겐의 답변은 문제의 정곡을 벗어난 느낌이다. 왜냐하면 입송이냐 간병이냐라는 딜레마를 자리 우선이냐 이타 우선이냐라는 딜레마로 치환하여 이해하는 에죠의 질문에 대해서, 도겐은 열등한 수행과 뛰어난 수행의 문제로 다시 치환해 버렸기 때문이다. 이는 선행에는 차별이 없어야 한다는 에죠의 관점과는 다른 것이다. 행(行, karma), 즉 보살행 보다 선(禪)[32] 우위의 입장을 내보인 것이

---

31) 水野彌穗子 2006, 『正法眼藏隨聞記』(東京 : 筑摩書房), pp.373-374.
32) 여기서 내가 보살행의 대립개념으로 선을 내세운 것은 도겐의 입장이 선과 보살행

다. 자리 우선이냐 이타 우선이냐 라는 문제를 우열의 문제로 바꾸어 놓게 되면 당연히 뛰어난 수행을 선택해야 한다는 대답이 나올 것이다.

병든 중생의 간병이라는 보살행보다는 입송하여 좌선하는 수행을 더욱더 훌륭한 수행으로 판정한 도겐의 입장은 "오직 앉기만 하라(只管打坐)"는 그의 기본적 사상에서 보면 타당한 듯이 보인다. 하지만 도겐의 또 다른 저술 『전좌교훈(典座教訓)』에서 보듯이 대중을 공양하기 위하여 행하는 노전좌의 식사준비조차도 훌륭한 수행이라는 점을 깨달았다는 관점[33]과는 모순되는 것이 아닌가 싶다. 식사준비와 같은 일상의 일들이 훌륭한 수행이 될 수 있다고 한다면, 스승의 간병이라는 일 역시 훌륭한 수행일 수 있는 것 아닌가.

이와 더불어 생각해 볼 수 있는 것은, 그러한 태도를 취한 도겐이 필연적으로 출가주의로 점점 더 기울어져 갔다는 것이다. 그는 1224년 2월에는 다음과 같이 말했던 것이다.

> 출가하지 않고 석가모니 부처님의 수행이나 깨달음에의 길을 올바르게 계승한 이는 이제껏 한 사람도 없었으며, 석가모니 부처님의 정법을 올바르게 전해 받은 예가 없다. 어떤 남자나 여자도 일반 재가자 그대로 수행하여 불도의 깊은 경지에 이르렀다는 선례가 없다. 올바른 깨달음을 얻은 이는 모두 출가한 사람뿐이다. 출가하지 않고서 어떻게 석가모니 부처님의 정법을 계승할 수 있겠는가?[34]

철저한 출가주의의 입장이다. 그러나 도겐의 제자 에죠가 내보인 보

을 대립시키고 있기 때문이다. 도겐이나 묘젠이 송나라에서 구하려는 '법' 역시 선법이었다는 점까지 감안하여 보살행과 선을 대립시킨 것이다.
33) 이에 대해서는 이 책의 제2부 3장 3절 참조.
34) 마츠오 겐지 2005, 『인물로 보는 일본불교사』(서울 : 동국대학교출판부), p.108.

살행의 입장을 우리가 인정할 수 있다면, 동시에 그러한 보살행을 통한 수행, 즉 이타행을 통한 자리행을 가능케 하는 공간이 출세간에만 마련될 수는 없을 것이다. 보살행의 실천을 기대하는 중생들이 더욱 많이 기다리고 있는 것은 출세간이기 보다는 세간일 것이고, 그러한 세간에서의 보살행 역시 선의 자리행과 마찬가지로 동일한 선행(善行)이라 생각하는 것은 재가의 가능성을 인정한 것이라 볼 수 있는 것 아니겠는가. 적어도 이 문제에 대해서만은 도겐보다 에죠의 관점에 동의하게 된다. 에죠 자신은 스승 도겐의 입장을 수긍하였는지 어떤지 알 수 없지만 말이다.

V. 출가, 유교적 가치의 극복

불교는 인도에서 태어난 종교이다. 인도에서는 노후의 출가가 하나의 법도(法度, dharma)로서 규정되고 실천되었다. 그렇기에 불교라는 종교를 생각할 때, '출가'라는 문제는 핵심적인 사안으로 떠오르게 된다. 과연 출가의 의미는 무엇이고, 그 정신의 본질은 어디에서 찾을 수 있을까?

이런 주제를 사색함에 있어서 좋은 소재를 제공하는 이야기를 나는 『정법안장수문기』에서 발견하게 되었다. 이 책은 일본 조동종의 개조 도겐의 말씀을 그 제자 에죠가 기록한 것으로, 그 안에 「선사 묘젠화상이 입송코자 했을 때」라는 제목의 이야기가 있었다.

도겐이 '선사(先師)'라고 부른 묘젠은, 도겐이 천태종의 총본산인 히에이잔(比叡山)으로부터 내려와서 교토의 겐닌지(建仁寺)에 들어갔을 때 모셨던 스승이다. 함께 입송하였으나, 안타깝게도 묘젠은 송나라의 천동사(天童寺)에서 입적하고 말았다. 이야기는 바로 입송 직전의 에피소 드인데, 이를 통해서 도겐은 진정으로 불도를 수행하는 자의 자세가 어 떠해야 하는지를 보여주고 있다.

묘젠이 천태종 히에이잔에 출가했을 당시의 은사가 묘유(明融)였는데, 묘젠이 입송을 준비하던 그 무렵에는 병환이 깊어 언제 죽을지 모르는 상황이었다. 그런 형편이었으므로 제자의 입송을 만류하고 나섰던 것이 다. "내 병을 좀 간호해 주고, 내 죽고 난 뒤에 입송해다오"라는 것이었 다. 간병을 위해서 입송을 포기할 것인가, 아니면 스승의 간청을 뿌리 치고 입송을 결행할 것인가? 이 윤리적 딜레마를 묘젠은 당시의 여러 대중에게 하나의 문제로서 제기한다.

이에 대해서 대다수의 대중들은 "먼저 간병을 해드린 뒤 나중에 입 송하라"면서 시간적 배열에 의해서 딜레마를 해소하는 방법을 제시한 다. 단 한 사람, 도겐만이 "지금 상태로 공부가 다 되었다면 여기서 그 만 두어도 좋겠지요"라고 말한다. 다소 시니컬하게 말함으로써, 스승으 로 하여금 입송을 결행하도록 압박한 것이다. 이에 대해서 묘젠은 입송 구법을 결의하게 되는데, 그 이유는 입송을 미루고서 간병을 해드린다 해도 돌아가실 분은 돌아가신다는 것이다. 그저 스승의 말씀을 들어준 것만이 스승을 정신적으로 위로해 줄 뿐이라는 것이다. 매정하지만, 스 승의 부탁을 저버리는 것이 오히려 스승으로 하여금 제자의 구법을 방 해한 업(業)을 짓지 않도록 한다는 논리이다.

여기서 우리가 볼 수 있는 것은 스승에의 간병이라는 '효'와 입송이라 는 사건이 상징하는 '출가'라는 것이 대립되어 있다는 점이다. 겐닌지 대 중들은 '효'를 먼저 실천하기를 요구하였고, 도겐과 묘젠은 '효'를 뛰어넘 어서 '출가(=입송)'를 결행했다는 것이다. 이 효는 유교적 가치관임과 동 시에 인도의 힌두교에서도 발견되는데, 싯다르타 태자의 출가에서도 마찬가지 논리가 대립하고 있음을 볼 수 있었다. 『붓다차리타』에서는, 싯다르타 태자의 출가를 말하는 아버지 정반왕의 논리 역시 '먼저 가주기(家住期, grhastha)의 의무를 다한 뒤, 노년에 이르러 출가하라'는 시간적 배열임을 보여주고 있었다. 이 점에서 묘젠의 입송을 만류하는 겐닌지 대중들과 궤를 같이하는 것이었다.

그런데 정반왕이 보여주었고, 겐닌지 대중들에게서도 발견되는 '시간적 배열'이라는 딜레마의 해결책은 기실 힌두교의 출가를 의미하는 것임을 간과해서는 아니 된다. 힌두교에서는 가주기의 의무를 다한 뒤에, 임서기(林棲期, vanaprastha)와 유행기(遊行期, saṃnyāsa)의 출가를 행하라고 규정하고 있다. 그러므로 겐닌지 대중들에게서는 이러한 힌두교적 출가를 볼 수 있을 뿐, '불교적 출가'의 정신은 이미 희석되어 버렸음을 알게 된다. 만약 싯다르타 태자가 정반왕의 조언을 수용해서 힌두교적 다르마(Hindu Dharma)를 따랐다면, 불교라는 종교는 독립할 수 없었을 것으로 나는 생각한다.

결국 불교의 출가라는 것은 힌두교적-유교적 가치를 넘어서는 데 있음을 알 수 있는데, 그런 면에서 효를 중심으로 하는 가부장제를 넘어서는 것이기도 하다. 그런 면에서 불교교단 안에 부지불식간에 들어와 있는 '스승-상좌'를 중심으로 한 가문 내지 문중 관념은 결코 불교적 출가정신에 부합되지 않음을 알 수 있게 된다. 겐닌지 대중들의 논리 속에는 이러한 비(非)불교적 가치가 스며들어 있었던 것이고, 묘젠과 도겐은 그를 뛰어넘음으로써 불교의 출가정신이 무엇인지 보여주었던 것이다.

그런데 도겐으로부터 묘젠의 이야기를 전해들은 에죠의 반론은 우리의 논의를 새로운 차원으로 이끌고 간다. 요컨대 '스승'에 대한 간병을 '효'의 차원에서 보는 것이 아니라 한 사람의 '병자'에 대한 간호, 즉 중생을 보살피는 '보살행'의 차원에서 본다면, 입송을 포기하고서라도 먼저 간병부터 했어야 하지 않았는가, 라는 문제제기였다. 문제를 '효 vs 출가'가 아니라, 불교 안에서 '자기수행(=禪) vs 이타행(=보살행)'의 문제로 치환해 버린 것이다. 이러한 질문에 대하여 도겐은 '열등한 수행 vs 우월한 수행 = 보살행 vs 선'의 차원에서 답함으로써, 그 스스로 출가주의에의 경사(傾斜)를 보여주고 말았던 것이다. 그러나 에죠가 말한 것처럼, 보살행과 선이 공히 선행(善行)이므로 그 우열을 나누는 것은 언제나 보편성을 갖는 정답일 수는 없다. 에죠가 말한 것처럼, 보살행의 차원으로 볼 수 있다면 우리는 재가의 삶 역시 보살행의 차원에서 이해할 수 있게 된다.

묘젠과 도겐을 통해서 올바르게 인식하게 된 출가정신을 그대로 지니고서, 세간 속에서도 보살행을 실천할 수 있다면 재가자 역시 출가자와 다를 바 없을 것이다. 몸은 비록 출가하지 않았으나(身不出家), 마음만은 출가한 '심출가자(心出家者)'로서 말이다. 도겐이 전하는 묘젠의 입송이야기를 통해서, 출가자는 출가정신의 본질을 되새겨 볼 수 있을 것이며, 재가자는 세간 속에서 보살행을 하면서 살아갈 때 출가자의 정신으로 살아가야 한다는 메시지를 읽어낼 수 있을 것이다.

제4부

출가정신의 확장

국제정치와 출가정신의 구현

– 한일 간의 평화를 위한 불교의 역할

이 글은 고타마 붓다의 출가정신은 불교교단 내에서만 의미를 갖는 것이 아니라, 세속의 정치현실, 특히 한일관계와 같이 뒤엉킨 국제관계를 풀어가는 차원에서도 의미가 있다는 점을 드러내고자 하였다.

그것은 출가정신이 갖는 핵심적 가치가 힌두교의 가족주의 내지 가부장제의 탈피에서 찾아질 수 있는 것으로 보았기 때문이다. 그런데 적어도 유교가 지배했던 동아시아에서는 '가' 중에서 가장 큰 '가'가 '국가 (國家)'가 된다는 점을 생각해 볼 때, '출가'는 곧 국가주의 내지 민족주의의 초월이라는 뜻이 되는 것이었다. 그렇다고 한다면, 붓다의 출가정신이야말로 뒤엉킨 한일관계를 풀어가는 데에도 의미 있는 것이 아닐까 하는 점이 이 글의 논점이다.

이를 구체적으로 드러내기 위해서, 나는 오래 전에 한일관계를 고민하면서 쓴 글 「참회 없는 용서」라는 에세이를 재해석하는 형식을 취하였다. 당시에는 '가해자 일본'의 사과 여부와 무관하게 우리가 먼저 용서할 수 있어야 한다는 비폭력의 입장을 우리의 불교도들에게 요구한 것이었다. 그러나 이 글에서는 그러한 점은 그대로 계승하여 부연하면서도, 일본 불교도들에게도 적극적인 태도를 촉구하였다. 그것은 먼저 '일본'이라 하더라도 '가해자 일본'과 '피해자 일본'이 있다고 보고서, 먼저

'가해자 일본'은 '피해자 일본'에게 사과를 해야 한다는 입장이었다.

그러니까 출가정신의 함의(含意)들, 즉 가족주의 내지 가부장제의 부정, 국가주의 내지 민족주의의 초월, 비폭력적 태도들은 한일관계라는 컨텍스트를 해석하는 하나의 사상적 관점 ― 참회 없는 용서 ― 의 '심층'에 존재하였던 것이다. 그러한 심층이 곧 한일관계라는 현실을 만났을 때 한국의 불교도들에 대해서는 '가해자 일본'의 사과 여부와는 무관하게 비폭력적 입장에서 먼저 용서를 할 수 있어야 한다고 말한 것이며, 일본의 불교도들에 대해서는 가족주의를 탈피해서 전쟁에 참전한 조상들의 행위를 냉정히 평가하고 단절할 수 있어야 한다고 말한 것이다.

이 글은 한일 국교 정상화 50주년이었던 2015년 10월 20일, 일본 정토진종의 종립대학인 류고쿠(龍谷)대학의 세계불교문화연구센터 개원 기념 국제심포지엄에 초대되어서 발표한 글(「한일평화를 위한 불교의 역할 – 「참회 없는 용서」의 재해석을 중심으로 –」)로부터 출발한다. 당시 류고쿠대학 진종학과(眞宗學科) 타츠다니 아키오(龍溪章雄) 교수로부터 논평이 있었다. 이후, 수정과 보완을 거쳐서 「출가정신의 국제정치학적 함의」라는 제목으로 『동아시아불교문화』 제24집(동아시아불교문화학회, 2015), pp.477-515에 수록하였다. 다시 그대로 『일본불교사공부방』 제16호(일본불교사독서회, 2016), pp.216-261에 재수록하였다.

이 책에 수록하면서 제목과 부제를 새롭게 고쳤다. 내용 역시 각주를 좀더 보완하였다.

I. 전쟁, 평화, 그리고 불교

불교는 정치가 아니며, 붓다 역시 정치가가 아니었다. 붓다의 깨달음은 어떤 정치적 원리나 정치적 현실을 그 대상으로 한 것이 아니었음은 두말 할 나위 없다. 오히려 붓다가 깨달음 이후 보여준 삶의 모습이나 말씀으로 남긴 가르침을 살펴볼 때, 근본적으로 그는 정치적이 아니었다. 아니 어떤 면에서는 정치와 정반대되는 모습을 보여주었으며 말씀하셨던 것으로 이해할 수 있으리라 생각된다. 탈정치(脫政治), 탈권력(脫權力)[1]이야말로 붓다의 본회(本懷)였던 것으로 나는 생각하고 있다.

그것은 그의 출가에서 확인될 수 있는 일이다. 왜냐하면 만약 그가 출가를 하지 않았다고 한다면, 비록 작은 나라라 할지라도 그 나라 안에서 왕이 되었을 것이며 권력을 장악했을 것이라는 점은 불을 보듯 분명하기 때문이다. 그런데 그는 그렇게 하지 않았다. 권력욕이야말로 어떤 점에서는 인간의 마지막 욕망[2]이라고 하는 점을 생각해 볼 때, 싯다르타 태자가 그렇게 하지 않았다는 것은 쉬운 일은 아니다. 아무나 할 수 있는 일은 더욱 아니다. 우리의 역사 속에서 흔히 보듯이 왕조의 권력다툼에는 부자도 형제도 존재하지 않았다. 권력을 위해서라면 누구라도 죽일 수 있었던 것 아닌가. 작게는 암살이었고, 크게는 전쟁마저 사양하지 않았다.

그러므로 붓다가 출가를 통해서 탈정치, 탈권력의 모습을 보이셨다

---

1) 탈정치, 탈권력을 아나키즘(anarchism)과 연관지어서 생각해 볼 수도 있는 것 같다. 이미 방영준은 "불교의 교리를 정치철학으로 치환한다면 아나키즘과 매우 유사한 것이라"(방영준 2020, 『붓다의 정치철학 탐구』(서울 : 인북스), p.207.) 말하고 있다.
2) 김호성 2008, 『불교, 소설과 영화를 말하다』(서울 :정우서적), pp.115-117. 참조.

는 것은 다른 어떤 교설보다도 우리들에게 출가정신이 무엇인지를 몸으로 보여준 것이 아니겠는가. 나는 바로 그러한 붓다의 출가로부터 진정한 인간의 모습, 진정한 구도자의 모습을 확인[3]해 왔다.

그렇다고 해서 불교가 정치와 무관하다거나, 불교의 가르침 안에 정치적 함의(含意)를 띄는 메시지가 없다고 말하려는 것은 아니다. 오히려 정반대이다. 붓다의 삶과 가르침의 핵심에 탈정치/탈권력이 놓여 있었다 하더라도, 불교는 언제나 정치와 연관을 맺어왔고, 불교교설 안에는 정치적으로 해석될 수 있는 많은 여지가 남겨져 있다. 그 이유는 어디에 있을까? 애당초 붓다의 깨달음은 탈정치적이지만, 그 깨달음으로부터 나온 가르침을 받아서 살아가는 — 깨달음을 향해서 나아가는 — 중생에게는 그의 삶을 정치로부터 제외시킬 수 있는 힘이 없기 때문이다. 즉 중생은 정치적 장(場) 속에서 살아갈 수밖에 없는 사회적/정치적 동물이기 때문이다.

인간은 무인도에서 홀로 존재하지 않는 이상, 즉 사회적 존재인 이상 정치적 존재일 수밖에 없다는 현실(現實)과, 그럼에도 불구하고 정치에 매몰될 때는 붓다의 가르침을 등지게 된다는 이상(理想) 사이의 딜레마가 오늘 우리들 진지한 구도자에게는 화두가 되어야 할 것으로 나는 본다. 이 모순과 갈등 속에서 길을 잃지 않기 위해서라도 거듭 거듭 반추

---

3) 불교의 출가는 힌두교와 유교의 효(孝)담론을 해체하는 것으로서 탈(脫)가부장제적 성격을 갖고 있음은 김호성 2010, 「불교화된 효담론의 해체」, 『불연록(佛緣錄)』(성남 : 여래장), pp.529-548. ; 정치적 권력의지로부터의 탈피(=탈권력/탈정치)임은 김호성 2009, 「두 유형의 출가와 그 정치적 함의」, 『인도철학』 제26호(서울 : 인도철학), pp.5-45. ; 출가와 행위의 관련을 논한 것으로는 김호성 2010, 「비베카난다의 붓다관에 대한 비평」, 『인도철학』 제29집(서울 : 인도철학회), pp.137-172. ; 출가자의 효와 출가정신의 딜레마를 다룬 것으로 김호성 2011, 「효, 출가, 그리고 재가의 딜레마」, 『불교학연구』 제30호(서울 : 불교학연구회), pp.499-535. ; 출가정신을 사제관계의 맥락에서 논의한 것으로 김호성 2020, 「탈권력의 사제동행」, 『정토불교성립론』(서울 : 조계종출판사), pp.136-171. 참조.

(反芻)해야 할 것은, 바로 붓다의 출가정신은 무엇인가 하는 점이다.

이는 단순히 정의(定義)를 문제삼는 것이 아니다. 그리고 또 그것이 다만 불교 안으로만 한계 지워져서 논의될 성격의 것도 아니다. 교단의 정치는 물론이지만, 현실의 세속 정치 역시 붓다의 출가정신으로부터 그 올바른 길이 모색4)되어야 한다. 종래 나는 이러한 문제의식으로 "출가정신의 탐구와 그 구현"5)에 대해서 거듭 거듭 사색해 왔다. 그러는 중에 출가정신은 승가의 교단정치나 국내정치에만 의미가 있는 것이 아니라, 국가와 국가, 민족과 민족 사이의 국제정치에 대해서도 큰 의미가 있음을 깨달을 수 있었다.

특히 우리와 일본 사이의 근현대사라는 현실적 상황(context), 즉 뒤엉킨 실타래와 같은 한일 간의 갈등을 어떻게 하면 해소할 수 있을까? 어떻게 하면 평화를 향한 이해의 발걸음을 조금이라도 내딛을 수 있을까 하는 사색의 과정에서 이 글은 탄생하였다. 출가정신은 국제정치의 차원으로까지 확대 적용할 수 있다고 하는 지견(知見)을 귀납적으로 얻게 된 것이다.

국가와 국가, 민족과 민족 사이의 문제를 다루는 국제정치에서 아마도 가장 큰 주제의 하나는 '전쟁'의 문제일 터인데, 그동안 나로서는 일본이 저지른 '전쟁'이라는 어두운 주제에 대해서 곰곰 생각하는 기회를 여러 번 가져왔다. 그것은 다음 표 9에 정리된 것과 같이, 총 10개의 에세이를 통해서였다.

---

4) 이에 대한 연구는 앞으로의 과제로 남겨두고자 하거니와, 적어도 민주주의의 한계나 문제를 불교적으로 극복하려는 시도 속에서 이루어져야 할 것임은 분명해 보인다.

5) 류고쿠대학에서의 논평자 타츠다니 아키오(龍溪章雄) 선생의 논평문 중에서는 바로 나의 작업을 이렇게 평가하였다. 비수(匕首)같은 안목이 아닐 수 없었다.

표 9 : 일본의 전쟁과 불교 관련 에세이들

번호	제 목	집필일시	발표 지면	발행처
①	「부처님을 생각하는 사람들」	2002.10.2	『일본불교의 빛과 그림자』	정우서적
②	「참회 없는 용서」	2003.1.11	상동	상동
③	「평화를 말하는 사람들」	2003.2.10	상동	상동
④	「정의로운 전쟁은 없다」	2003.3.23	상동	상동
⑤	「인권을 생각하며 교토학파(京都學派) 바라보기」	2003.7.21	상동	상동
⑥	타고르(Tagore), 일본, 그리고 우리	2010.2.22	『일본불교사 공부방』 제8호	일본불교사연 구소
⑦	수바쉬 찬드라 보세, 일본, 그리고 우리	2011.2.13	『인도 벵골문화 기행』	사간판 (私刊版)
⑧	임팔(Imphal)작전, 인도국민군, 그리고 수바쉬 찬드라 보세6)	2012.2.22	『일본불교사 공부방』 제12호	일본불교사연 구소
⑨	「일본군 전사자는 '개죽음'인가, 아닌가」	2014.8.10	『일본불교사공부 방』 제22호	일본불교사독 서회
⑩	「어느 조동종스님들의 전쟁」	2015.10.2	한국일본불교문화 학회 추계학술대회 자료집	한국일본불교 문화학회

6)   ⑥, ⑦, ⑧은 모두 인도의 근대사와 관련된다. 영국 제국주의 지배하에 놓여 있던 인도에서 독립을 얻고자 노력할 때, 그 노선은 둘로 나뉘어져 있었다. 우리에게는 마하트마 간디(Mahatma Gandhi, 1869-1948)의 비폭력 노선이 주로 각인되어 있으나, 폭력투쟁의 노선 역시 없지 않았다. 그 대표적 인물이 수바쉬 찬드라 보세(Subash Chandra Bose, 1897-1945)이다. 간디와의 노선투쟁에서 패한 보세는 독일을 거쳐서 마침내 일본으로 망명한다. 남방으로 진출하려는 일본과 협력을 하게 되는데, 버마(미얀마)를 통해서 인도 동북부의 임팔(Imphal)까지 침략하는, 이른바 '임팔작전'에 그가 이끄는 인도국민군(Indian National Army) 역시 참전한다. '임팔작전'은 일본의 전쟁사에서 유례를 찾기 어려운 대참패로 끝났는데, 일본제국주의와 협력하는 보세의 노선에 대해서 마하트마 간디는 물론, 동양인 최초로 노벨상을 수상한 시인 타고르(Rabindranath Tagor, 1861-1941)는 비판적이었다. 일본제국주의 역시 영국제국주의와 마찬가지로 제국주의라는 이유에서이다. 보세의 노선을 보면서, 인도와 일본의 관계에서만 평가할 수 없는 이유는 우리 역시 일본으로부터 식민지배를 받았기 때문이다. 우리의 입장에서는 일본과 동맹을 맺었던 보세에 대해서 결코 동의하기 어려운 '불편함'을 토론한 글들이다.

이 중에 가장 직접적으로, 일본이 일으킨 전쟁의 문제와 관련한 국제 정치적 주제를 다룬 것이 바로 ②이다. 그러므로 이 글에서는 ②「참회 없는 용서」라는 에세이를 재해석하는 형태를 취하게 될 것이다. 이는 일종의 문헌 해석의 방법이라 할 수 있다. 그렇지만 이러한 재해석 작업에는 근 20년에 가까운 시간 속에서 유동(流動)해 온, 한일관계라고 하는 컨텍스트(context)의 변화에 대한 해석 역시 반영되었다. 이러한 작업은 1차적 해석이라고 볼 수 있는데, Ⅱ장에서 논의된다.

그러나 그것만으로는 출가정신이 갖는 국제정치적 함의가 다 드러날 수 없다. 1차적 해석을 통해서 — 아니, 1차적 해석 이전에 이미 갖고 있었던 — 출가정신에 대한 나의 해석학적 선이해(hermeneutical pre-understanding)를 천착해 보려고 한다. 이는 바로 1차적 해석에 대한 해석이 될 것이다. 일종의 2차적 해석, 내지 메타해석학(meta-hermeneutics)이라 해도 좋을 것이다. Ⅲ장에서 논의되는 부분이 바로 그것이다.

Ⅱ. 한일 간의 '사과'와 '용서'의 문제

1. 일본의 '사과' 문제

②「참회 없는 용서」는 짧은 글이지만, 그 내용은 '불교와 민족주의', '인도의 사례', 그리고 '민족주의를 넘어서'라는 세 가지 절[7]로 나누어져

---

7) 초판본(2007)에서는 세 가지 소제목을 붙이지 않았다. 개정판(2011)에서 비로소

있다. 이러한 소제목을 통해서 볼 때, 그 글의 핵심은 민족주의를 넘어서자는 것임을 짐작할 수 있을 것이다. 결론 부분이라 할 수 있는, 마지막 '민족주의를 넘어서'의 첫 문단은 다음과 같다.

> 불교의 입장은 민족주의를 넘어서고 있습니다. 따라서 이제 일본에 대해서도 민족주의적 관점에 입각해서만 이야기하지 말고 세계시민주의라고 하는 보편적 입장에 서서 이야기하자는 것이 오늘 편지의 요점입니다.[8]

그러니까, 글 제목을 「참회 없는 용서」라고 하였으나 사실상 '사과'나 '참회'의 문제가 그 글의 핵심적인 주제였던 것은 아니었다. 그런 만큼 위의 인용문으로 당시의 편지[9]를 맺음해도 좋았을 것으로 생각되는데, 그렇게 하지 않았다. 그렇게 하기에는 한일 사이에는, 이론적 차원에서의 언급만으로는 그칠 수 없는 현실적인 측면도 있었기 때문일 것이다.

그렇게 했다.

8) 김호성 2011, 『일본불교의 빛과 그림자』(서울 : 정우서적), p.84. 그런데 "불교의 입장은 민족주의를 넘어서고 있습니다."라고 선언적(宣言的)으로만 말하고 있을 뿐, 어떤 논리로 그렇게 보고 있는지는 전혀 밝히지 않았다. 이에 대하여 서재영은 "출가한 사람은 그가 어떤 계급이었고, 무슨 일을 했든 단지 부처님의 제자(釋迦子)로만 불린다"(서재영 2015, 「내셔널리즘을 어떻게 볼 것인가」, 『불교평론』 제63호, p.8.)고 하면서, 내셔널리즘을 초월하는 불교의 보편정신을 강조하였다. 옳다. 하지만 나는, 그러한 성격에 더하여, '중생'과 '민족' 개념이 다르다는 점을 또 다른 논거로서 제시하고자 한다. 불교가 모든 '중생의 제도'를 그 이상으로서 지향한다고 볼 때, '중생'의 개념은 '민족'의 개념보다 크기 때문이다. 제도되어야 할 공동체의 범위인 '중생'을 다시 각 민족으로 잘라서, 어떤 특정한 민족만을 제도한다거나 어떤 특정 민족의 제도를 더욱 우선시한다거나, 어떤 특정 민족에게 다른 민족에 대한 제도의 권한을 부과한다거나 하는 것은 불교에 반(反)하는 행위이다. 근대 일본불교가 전쟁에 참여하고 적극 지원하면서 범한 과오를 그렇게 볼 수 있다.

9) 『일본불교의 빛과 그림자』에 실린 모든 글들은 2002년 가을부터 2003년 봄까지 1년 동안 일본 교토 소재 '북쿄(불교)대학'에 있으면서, 한국의 학생들을 수신자로 설정하고서 인터넷 홈페이지에 올리는 편지 형식의 글이었다.

그래서 나는 다음과 같이, 현실적인 '사과'의 문제를 갖고 들어왔던 것이다. 바로 위의 인용문에 연이어서이다.

그런데 이렇게 반문(反問)할 분이 분명 있으리라 생각되는군요. "좋습니다만, 일본이 자기 들의 역사적 과오에 대해서 인정하고 용서를 구해야 우리도 용서해 줄 수 있는 것 아닙니까?" 그런 생각이 민족주의입니다. 저도 얼마 전까지 그렇게 생각했습니다. 그런데 저는 작년(2002) 봄에 몸과 마음이 많이 아프면서, 그러한 생각이 잘못된 생각임을 깨달을 수 있었습니다. "참회를 하기 전에는 결코 용서할 수 없다고 하는 것 역시 폭력을 잉태하고 있는 논리입니다."[10]

그런데 이제 이 말에 대하여 몇 가지 보완과 재해석이 필요해졌다. 그 이유는 전적으로 이 글을 둘러싸고 있는 컨텍스트가 달라졌기 때문이다. 내가 이 글을 처음 쓴 2003년 1월에는 '사과'의 문제가 근래와 같이 그렇게 심각한 것은 아니었다. 근래의 '사과' 문제는 구체적으로 위안부(慰安婦) 문제와 관련한 것으로서, 한일관계를 1965년 국교정상화 이후 최악의 상황으로까지 몰아넣었던 것이다. 그런 까닭에 나의 이러한 발언은 일반론이라 할까, 혹은 큰 원칙의 제시에 지나지 않았던 것이다.

그런 만큼, 나로서는 '사과'의 문제를 도대체 어떻게 생각하고 있는지 재정리해 둘 필요가 있다고 생각한다. 이는 ②「참회 없는 용서」에서 행한 나의 발언을 보완하는 것이면서, 동시에 그 보다는 좀더 현실적인 차원으로 내려가서 현실의 문제에 대한 입장 표명이 될지도 모르겠다.

---

10) 김호성 2011, 『일본불교의 빛과 그림자』(서울 : 정우서적), p.84.

1) '일본 vs 일본'의 구도(構圖)

내가 볼 때, 근래 논의되고 있는 '사과' 관련 담론에는 매우 중요한 사실 하나가 제대로 인식되지 못하고 있는 것 같다. 현재까지 '사과'의 문제는 '일본 vs 한국, 일본 vs 중국'과 같은 구도를 갖고서 진행되어 오고 있다. 당연히 그러한 구도는 성립될 수밖에 없고, 또한 불가피하리라 본다. 하지만 나로서는 그 이전에, 먼저 또 하나의 구도가 더 놓여 있다고 본다. 비록 잘 보이지는 않지만 말이다.

그것은 바로 '일본 vs 일본'의 구도이다. 앞에서 든 '일본 vs 한국, 일본 vs 중국'의 구도에서는, 앞의 일본이 가해자이고 뒤의 한국이나 중국은 피해자이다. 이는 너무나 분명하여 누구나 쉽게 알 수 있는 일이다. 그러나 '일본 vs 일본'의 구도에서는 가해자도 일본이고, 피해자도 일본이 된다. 이렇게 말하는 나의 역사인식에는 '일본의 식민지 시대'에 의해서 피해를 본 것은 한국인이나 중국인만이 아니라는 점을 내포하고 있다. 그것은 너무나 당연하지만 그 이전에 먼저, 일본인들 중에도 많은 피해자가 있었다고 본다. 그렇다고 한다면, '피해자 일본' 역시 사과를 받아야만 하지 않겠는가?

누구에게? 미국에게? 원폭투하는 물론 무자비한 것이었다. 다시는 그런 비극이 되풀이되어서는 아니 된다. 하지만 그렇다고 해서 일본이 그 전쟁의 희생자이고 피해자인 듯이 생각하고 행위[11]한다면, 그것은 적어도 피(被)식민의 경험을 갖고 있는 한국인이나 중국인에게는 쉽게 공감을 얻기 어려운 것이 아닐까.

---

11) 이렇게 생각하는 사례를 제시하면서 비판한 것이 표9의 ③「평화를 말하는 사람들」이다. 거기에서는 두 종류의 평화를 말하는 사람들이 있음을 구분하였다. 김호성 2011,『일본불교의 빛과 그림자』(서울 : 정우서적), pp.74-75. 참조.

물론 '피해자 일본' 중에서 많은 사람들은 그들 스스로가 피해자임과 동시에 '피해자 한국'이나 '피해자 중국'에 대해서는 명백히 가해자인 것이다. 전선에 끌려가서 ─ 나는 능동적으로 '갔다'기 보다는 수동적으로 '끌려간' 것으로 본다 ─ 죽은 일본군 전사자의 죽음을 어떻게 평가해야 할 것인가 하는 점은 분명히 중요한 주제[12]의 하나가 될 것이다. 그들의 죽음을 어떻게 평가하든, 그 일본군은 한국인이나 중국인에게는 가해자였음에 틀림없다. 그것은 분명하다. 그러나 곰곰이 생각해 보면, 그 역시 피해자였다. '가해자 일본'이 일으킨 전쟁의 피해자[13]였던 것이다. 나는 그렇게 생각한다.

그런데 이 점을 누구보다도 분명하게 인식하고 있어야 할 일본인들이 과연 어느만큼 인식하고 있는 것일까? 사실, 이 점을 분명히 밝히기는 여간 어려운 일이 아닐 것이다. 자기가 자기를 죽였다는 사실을 인식하는 것만큼 어려운 일이 있을까? 또 더 아픈 일이 있을까?

여기서 떠오르는 것이 이 글의 궁극적 지향점[宗趣, tātparya]인 자기부정(自己否定)이라는 말이다. 그 자기부정의 문제를 보다 구체적으로 말하려고 한다면, 전쟁책임의 문제로 연결되지 되지 않을 수 없다. '일본'이라는 자기를 '가해자 일본' vs '피해자 일본'으로, 혹은 좀 더 구체적으로 '가해자 일본' vs '피해자 일본인 동시에 가해자이기도 한 일본' vs (순전히 피해만 입었던) '피해자 일본'으로 나눌 수 있을지 모른다. 이러한

---

12) 이를 다룬 것이 ⑨「일본군 전사자는 '개죽음'인가, 아닌가」이다. Ⅲ장 1절에서 좀 더 자세히 논의하게 될 것이다.

13) 이 책의 교정을 보고 있는 현재, 우크라이나에 대한 러시아의 침공이 계속되고 있다. 군인은 물론, 어린이·산모 등 민간인들까지 죽어가고 있다. 그런데 러시아 안에서는 침략을 결정한 지도자(푸틴)와 군부세력만 존재하는 것이 아니라. '전쟁반대(No War)'를 외치는, 그래서 탄압받고 있는 언론인이나 시민들도 존재하고 있다. 이를 통해서 알 수 있는 것은, '국가'를 '국경'이나 '국적'의 시점에서만 생각할 수는 없다는 점이다.

구도들을 다시 한 번 간략히 정리해 보면, 다음과 같이 될 것이다.

　(a) 드러나 있는 구도 : 일본 vs 한국, 일본 vs 중국
　(b) 숨어 있는 구도 : '일본 vs 일본'
　(c) 숨어 있는 구도의 구체적 모습 :
　　(c)-1 '가해자 일본' vs '피해자 일본'
　　(c)-2 '가해자 일본' vs '피해자이면서 가해자인 일본' vs '피해자 일본'

　그런데 (a)만이 아니라 (b)를 찾아내고, 더욱이 그것을 (c), 즉 (c)-1과 (c)-2로 분리해서 본다는 것은 '일본'으로서는 자기분열(自己分裂)이다. 그러한 자기분열은 지극히 고통스런 일이 아닐 수 없을 것이다. 종래의 자기를 부정해야 하기 때문이다. 하지만 종교에서 참회나 회개가 구제의 길이 되는 이유도 여기에 있다. 바로 종래의 자기를 부정함으로써 새로운 자기로 거듭 날 수 있기 때문이다.

　아무튼 이러한 자기부정 내지 자기분열을 하게 된다면 가장 아픈 사람들이 누굴까? 당연히 가장 크게 책임져야 할 '가해자 일본'일 것이다. 그 당시 전쟁 수행(遂行)에 직접적인 책임이 있는 사람들이나 전쟁의 이데올로기(ideology)를 공급한 학자들[14]일 것이다. 그런데 그것은 지극히 힘든 일이다. 그래서 보통, 사람들은 책임지는 길보다는 책임을 회피하는 길로 나아간다. 흔히 '패전(敗戰)'[15]이라 말하는 대신 '종전'이라 말

---

14)　이들 중 일부가 A급 전범이 되었다. 전쟁의 이데올로기를 제공한 학자나 지식인은 수도 없이 많지만 그 중에 한 사람, A급 전범이 된 사람으로 오카와 슈메이(大川周明, 1886-1957)가 있다. 내가 그를 처음 안 것은 末木文美士 2004, 『일본의 근대와 불교』(서울 : 그린비), pp.332-364.를 통해서인데, 그 당시에는 왜 학자가 A급 전범이 되었는지 이해할 수 없었다. 그 점을 이해한 것은 玉居子精宏 2012, 『大川周明, アジア獨立の夢』(東京 : 平凡社)를 통해서였다.

15)　'패전'이라는 말을 쓰는 경우가 없지는 않다. 예컨대, 網野善彦 2006, 「歷史學の新動向」, 『網野善彦』(東京 : 洋泉社), p.209. 또 아베(安倍) 수상의 「前後 70年 談

하는 심리의 저변에도 이러한 기제(機制, mechanism)가 깔려 있는 것으로 나는 본다. '패전'은 괜히 전쟁을 일으켰다가 졌다, 수많은 희생만 치르고서 졌다는 이야기가 된다. 여기에는 책임이 따르지 않을 수 없을 것이다.

그런데, 그렇게 할 수 없다. 아니, 그렇게 하지 않는 길을 선택한다. 용기 있게 '일본'을 자기분열시키지 못하고, 오직 하나의 '일본'으로 계속 밀고 나아가는 것이다. (가해자가 되었든 아니든 무관하게) '피해자 일본'이 '나라 때문에'(밑줄 강조 – 필자) 죽었음을 인정한 뒤, 그래서 죄송하다고 '사과'를 하지 못하는 것이다. 그렇게 하지 않기 위해서, 그 대신에 하는 말이 '나라를 위해서'(밑줄 강조 ―필자)[16] 죽었다고 미화(美化)하고, 그 거룩한 희생을 헛되게 해서는 안 된다고 말하는 것이다. '나라 때문에' 죽은 사람들(=피해자 일본)을 추모하는 것과 '나라를 위해서' 죽은 사람들을 추모[17]하는 것은 하늘과 땅의 차이가 있다.

전자의 태도를 취하는 사람들이 말하는 평화와 후자의 태도를 취하는 사람들이 말하는 평화는 질적으로 전혀 다른 이야기가 되는 것이

話」에서도 '패전'이라는 말이 쓰이긴 하였다. 그러나 '패전'보다는 '종전'이라는 말을 더 넓게 쓰고 있는 것이 일본의 현실이다.

16) 일본어에서 '때문에'와 '위해서'는 공히 '타메(ため)'이다.

17) 야스쿠니(靖國)신사 문제 역시 이러한 점과 관련된다. 일본의 불교학자들 중에서 전사자의 문제에 대해서 발언한 사람은 스에키 후미히코(末木文美士)이다. "야스쿠니 신사를 일본 민족주의의 의지처(依支處)로서, 과거의 침략행위를 정당화하고, 새로운 군사대국화를 꾀하는 것과 같은 움직임은 전사자(戰爭の死者)를 정치적으로 이용하는 것이라고 말하지 않으면 아니 된다.", "전사자를 올바로 바라보는 것은, 동시에 일본의 침략에 의해서 죽었고, 또한 저항하다가 죽은 (상대편 나라의 – 인용자) 전사자들을 바라보는 것이다. 전사자의 문제는 결코 과거의 일로서 끝난 것은 아니다." (末木文美士 2012, 「現代日本佛敎の動向と課題」, 『동아시아불교문화』 창간호(부산 : 동아시아불교문화학회), p.75.) 흔히 일본의 절에서 만나게 되는 많은 충혼탑이나 위령탑에서 추모의 대상이 일본 이외의 나라 – 그들이 침략하여 피해를 본 나라 – 의 희생자(전사자)들까지 포함하고 있는 것일까? 일본의 불교계는 스에키 후미히코의 이 발언을 깊이 새겨야 할 것이다.

다. 2015년 8월 15일, 당시의 아베 신조(安倍晋三) 수상은 여전히 평화를 이야기했지만, '피해자 한국'이나 '피해자 중국'의 공감을 그다지 많이 얻지 못했던 이유도 여기에 있는 것이다. 후자의 평화를 말했을 뿐, 전자의 평화를 말하지 못하였기 때문이다.

2) '사과'의 종언(終焉), 그 가능성조건

'피해자 일본'에 대한 '사과'라고 하는 관점이 사라져 버렸기 때문에, 그 빈자리를 차지하는 것은 "일본은 언제까지 사과만 하고 있어야 하느냐"라는, 이른바 '사과피로감'의 문제가 된다. 정말, 일본은 언제까지 사과 문제를 안고 가야 하는 것일까? '사과' 같은 것은 안 하면 안 되는가? 2015년 아베 수상이 발표한 「전후 70년 담화」는 바로 이 문제를 다음과 같이 언급하고 있다.

> 일본에는 전후에 태어난 세대가 이제 인구의 80%를 넘어섰습니다. 저 전쟁과는 아무런 관계가 없는, 우리의 자식들이나 손주들에게, 그리고 그 뒷세대들에게 사죄를 계속하는 숙명을 짊어지게 할 수는 없습니다.[18]

그러나 아베 수상의 이러한 언급만으로 더 이상 장래의 일본에 태어나서 자라나는 세대들은 '사과'의 부담을 안 져도 좋은 것일까? 일단 '사과'와 같은, 가혹한 자기부정의 아픔을 후손들에게 물려주지 않으려는 일본의 기성세대들 ─ 정치인들을 포함하는 ─ 의 입장은 충분히 이해

---

18) 安倍晋三, 「前後 70年 談話」, 『朝日新聞』(2015년 8월 14일), http://www.asahi.com/articles/ASH8G5W9YH8GUTFK00T.html

할 수 있다. 또 그렇게 되기를 진심으로 희망한다.

곰곰이 생각하면, 당연히 '가해자 일본'이 아니라면 '사과'를 할 필요도 없을 것이다. 여기서 이제 우리는 '가해자 일본'의 정체를 분명히 할 필요가 있게 된다. A급 전범(戰犯)과 같은 사람만이 책임이 있는 '가해자 일본'일 것인가? 그러므로 전후에 태어난 일본인들은 당연히 자동발생적으로 '가해자 일본'에서는 제외되는 것일까? 아베 수상의 「전후 70년 담화」에 나타나 있는 의식은 그런 것으로 보인다. 그러나 과연 그럴까? 이 문제에 대해서 아베 수상의 관점과는 다른 입장, 즉 시간적 전후관계에 의해서만 책임여부를 판단할 수 없다고 하는 또 다른 관점을 제시한 사상가가 있다. 바로 가토 슈이치(加藤周一, 1919-2008)[19]이다.

가토 슈이치에게는 『전후세대의 전쟁책임』(1993)이라는 저서가 있다. 전후세대는, 지금부터 70년 전인 1945년 8월 15일 이후에 태어난 세대를 말한다. 그러므로 전쟁상황이 다 정리된 뒤에 태어난 그들에게 '전쟁책임' 운운한다는 것은 상식적으로는 말이 안 된다. 과문한 탓인지는 몰라도, 그런 상식 밖의 경지로까지 나아간 사람을 나는 더는 모른다. 그런데 그런 탈주(脫走)를 가토 슈이치는 감행하였던 것이다. 나로서는 전대미문(前代未聞)의 충격적 사고가 아닐 수 없었는데, 그의 입장을 에비사카 다케시(海老坂 武)의 가토 평전을 통해서 들어보기로 하자.

전후에 태어난 사람들은 전쟁에 대해서, 전쟁범죄에 대해서 직접적인

---

19) 원래 의사였다. 그래서 전쟁에 끌려가지는 않았다. 의사를 그만두고, 문학평론가로서 문필활동을 하였다. 노벨문학상 수상작가인 오에 겐자부로(大江健三郎) 등과 함께 평화헌법의 개정을 저지하기 위하여 '9조의 모임'(일본의 헌법을 '평화헌법'이라 부르는 이유는 제9조에서 일체의 군비나 군대를 갖지 못하게 규정되어 있기 때문이다)의 회원이다. 우리나라에서는 정치학자 마루야마 마사오(丸山眞男, 1914-1996)와 대담한 『번역과 일본의 근대』를 비롯하여 『언어와 탱크를 응시하며』 등의 저술이 번역되어 있다.

책임은 없다. 이것은 자명한 일이다. 전쟁 중에 소학생이었던 나(에비사카 다케시 – 인용자)는 나 자신에 대해서도 그렇게 생각한다. 그러면 어떠한 책임도 없는가? 가토는 이렇게 생각한다. "전쟁과 전쟁 범죄를 유발할 때의 여러 가지 조건 중에서, 사회적 문화적 조건의 일부는 현재도 존속하고 있다. 그 존속하고 있는 것에 대해서는 책임이 있다."[20]

그러니까 가토의 의견은 만약 전쟁을 유발할 때 존재했던 사회적 문화적 조건을 여전히 존속시키는 데 기여하는 사람이라면, 비록 그가 전후(戰後)에 태어났다 하더라도 그에게는 그가 태어나기 전의 전쟁에 대해서까지 책임이 있다는 것이다. 나는 이렇게 비수(匕首)같은 이야기를 한 사람을 달리 알지 못한다.

바로 이것이다. '사과'의 종언은 바로 이렇게 스스로 전쟁범죄로부터 자유롭게 되는 것, 즉 전쟁책임으로부터 벗어나는 입각지를 마련하는 것에 의해서 가능해질 것이다. 예를 들어서, 아베 수상은 「종전 70년 담화」를 통하여 "러일전쟁은 식민지 지배 아래에 있었던 많은 아시아나 아프리카 사람들에게 용기를 주었다."[21]라고 하였는데, 이는 전쟁 중에 유행했던 이른바, 아시아주의의 논리 그대로가 아닌가. 가토의 논리에 따른다면, 이러한 인식을 갖고 있는 한 전후에 태어난 아베 수상이라 할지라도 전쟁책임이 있게 된다. 그렇게 책임이 있는 한, 그에게 '사과'를 요구하는 피해자의 목소리가 이어지는 것은 당연한 것이 아닐까.

그러므로 진정으로 중요한 것은 언제 어떻게 '사과'의 뜻을 담은 담화를 발표했느냐 아니냐에 있는 것은 아닐 것이다. 그것도 물론 중요하긴

---

20) 인용문 중에서 "   "의 문장은 가토의 저술 『前後世代の戰爭責任』(1993年)에 나오는 말이라 한다.(海老坂 武 2013, 『加藤周一』(東京 : 岩波書店), p.213.)
21) 安倍晉三, 「前後 70年 談話」, 『朝日新聞』(2015년 8월 14일), http://www.asahi.com/articles/ASH8G5W9YH8GUTFK00T.html 2015. 참조.

하겠으나, 그보다 더욱 중요한 것은 '가해자 일본'이 진정으로 전쟁 중에 가졌던 제도나 사고로부터 벗어나는 일이다. 그리고 그것은 바로 '가해자 일본'이 '피해자인 동시에 가해자인 일본'에 대해서나, 오직 피해만입은 '피해자 일본'에 대해서 '사과'하는 일에서부터 출발해야 한다고 본다. '피해자인 동시에 가해자인 일본'에 대해서나 오직 피해만 입은 '피해자 일본'에 대해서 '사과'할 수 있다면, '피해자 한국'이나 '피해자 중국'에 대한 '사과'는 저절로 행해질 수 있을 것이다. 그런 점에서 본다면, 아직 '가해자 일본'의 '사과'는 종언을 맞이한 것이 아니라 정작으로 출발조차 못하고 있는 것으로 보인다.

바로 이 점에서 나는 일본 불교도들이 해야 할 역할이 있다고 본다. '무기의 전쟁'은 원폭에 의해 종결되었지만, 그것으로 결코 끝나지 않았던 '사상의 전쟁'22)을 끝내는 일에 불교사상을 갖고서 앞서 달라23)는 것

---

22) '사상의 전쟁'은 계속 되고 있다고 생각하는 이유는 바로 가토가 말한 것과 같은 전쟁을 일으키고 전쟁을 존속시켰던 사회적, 문화적 조건들이 이어지고 있다고 보기 때문이다. 예를 들면, 전쟁의 이데올로기를 생산하고 공급했던 학자들 중에 전후에 명백히 스스로 참회와 전향을 선언하지 않은 학자들은 저절로 '언어적 포장'을 바꾸었을 뿐 여전히 그 내용은 그대로였던 사람들이 있었다. 그런 사람들은 전후에도 일종의 전쟁, 즉 '사상의 전쟁'을 수행해 왔다고 나는 보는 것이다. 우리가 자주 듣게 되는 일본 정치인들의 '망언'과 같은 경우도, 일종의 '사상의 전쟁'이 이어지고 있다는 하나의 증좌(證佐)가 될 수 있으리라.

23) 스에키 후미히코는 현대 일본불교의 한 특징으로서 Ranjana Mukhopadhyaya가 말하는 참여불교(Engaged Buddhism) — 스에키는 이를 '사회참가불교'라고 옮겼다 — 라고 말하면서, 일본불교 내에서 일어나는 여러 가지 현실참여 활동의 예를 들고 있다.(末木文美士 2012, 「현대 일본불교의 동향과 과제」, 『동아시아불교문화』 창간호(부산 : 동아시아불교문화학회), p.91. 참조.) 그러나 거기에는 국제간의 전쟁방지나 평화운동의 실천사례는 없었다. 특히 한일관계와 같은 구체적 아젠다를 갖고서, 비폭력의 구현을 위해서 노력한 불교인이나 불교단체의 사례는 제시하지 못하고 있다. 그런 예로서 틱낫한(Thich Nhat Hanh, 釋一行, 1926-2022)이나 달라이 라마(Dalai Lama)를 들 수 있을 것인데 말이다.(유승무·박수호 2012, 「동아시아불교와 현대문명의 만남」, 『동아시아불교문화』 창간호(부산 : 동아시아불교문화학회), pp.133-134. 참조.) 물론 일본만 그런 것은 아니다. 우리 역시 마찬가지다. 불교가 한일 간의 긴장완화에 얼마나 기여하고 있는지 하는 점은 반성해 보아야 할 점이다. 이에 대해

이다. 불교가 민족주의가 될 수 없는 이상 전쟁을 뒷받침했던 이데올로기들 — 불교 안에 들어온 것이든, 신도(神道)나 국학(國學)[24] 안에 있는 것이든 — 과 결별하는 과업을, 일본의 불교도들이 행해야 할 필요가 있을 것이다. 그것이야말로 진정 순수한 불타의 가르침으로 돌아가는 것이 아닐까 한다.

2. 한국의 '용서' 문제

앞 장에서 논의한 '사과'의 문제는 일본을 향하여, 특히 일본의 불교도들에게 바라는 나의 희망사항이었다. 자기부정이라는 아픔을 극복해야만 비로소 가능할 수 있다는 점에서, 그것은 극히 어려운 숙제임에 틀림이 없다. 그런데 한일평화를 위해서 오직 일본의 각성과 노력만이 필요한 것일까? 과연 우리 한국이 새롭게 자각하고 노력해야 할 점은 없는 것일까? 여러 가지 측면에서 성찰이 필요하리라 생각하지만, 그 중에 하나로서 '용서'의 문제를 제기하고자 한다.

서는 허우성 역시 지적하고 있다. 허우성 2015, 「내셔널리즘은 진리와 화(和)의 적이다」, 『불교평론』 제63호, pp.178-179. 참조.

24) 신도는 일본 고유의 종교인데, 자연 속에 신들이 깃들어 있다고 본다. 1868년 메이지(明治) 유신 이전에는 불교와 함께 공존해 왔다. 이른바 신불습합(神佛習合)이었다. 그러나 메이지 유신으로 들어선 새로운 정부는, 1868년 3월 신불분리령(神佛分離令)을 내리면서 신도와 불교를 분리하기 시작하였다. 이는 곧 신도를 중심으로 하는 국가의 건설로 이어졌고, 불교에 대한 탄압과 훼손이 전국에 걸쳐서 광범위하게 이루어지게 되었다. 이른바 폐불훼석(廢佛毀釋)이다. 이런 과정을 통해서 확립한 신도의 모습은 '국가신도'로서 이후 1945년에 이르기까지 침략과 전쟁의 이데올로기 역할을 했다. 또 국학은 중국이나 한반도로부터 들여온 문명이나 학문을 배척하면서, 일본 고유의 학문과 문화를 발굴하고 선양하고자 하는 흐름이라고 할 수 있다. 예컨대, 『일본서기(日本書紀)』, 『고사기(古事記)』, 『만엽집(萬葉集)』 등의 연구를 통하여 일본중심주의를 내세웠다. 국가신도나 국학은 모두 국수주의, 일본중심주의를 통하여 침략과 전쟁으로 나아간 근대일본의 지배이데올로기 역할을 담당했다.

1) '용서'의 구도

다 알다시피 '용서'의 문제는 '사과'의 문제와 대응하고 있다. 즉 '사과'가 있는 곳에 용서가 있고, '사과'가 없다면 '용서' 역시 없을 수밖에 없는 것으로 생각되고 있다. 이러한 점은 앞 장의 모두(冒頭)에서 인용한 바 있는, 다음과 같은 반문(反問, pūrvapakṣa) 속에 잘 드러나 있다.

> 좋습니다만, 일본이 자기들의 역사적 과오에 대해서 인정하고 용서를 구해야 우리도 용서해 줄 수 있는 것 아닙니까?[25]

이러한 논리 속에서, 우리가 볼 수 있는 구도는 '한국 vs 일본' — 내지 '중국 vs 일본' — 의 형태를 취하고 있다. 앞 장에서 살펴본 '사과'의 구도와 마찬가지로, 그 주체(主體)의 변동에 따른 위치이동만 있을 뿐 기본적으로 대립의 구조 — 그것은 'vs'로 표현되었다 — 를 띠고 있다는 점에서는 아무런 차이가 없다. 앞에서 인용한 반문(反問)에서 볼 수 있는 것과 같은 논리 속에 갇혀 있을 때는, 자신도 모르는 사이에 우리 역시 대립 속에서 사고하는 존재가 되고 만다. 그리고 그러한 대립의 구조 속에 있는 한, 우리 스스로 한일평화를 구축하기 위한 어떤 능동적 행위도 할 수 없음은 불을 보듯 분명한 것은 아닐까.

물론 우리는 '피해자 한국'이기 때문에 '가해자 일본'으로부터 '사과'를 받아야 하고, 그러한 '사과'가 있은 뒤에야 진정으로 '용서'할 수 있다고 생각하는 입장에 대해서, "그것은 틀렸다. 그래서는 안 된다"라고 말하는 것이 현실적으로는 대단히 어려운 일임은 분명하다. 설사 그렇게 말한다고 해서, 당장에 "좋다. 가해자 일본의 사과 여부와는 무관하게 우

---

25) 김호성 2011, 『일본불교의 빛과 그림자』(서울 : 정우서적), p.84.

리부터 용서하자"라고 말할 사람도 거의 없을 것이다. 왜 그럴까? 그 이유에 대한 답을 찾기 전에, 그러한 점은 바로 그러한 나의 제안 자체가 현실적이 아님을 나타내고 있는 것일 터이다.

비록 나의 발언 자체는 현실에 일정한 영향을 미치고자 하는 의도에서 행해진 것이기는 하지만, 그것은 현실원리(現實原理) 속에서 이루어진 발언일 수는 없었다. 현실원리가 아니라 이상원리(理想原理)에 입각한 것이었다. 여기서 주의해야 할 것은, 그러한 발언은 한일평화에 대한 이상을 나타내는 것임과 동시에 폭력의 현실이 아닌 비폭력(ahiṁsā)의 이상을 제시하는 것이었다는 점이다. 그것은 앞에서 든 반문에 대한 정론(正論, siddhānta), 즉 "참회를 하기 전에는 결코 용서할 수 없다고 하는 것 역시 폭력을 잉태하고 있는 논리"라는 나의 지적을 통해서 분명히 제시되었다. ②「참회 없는 용서」에서, 나는 이 말에 뒤이어서 다음과 같이 이 말을 부연한 바 있다.

> 참회하라고 강요하면서, 그렇지 않으면 용서할 수 없다는 것은 분명 비폭력은 아니거든요. 참회하지 않아도 용서할 수 있어야 합니다. 참회 여부와 무관하게 용서하는 것이 진정한 자비입니다. 그럴 때 우리는 일본 제국주의자들과 다른 입론(立論, 立脚地)을 갖게 됩니다.[26]

이러한 나의 입장에 대해서도 반론의 여지는 충분히 예상된다. "그렇다면 위안부 할머니들이 '사과 하라, 사과하지 않으면 용서하지 못 하겠다'고 하는 것이 폭력이라는 말인가?" 라고 말이다. 당연히, 그렇지는 않다. 현재까지도 위안부 문제 해결을 위해 노력해 오는 과정에서 위안부 할머니들은 어떠한 폭력적 수단에도 호소한 바 없다. 그런 점에서

---

26) 김호성 2011, 『일본불교의 빛과 그림자』(서울 : 정우서적), p.84.

위안부 할머니들의 입장은 폭력적이라 할 수 없다. 나의 발언 역시 그렇게 받아들여져서는 아니 된다. 그렇다면 내 글에서 '폭력'을 말한 것은 어떤 맥락에서인가?

상대적 평화는 진정한 평화를 위해서 필요조건이기는 하지만, 그것이 곧 충분조건이라고 말할 수 없다는 것이다. 왜냐하면 바로 앞에서도 언급한 바와 같이, 여전히 대립관계라는 평화적이지 않은 관계를 그 속에 본질적으로 내포하고 있기 때문이다. '일본 vs 한국'의 대립구도를 갖는 '사과'가 문제로서 남아있는 상황이든지, '한국 vs 일본'이라는 '용서'가 문제로서 남아 있는 상황이든지 공히 평화를 위협하는 요소, 즉 좀 더 본질적으로 말하면 '폭력적'인 요소가 남아있게 된다고 나는 보는 것이다. 이를 다시 한 번 더 정리해서 제시하면 다음과 같다.

    (d) 상대(=폭력)의 구도 :
      (d)-1, '일본 vs 한국'
      (d)-2, '한국 vs 일본'
    (e) 절대(=비폭력)의 구도 : "한국 vs (일본)"

(d)-1은 '사과'의 구도이고, (d)-2는 '용서'의 구도이다. 전자의 주체는 일본이고, 후자의 주체는 한국이다. 이들은 공히 상대적인 차원에 놓여 있으니, 그런 상대적 차원 속에서의 평화를 진정한 평화로 보기는 어려울 것이다. 이에 반하여, (e)는 절대적인 차원에 놓여 있으니, 이를 비로소 평화라고 부를 수 있으리라 본다. 혹은 평화를 가져올 수 있는 사고 내지 논리로 생각한다. (e)와 같이 절대적 평화를 가져오기 위해서는 '용서'의 주체인 '피해자 한국'이 '사과'의 주체인 '가해자 일본'의 사과 여부에 괄호 쳐 줄 수 있어야 한다. 이때 '괄호 친다'고 하는 행위는 '가

해자 일본'의 사과여부와는 무관하게 '용서'할 수 있어야 한다는 것이다. 이때의 '용서'는 조건적 용서가 아니라 무조건적 용서로서, '사과'를 받기 전에 먼저 '용서'를 해버리는 것이다. 이때 그 '용서'는 '수단적 용서'가 아니라 '절대적 용서'가 될 것이다.

2) '용서'의 가능성조건

'사과'하지 않는다면 '용서'할 수 없다고 말하는 것은 폭력을 잉태하고 있는 논리라고 말한 바 있다. 무슨 근거로 감히 그런 말을 했을까? 나 자신 폭력에 대한 남다른 정의를 갖고 있어서가 아니라, 비폭력에 대한 보편적 정의에 입각하고 있었기 때문이다. 나는 비폭력에 대한 정의 중에서, 다음과 같은 발언보다도 더 분명한 것을 알지 못한다.

> 또한 저들이 (나를) 죽이려 하더라도, 나는 저들을 죽이고 싶지 않소.[27]

> 이 세상에서 원한은 원한에 의해서는 결코 가라앉지 않는다.
> 원한을 버림에 의해서만 가라앉는다. 이것은 영원한 진리이다.[28]

전자는 힌두교 성전 『바가바드기타Bhagavadgītā』의 1:35송이며, 후자는 『법구경(法句經, Dhammapada)』 5송이다. 이들은 힌두교와 불교

---

27) 『바가바드기타』 1 : 35. Robert N. Minor 1982, *Bhagavadgītā : An Exegetical Commentary*(New Delhi : Heritage Publishers), p.19.
28) 『법구경(Dhammapada)』 5. 中村 元 2000, 『ブッダの眞理のことば, 感興のことば』 (東京 : 岩波書店), p.10. ; 김서리 2013, 『담마빠다Dhammapada』(서울 : 소명출판), p.16.

텍스트(Text)라는 차이[29]는 있지만, 둘 다 모두 비폭력의 핵심을 잘 나타내고 있다. 상대가 나를 죽이려 하지 않는데, 내가 상대를 죽이지 않는 것은 비폭력이 아니다. 그것은 너무나 당연한 일이 아니겠는가. 그러나 상대가 나를 죽이려 하더라도, 내가 상대를 죽이지 않는 것은 비폭력이다. 상대와 내가 서로 원한을 맺은 일이 없다면, 내가 상대에게 원한을 갚을 일이 애당초 없으리라는 것은 너무나 당연한 일이 아니겠는가. 그런 것은 굳이 비폭력이라 할 것도 없는 것 아닌가. 그러나 상대가 나에게 원한을 심어주었는데, 내가 그 원한을 갚지 않는 것은 비폭력이다.

상대가 나에게 '사과'를 할 때, 내가 '용서'하는 것은 비폭력이 아니다. 그것은 지극히 당연한 일이고, 현실원칙일 뿐이다. 그러나 상대가 내게 '사과'할 일이 있음에도 불구하고 내게 '사과'를 하지 않는다. 바로 그럴 때, 그럼에도 불구하고[30], 나는 '용서'를 한다. 그것이 바로 비폭력인 것이다.

그러므로 '사과'하지 않더라도 먼저 '용서'를 하라는 입장은 자비(慈悲)에 입각한 말임을 알 수 있게 된다. 그것은 아무나 할 수 있는 일은 아니다. 범부중생(凡夫衆生)은 불가능할지도 모른다. 보통의 '한국인' 역시 불가능하리라 본다. 그렇지만, 붓다의 가르침에 훈습(薰習)되어 온 불교도[31]라면 혹시 그러한 비폭력에 도전해 볼 수 있는 것은 아닐까. 불교

---

29) 『바가바드기타』 1 : 35송은 아르주나(Arjuna)가 하는 말인데, 이후 크리쉬나(Kṛṣṇa)의 설법을 듣고서는 부전(不戰)에서 참전(參戰)으로 '전향'을 한다. 그런 만큼, 오히려 아르주나의 이 말에서 나는 '불교적 회의' 내지 '불교적 비폭력'의 입장을 보아야 한다고 생각한다. 김호성 2016, 『힌두교와 불교』(서울 : 여래), pp.113-119. 참조.

30) 『바가바드기타』 1 : 35송의 "저들이 나를 죽이려 하더라도"에서 '죽이려 하더라도'(ghnato)는 문법적으로 양보의 의미를 띠는 현재분사이다.

31) 우리는 그 예로서 티벳불교의 지도자 달라이 라마를 들 수 있다. 그는 중국인들에

를 통하여 한일 간의 이해와 평화를 구축하는 일에 앞장설 수 있는 것은 아닐까. 앞장서야 하는 것은 아닐까. 그렇게 할 수 있을 때, 즉 '사과' 여부와는 무관하게 '용서'할 수 있을 때, 비로소 우리는 붓다의 가르침을 현실 속에서 실천하는 불자가 될 수 있는 것은 아니겠는가.

여기서 주의할 것이 하나 있다. '사과' 여부와는 무관하게 '용서'를 하자고 해서, 흔히 말하듯이 한일평화를 위하여 한일 사이의 과거사는 모두 망각해 버리고 미래를 향해서만 매진하자는 것은 아니다. 오히려 그 반대이다. 미래를 위하여(혹은, 향하여) '용서'는 하더라도, 더불어 함께 공존(共存)과 공영(共榮)을 모색해 가더라도 과거에 대해서는 진지한 성찰을 거듭해 가야 할 것이다. 그러한 점은 이미 「참회 없는 용서」에서 분명히 말한 바 있다.

그렇다고 해서 그들의 잘못을 일깨우는 작업까지 그만두자는 이야기는 아닙니다. 그것은 지속되어야 합니다. 왜냐하면, 그것이 우리 민족의 이익과 관련된 문제가 아니라 일본의 이익을 포함하여 인류 문명 전체의 이익을 위해서 반복되어서는 안 된다는 역사적 교훈을 남겨야 하기 때문입니다. 사실 오늘 일본이 갖고 있는 문제 중에서도 그렇게 그들 민족의 민족주의적 관점을 떠나서 인류 문명의 공통의 이익이라

게 "아주 가끔이라도 증오심을 느껴 본 적이 없습니까?"라는 질문에 대하여 이렇게 답하였다. "그런 적은 거의 없습니다. 그것에 대해 나는 이런 생각을 갖고 있습니다. 만일 나를 고통스럽게 만든 사람에게 나쁜 감정을 키워 나간다면, 단지 내 자신의 마음의 평화만 깨어질 뿐입니다. 하지만 만일 내가 그를 용서한다면, 내 마음은 평온을 되찾을 것입니다. 자유를 찾기 위한 투쟁의 경우에도, 분노나 증오의 감정 대신 진정으로 용서하는 마음을 갖고 대한다면 우리는 그 투쟁을 더욱 효과적으로 펼쳐 나갈 수가 있습니다. 평화로운 마음으로, 자비심을 갖고 투쟁하는 것이지요. 나는 분석적인 명상을 통해 증오와 같은 파괴적인 감정이 쓸모가 없는 것이라는 확신을 갖게 되었습니다. 요즘에는 분노나 미움의 감정은 내 안에 일어나지 않습니다. 하지만 이따금 흥분할 때는 있지요." 달라이라마·빅터 챈 2004, 『용서』(서울 : 오래된 미래), p.60.

는 기반 위에 설 때 보다 넓은 지지와 협조를 얻을 수 있는 일이 많거든요.[32)]

전쟁 중에 행한 잘못을 일깨우는 것, 그 잘못을 아는 것, 그 잘못들을 어떻게 극복해 갈 것인가 하는 점에 대해서는 우리 모두 고민[33)]해가야 할 것이다. 또한 민족주의의 극복은 여전히 한국의 불교도들에게도 남아있는 숙제일 것이지만, 그것만이 아니라 어떻게 하면 '피해'로부터 발생한 원한을 내다버리고서 먼저 '용서'를 할 수 있는가 하는 점 역시 큰 숙제라 할 것이다. 어떻게 우리의 아픔에도 불구하고, 한일평화를 위한 비폭력의 이상을 현실 속에서 조금씩이라도 구현할 수 있을까? 적어도 한국의 '불교도'만이라도 그러한 점을 먼저 실천해 보여야 하는 것 아닌가 하는 점이 한국의 불교도들에게 놓여 있는 과제라고 나는 본다.

---

32) 김호성 2011, 『일본불교의 빛과 그림자』(서울 : 정우서적), p.85. 나는 일본 정토진종의 개조 신란(親鸞, 1173-1262)의 『현정토진실교행증문류(顯淨土眞實教行證文類)』의 가장 마지막 부분인 이른바 '후서(後序)'를 읽다가 "의심하고 비방하는 사람들을 연(緣)으로 삼아서"라는 글을 만나고 다음과 같은 소회(所懷)를 토로한 바 있다. "이러한 신란스님의 태도 — 역사적 잘못은 지적하면서도 포용하여 더불어 함께 나아가는 것 — 야말로, 우리 중생들이 이 세상을 살아가면서 겪게 되는 모든 인간관계에 적용해야 할 것이고, 나라와 나라 사이에도 적용되어야 할 것으로 봅니다. 저는 10여 년 전에 「참회 없는 용서」라는 글을 썼습니다. (⋯) 그 입장이 신란스님의 이러한 가르침과 통하는 바 있음을 느끼고서 참으로 기뻐하고 있습니다." 김호성 2015, 「신란스님의 명언」, 『일본불교사공부방』 제14호(서울 : 일본불교사독서회), p.143.

33) 나 역시 그러한 고민의 일환으로 I장의 표에서 제시한 것처럼, 10편의 에세이를 써왔다. 그 밖에 논문의 형식을 갖춘 것으로는 이노우에 엔료(井上円了, 1858-1919)의 저서 『분투철학(奮鬪哲學)』을 중심으로 한 그의 활동주의를 살펴보면서, 그 속에 개재되어 있는 그의 국가주의적 측면을 비판하였으며(김호성 2015c, pp.371-375. 참조.), 또 구라타 햐쿠조(倉田百三, 1891-1943)의 신란 이해를 살피면서, 그가 갖고 있었던 국가주의적 생각을 비판한 바도 있다. 김호성 2015, 「구라타 햐쿠조(倉田百三)의 신란(親鸞) 이해」, 『불교연구』 제43집(서울 : 한국불교연구원), pp.310-317. 참조.

Ⅲ. 「참회 없는 용서」의 사상적 뿌리

앞 장에서는 ②「참회 없는 용서」라는 텍스트에 대한 재해석을 행하였는데, 그 글이 쓰여 진 이후 근 20년 가까운 시간 동안 이루어진 한일 관계의 악화라는 컨텍스트[34]를 반영하였다. 즉 문헌 해석과 상황 해석을 겹치고자 한 것[35]이다. 이제 이 장에서는 앞 장의 논의를 다시 해석의 대상으로 삼아서 재해석하는 메타해석을 시도하고자 한다. 이때 문제가 되는 것은 도대체, 나는 어떤 사상적 근거에서 — 과문한 탓인지는 몰라도 — 종래 누구에게서도 쉽게 듣기 어려웠던 이야기를 할 수 있었던가 하는 점이다.

이 장에서는 바로 이 점을 천착하려고 하는데, 그 전에 앞 장에서 내가 새롭게 주장한 관점을, 다음과 같이 간략히 정리해 보고자 한다.

> (f) 일본의 불교도들에게 : 먼저 '일본' 내에서, 즉 '가해자 일본'은 '피해자 일본'에게 '사과' 할 수 있어야 한다.
> (g) 한국의 불교도들에게 : '가해자 일본'의 '사과' 여부와 무관하게 '용서'할 수 있어야 한다.

이것이 이 글의 표층적(表層的) 차원에서의 주장이라 할 수 있다. 그러나 표층 아래에 심층(深層)이 놓여 있는 것처럼, 이 (f)와 (g)의 주장이 성립하게 된 데에는 하나의 사상이 놓여 있었기에 가능한 일이었

---

34) 한일관계는 이 글이 최초로 씌어진 2015년보다 2022년 현재가 훨씬 더 악화되어 버렸다.
35) 해석학 전통에서 문헌 해석과 상황 해석을 겹쳐서 행한 사례로서 틸락(B. G. Tilak, 1857-1920)에 의한 『바가바드기타』의 주제에 대한 논의가 있다. 김호성 2015, 『바가바드기타의 철학적 이해』(서울 : 올리브그린), pp.57-79. 참조.

다. 바로 붓다의 출가에 드러나 있는 정신, 즉 출가정신이 그것이다. 다시 말하면, (f)와 (g) 모두 하나의 사건, 즉 붓다의 출가라는 심층적 사건으로부터 연역된 것이라 볼 수 있는데, 이제 하나하나 논의해 보기로 하자.

1. 출가, 가족주의의 초월

우선, (f)에 대해서이다. '일본'을 '가해자 일본'과 '피해자 일본'으로 나누면서, 나는 '가해자 일본'이 먼저 '피해자 일본'에게 사과해야 한다고 말했다. '가해자 일본'에 의한 '피해자 일본'에 대한 사과 역시, 종교적으로 말하면 참회나 회개와 같은 것이다. 왜냐하면 그것이 가능하기 위해서는 엄격한 자기부정이 필요하기 때문이다. 그러면서 나는 "전쟁과 전쟁범죄를 유발할 때의 여러 가지 조건 중에서 사회적 문화적 조건의 일부는 현재도 존속하고 있다"는 가토 슈이치의 관점을 소개하면서, 사회적 문화적 조건으로부터의 탈피를 자기부정의 한 예로서 들었다. 그러나 전쟁이 다 끝난 뒤의 전후세대에게도 전쟁책임이 있을 수 있다는 이야기는 쉽게 이해하기 어려운 것인지도 모른다.[36]

이를 위해서, 나는 에비사카 다케시의 『가토 슈이치』로부터 다시 한 번 더 인용해 보고자 한다. 바로 전쟁에서 희생된 일본군 전사자의 죽음을 어떻게 평가할 것인가 하는 문제와 관련된다. 가토 슈이치 생전, 1996년의 어느 날 에비사카는 그에게 바로 일본군 전사자의 문제[37]를

---

36) 실제 류고쿠대학에서 이 글의 초고(草稿)를 발표하였을 때 논평자 타츠다니 아키오 선생은 바로 이 점에 대한 보충설명을 요구하였다.
37) 이 문제를 다룬 에세이가 앞의 1장의 표9 중 ⑨「일본군 전사자는 과연 '개죽음'인가 아닌가」, 『일본불교사공부방』 제22호(서울 : 일본불교사독서회), pp.110-120라는 글이었다.

제기하였다 한다.

저 대동아전쟁의 전사자들은 모두 개죽음이라 말해서 좋은 것은 아닐까요? 이렇게 질문했던 것은, 나(에비사카 다케시 - 인용자)는 젊은 시절부터 저 전쟁을 전면부정하기 위해서는, 전쟁의 전사자에게 의미를 구해서는 아니 된다. 3백만 명을 넘는 전사자들 모두는 개죽음(犬死)이었다고 인식할 때 비로소, 이렇게 많은 사람들을 죽음으로 몰아넣은 책임자의 죄가 물어 질 수 있는 것이라고 생각하고 있었기 때문이다.[38]

어떻게 보면, 이러한 에비사카의 문제제기는 일본의 전후가 전쟁과 단절될 수 있느냐 아니냐 하는 하나의 '리트머스 시험지'라고 볼 수도 있을 것이다. 혹은, 이 질문은 "당신은 전쟁 당시의 사회적 문화적 제도로부터 완전히 단절했는가?"라고 묻는 하나의 후미에(踏繪)[39]일지도 모른다. 여기서 "그렇다"라고 한다면, 그는 완벽하게 전쟁과 결별할 수 있다는 것을 보이게 되는 것이고, 그에게 전쟁책임을 물을 수는 없게 될 것이다. 과연, 가토 슈이치는 에비사카의 이 질문에 어떻게 대답했던 것일까? 그 자신이 전쟁 중의 사회적 문화적 제도와의 완전한 결별을 요구한 만큼, 우리는(독자는) 당연히 "그렇다. 모두 개죽음이었다"라고

---

38) 海老坂 武 2013, 『加藤周一』(東京 : 岩波書店), p.32. 흔히 전사자에게 부여하는 '의미'는 "우리 일본이 전후에 이렇게 빨리 성장하고 경제적으로 부흥해서 선진국이 된 것은, 다 그 옛날 전쟁터에 나아가서 죽은 사람들이 있었기 때문이다. 그래서 그렇게 죽은 사람들의 죽음을 우리가 기억해야 하고, 헛되이 하지 않아야 한다."라는 식이다. 실제로 나는 2013년 여름 코치(高知)의 오대산에 있는 절 큐코지(吸江寺)에서 그러한 뜻이 적힌 '위령비'를 볼 수 있었다. 그 '위령비'는 앞서 언급한 임팔작전의 전체 전사자 20만 중 코치현의 전사자 3천명을 위해서 세워진 것이었다.

39) 에도 시대에 기독교를 탄압할 때, 기독교신자인지 아닌지 혹은 기독교를 배교(背敎)했는지 아닌지를 알아보기 위하여 예수의 그림을 밟고 지나가게 했다고 하는 데에서 유래한다.

했으리라 기대하거나 예상할 것이다. 그러나 그렇지 않았다. 가토 슈이
치의 대답은 우리의 기대나 예상과는 달랐다.

> 가토씨는 조금 생각해 보더니, 천천히 이렇게 말했다. "개죽음이라 말
> 할 수는 없겠지요."[40]

우리는 여기서 실망할 수 있다. 도대체 왜 가토 슈이치는 이렇게 말
했던 것일까? 이렇게 밖에 말할 수 없었던 것일까? 그럼으로써 앞 장에
서 본 것과 같은, 자신의 논점과는 다른 길을 가고 말았던 것일까? 안
타까운 일이지만, 거기에는 가토 슈이치 나름대로는 변명의 여지(?)가
없지는 않아 보인다. 바로『가토 슈이치』의 저자 에비사카의 다음과 같
은 말이 이어지고 있기 때문이다.

> 그때 가토씨가 친구가 죽은 것을 염두에 두고서 이렇게 대답했던 것
> 인지 어떤지는 알 수 없다. 그러나 내게는 그렇게 보였고, 스스로의
> 주의 깊지 못한 질문이 부끄러웠다. 그리고 개죽음이라는 말을 쓰고
> 자 하지 않는 가토씨의 마음의 벽을 느꼈다.[41]

---

40) 가토 슈이치는 그 전에 '개죽음'이라는 말을 쓴 적도 있었다 한다. 海老坂 武
   2013,『加藤周一』(東京 : 岩波書店), p .32.
41) 海老坂 武 2013,『加藤周一』(東京 : 岩波書店), p.32. '마음의 벽'으로 옮긴 이 말은
   원서에서는 '壁'이 아니다. 흙 '土' 대신, 그 자리에 '衣'자가 붙어있다. 오자로 보인
   다. '壁'이어야 할 것으로 생각된다. "내 친구는 하나둘 전쟁터로 떠났고, 전쟁이 끝
   날 때까지 아무도 돌아오지 않았다. 단 한 명의 예외가 있었다. 그만은 소집되어
   중국에 갔다가 병에 걸려 일본 병원으로 후송되었다가 얼마 후 제대했다. (…) 그러
   나 나카니시는 죽고 말았다. 태평양전쟁 전체를 통틀어서 내가 절대 인정할 수 없
   었던 것은 그렇게도 살기를 원했던 사내가 살해당했다는 사실이다. 살기를 간절히
   바랐던 것은 물론 나카니시만은 아니었다. 하지만 나카니시는 내 친구였다. 친구
   한 명의 생명과 비교한다면, 태평양의 섬 전체에 무슨 가치가 있을까." (가토 슈이치,
   2015,『양의 노래』(이목 옮김, 서울 : 글항아리), pp.236-237.) 친구 '나카니시'는 당시 도
   쿄제국대학 법학부 학생이었으나, 프랑스 시인 말라르메에 열중했던 문학청년이었

바로 여기에 그 핵심이 놓여 있다. 아마도 가토 슈이치의 친구도 전쟁에서 죽었던 것같다. 에비사카의 질문, 즉 '개죽음' 여부를 묻는 그 질문에 대한 대답을 하려는 순간 어쩌면 가토 슈이치의 가슴에는 그 친구의 죽음이 전해주는 파문(波紋)이 밀려왔을지도 모른다. "그렇다. 모두 개죽음이었다"라고 한다면, 불쌍한 그 친구의 죽음에 어떠한 의미부여도 하지 못하게 된다. 그렇게 해야 하는데, 그의 입장에서는 그렇게 하는 것이 친구에 대한 도리가 아닌 것처럼 느껴졌던 것이리라.

여기서 우리가 읽을 수 있는 것은, 바로 이 문제에 하나의 인간관계가 놓여 있다는 것이다. 가토 슈이치의 경우에는 '친구와 친구'라는 인간관계이지만, 300만에 이르는 전사자들과 살아남은 일본인들 사이에는 아버지와 아들, 할아버지와 손자, 혹은 남편과 아내라는 인간관계가 개재되어 있는 것이다. 여기서 이 인간관계는 바로 '가족'관계이다. 그럴진대 아들의 입장에서 아버지의 전사를, 손자의 입장에서 할아버지의 전사를, 그리고 아내의 입장에서 남편의 전사를 쉽게 '개죽음'이라 말해버릴 수 있을까? 쉽지 않을 것이다. 그렇게 쉽게 '개죽음'이라고 말하지 못하는 가족들의 입장은 충분히 이해할 수 있다. 또 이해되어야 하리라 본다.

그러나 여기서 말하는 '이해'는 그 자체의 '수용'이나 '용인'은 아니다. 충분히 '이해'는 가지만, 그러한 가족주의[42] 윤리를 넘어서서, '가족'보다

다. 당시 함께 문학공부를 하던 친구들이 모여서 만든 시집이, 전후에 출판된 『마티네 포에틱 시집』(眞善美社, 1948)이다.

42) 사회복지학자 박광준은 가족주의 개념의 다양성을 소개한 후, 가족주의에 대비되는 용어로서 "①개인주의, ②가족의 다양성, ③국가책임주의의 세가지"(박광준 2018, 『조선왕조의 빈곤정책』(서울 : 도서출판문사철), p.451)를 들고 있다. 또 비슷한 말로는 가족부양우선주의, 가족책임주의 등이 쓰인다고 한다.(p.450) 이러한 의미와 다소는 통할 수 있겠으나, 내가 쓰는 '가족주의'라는 말은 오히려 가족이라는 혈연(血緣)을 어떤 문제의 판단에 기준으로 삼는다는 점에서 '가족중심주의'라고

는 더 큰 윤리공동체[43]를 생각할 수 있어야 하는 것이다. 그렇게 하지 못할 때, 자꾸만 전쟁에서 죽은 전사자를 기리게 되고, 점차로 찬탄[44]하게 된다. 그렇게 된다면 전쟁 중에 그렇게 했듯이 그들을 영웅시[45]하는, '전쟁 중의 사회적 문화적 제도'를 반복하게 되면서, 역주행[46]하고

할 수도 있을 것 같다. 그런 점에서 그 대비되는 개념으로는 무연주의(無緣主義)라는 말이 어떨까 싶다. 불교에서 자비를 말할 때는 '무연의 자비', 즉 아무런 인연관계가 없는 대상자(중생)에게 베푸는 자비를 가장 높은 가치를 갖는 자비라고 말하고 있다. 그런 점에서 불교는 가족 등 어떠한 인연관계도 초월할 것을 강조한다. 근래 사회적으로 공정(公正)이나 정의(正義)가 문제되고 있으나, 불교의 입장에서 볼 때 진정한 공정이나 진정한 정의는 무연 속에서 이루어져야 한다고 본다. 그런 점에서 '緣'을 상징하는 말로 '家'를 이해할 수 있으며, 출가라는 것 역시 바로 일체의 인연관계를 초월하여 무연의 장소(場所)에 스스로의 입각지를 세운 것으로도 볼 수 있다. 현재 우리 사회의 경우에는 혈연, 학연, 지연의 전통적인 '연' 외에도, 교연(敎緣, 종교연)이나 계연(階緣, 계급연, caste연) - 이러한 용어는 내가 지금 처음 쓰는 말이다 - 과 같은 새로운 '연'들이 부각되어 왔다. 이러한 '연'들은 모두 민주주의의 가치나 공정, 정의 등을 위협하고 있다고 나는 판단하는데(이에 대해서는 뜻있는 후학의 연구를 기대할 수밖에 없다.), 가족주의를 포함하는 일체의 인연주의를 초월해서 무연주의가 되어야 한다고 생각한다. 바로 거기에서 불교의 정치철학이 성립할 수 있고, 정립되어야 한다고 본다. 이러한 '가족주의' 등의 인연주의를 국가와 국가 사이에서 생각하면 곧 민족주의 내지 국가주의가 되고, 그러한 것을 초월하는 원리를 출가정신에서 찾게 될 때, 그것이 곧바로 '출가정신의 국제정치적 함의'이며, 이 글을 쓰는 목적이다.

43) 어떤 윤리적 판단을 내릴 때 고려해야 할 공동체의 범위. 전쟁에 참여했던 당시 일본불교도들이 고려한 윤리공동체의 범위는 곧 '일본'으로만 제한되었다. 한국이나 중국은 결코 들어가지 않았다. 그때의 윤리공동체의 범위 - 일본 - 가 애당초 불교가 생각하는 윤리공동체의 범위 - 중생 - 와 일치할 수 없다는 점에서, 전자의 태도를 취하는 국가주의 내지 민족주의는 불교의 입장과는 모순된다고 말할 수밖에 없는 것이다.

44) 한국과 중국에서 늘 반발하게 되는 일본 정치인들의 야스쿠니(靖國)신사 참배문제 역시 그렇게 해서 발생하는 것으로 보인다.

45) 이는 전쟁 중 전사자의 장례식에서 전사자에게 바쳐진 법어(=引導法語)의 문안을 살펴보면 잘 알 수 있다. 一戶彰晃 2015,「다카하시 치쿠메이(高橋竹迷)를 통해 본 '조동종의 전쟁'」,『일본불교문화연구』제13호(익산 : 한국일본불교문화학회), pp.162-169. 참조.

46) 일본의 현대정치사에서 '역주행(逆コス)'이라는 말은, 전쟁 이후 전쟁 당시의 사회 문화적 조건과 결별하고 민주주의나 평화주의로 나와야 할 터인데 그렇지 못하고 다시 전쟁 당시의 상황으로 돌아가는 흐름을 말한 것이다. "한국전쟁과 더불어 시

마는 것이다.

그렇다면 어떻게 이러한 가족주의 윤리로부터 우러나오는 역주행을 막을 수 있을까? 그것을 가능케 하는 윤리는 어디에서 찾을 수 있는 것일까? 가족주의의 탈피를 몸으로 보여주고 있는 붓다의 출가에서 밖에 찾을 수 없다고 나는 생각하고 있다. 바라문교의 윤리(dharma)는 가족주의에 기반하고 있는 것으로서, 가족의 계승 – 그것은 '피'의 계승과 동시에 '일'의 계승이기도 했다 –을 무엇보다도 강조하였다. 그러므로 바라문교에서는 가족을 위해서 봉사하는 가주기(家住期, gṛhasthā)를 결코 건너뛸 수 없는 것이었다. 그러므로 붓다의 출가는 바로 그러한 가주기의 건너뜀[47]이라는 의미에서 파악할 필요가 있으며, 붓다가 고려한 윤리공동체가 '가족'보다는 훨씬 더 큰 범위에 놓여 있었음을 알 수 있었다. 그것이 바로 붓다의 윤리(dhamma)[48]였다.

이러한 맥락에서 볼 때, 한일 간의 진정한 평화를 위해서 — 더 좁게는 '일본' 자체의 민주주의나 평화를 위해서 — 필요한 것은 바로 붓다의 '출가'정신을 받아들이는 것이다. 그럼으로써 전사한 가족에 대해서도, 가족주의적 차원에서 자동발생적으로 동정과 옹호, 내지 의미부여를 할 것이 아니라, 보다 더 큰 윤리공동체를 생각하면서 냉정하게 평가할 수 있어야 할 것이다. "모두 개죽음이었다"라고 말이다. 붓다의 출가정신 — 가족주의의 탈피 — 이 국제정치의 차원에서도 기여할 수 있는 의미를 띠고 있다고 내가 말한 것은, 바로 이러한 측면에서였다.

작된"(가토 슈이치, 2015, 『양의 노래』(이목 옮김, 서울 : 글항아리), p.416.) 말이라 한다.
47) 김호성 2010, 「불교화된 효담론의 해체」, 『불연록(佛緣錄)』(성남 : 여래장), pp.529-548. 참조.
48) 바라문교-힌두교의 법을 산스크리트어 dharma로 말하고, 불교의 법을 팔리어 dhamma로 표현한 것에 주의를 요한다. 양자 사이의 윤리적 입장의 차이를 나타내기 위해서이다.

2. 출가, 민족주의와 폭력의 초월

다음으로 우리는 (f)에 대해서 살펴볼 차례이다. 나는 도대체 무슨 생각으로, '피해자 한국'을 향하여 '가해자 일본'의 사과 여부와는 무관하게 용서할 수 있어야 한다고 말했던 것일까? 그러한 표층 아래 심층에 놓여있는 것은, 민족주의와 폭력을 초월해야 한다는 것이었다.

앞 절에서 말한 것과 같이, 일본군 전사자의 '개죽음'과 같은 문제를 두고서 '가족'이 함의하고 있는 정(情)이나 효(孝) 의리(義理) 등과 같은 정서를 초월해야 한다는 이야기까지를 ②「참회 없는 용서」에서 행하였던 것은 아니다. 그 이유는 ②「참회 없는 용서」라는 글이 그 제목이 나타내는 것처럼, 한국을 향하여 발언한 것이기 때문이다.[49] 그 반면에 '피해자 한국'을 향해서 '가해자 일본'의 사과 여부와는 무관하게 용서할 수 있기를 희망하였던 그 심층에 대해서는 이미 그 글, 즉 ②「참회 없는 용서」 안에 간략하게나마 그 대강(大綱)을 제시한 바 있다. 그것은 바로 민족주의와 폭력의 초월이라는 두 가지 점이었다. 그러므로 여기서는 이제 ②「참회 없는 용서」의 세 절 중에서 앞의 두 절, 즉 '불교와 민족주의', '인도의 사례'를 중심으로 심층을 해명해 가기로 한다.

앞의 제2장에서도 민족주의의 문제는 다소 언급되었지만, 여기서 다시 한 번 더 생각을 정리할 필요가 없지는 않아 보인다.

저는 민족주의적 관점을 넘어서자고 하는 시각에 기본적으로 동의합니다. 왜냐하면, 우리가 먼저 민족주의를 넘어설 수 있을 때, 예컨대

---

49) 그런 점에서 볼 때, 이 글은 비록 ②「참회 없는 용서」에 대한 해석이라는 의미가 있다고 하지만, 그에 더하여 그 당시에는 누락되었던 일본에 대한 요구사항을 보충하고 있다.

일본의 우익 보수주의자들이 갖고 있는 왜곡된 역사의식마저 넘어설
수 있다고 생각하기 때문입니다.[50]

한일 모두 민족주의를 넘어서야 한다는 주장을 하고 있었다. 물론,
우리의 민족주의는 침략을 통해서가 아니라 저항을 통해서 형성된 것이
다. 그런 점에서 일본의 민족주의와는 다른 성격[51]을 갖는다. 바로 그런
형성사(形成史)는 충분히 존중되어야 한다고 본다. 비록 "한일 모두 민
족주의를 넘어서자"고 말하고 있지만, 그렇다고 해서 과거의 민족주의
형성사를 동일하게 평가하는 것은 아니다.[52] 그럴 수는 없을 것이다.

그렇지만, 형성사는 과거의 일이었다. 그 형성사를 미래에까지 끌고
가는 것은 다시 생각해 볼 문제가 아닐까? 미래의 문제는 충분히 달라
야 한다. 왜냐하면 과거 민족주의가 형성될 그 저항의 역사 속에서는,
불행하게도 '가해자 일본'과 '피해자 한국' 사이에 공존의 길은 존재하
지 않았기 때문이다. 생존은 선택적으로 이루어질 수밖에 없는 숙명이
었다. 하지만, 해방 이후 80년이 다 되어가는 지금, 앞으로 미래를 향
해서 나아갈 지금 시점에서 한일관계는 누구는 살고 누구는 죽을 수밖
에 없는 구조가 아닐 것이며, 또 아니어야 하기 때문이다. 일본 민족의
민족주의 역시 마찬가지로 그러해야 하겠지만, 우리의 민족주의 역시도
그러해야 한다. 이런 이유에서 나는 "우리가 먼저 민족주의를 넘어서서
인류 보편의 이익과 미래를 걱정"[53]하자고 말했던 것이다.

---

50) 김호성 2011,『일본불교의 빛과 그림자』(서울 : 정우서적), p.80.
51) 이러한 차이에 대해서는 허우성도 주목하고 있다. 허우성 2015,「내셔널리즘은 진
     리와 화(和)의 적이다」,『불교평론』제63호, p.178. 참조.
52) 예를 들어서 승병(僧兵)의 문제도 마찬가지다. 동일한 승병이라고 하더라도 침략당
     하는 편의 승병과 침략하는 쪽의 승병에 대한 평가는 다를 수밖에 없다.
53) 김호성 2011,『일본불교의 빛과 그림자』(서울 : 정우서적), p.80. 민족주의 내지 국가
     주의를 넘어서자고 했을 때, 중요한 것이 '국익(國益)' 중심주의를 넘어서는 것이다.

그런데 이렇게 말한 데에는 차마 우리의 경우, 과거에 그렇게 하지 않았다고 책할 수는 없지만, 미래에는 그렇게 할 수 있기를 닮고 싶은 모델이 없지 않았기 때문이다. 바로 인도의 마하트마 간디의 경우이다. 간디는 인도의 독립(swaraj)을 위해서 투쟁한 민족주의자라고 할 수 있다. 그렇지만 동시에 그에게서는 민족주의를 초월하는 측면이 없지도 않았다. 독립을 추구하는 독립운동가이면서도, 간디는 "영국인의 축출을 우리의 목표로 삼을 필요는 없다"[54]고 말한다. 이는 저항의 민족주의라는 측면에서는 쉽게 상상할 수 없는 입장이 아닌가. 인도의 독립은 영국의 부재(不在) 내지 파멸(破滅)을 통해서만 이룰 수 있다는 입장과는 다른 민족주의라고 말할 수밖에 없다. 영국의 부재 내지 파멸을 통해서만 인도의 독립을 얻을 수 있다고 하는 생각을 만약 민족주의라고 한다면, 이러한 간디의 태도는 민족주의를 초월한 것으로 보아야 할 것이다. 그 당시 인도의 독립운동가 중에는 대다수가 그러한 민족주의자였다. 하지만, 간디는 그러한 민족주의와는 다른 길을 걸었다.

바로 그런 이유 때문이라 생각되지만, 간디는 독립의 수단으로서도

지금 우크라이나에서 벌어지고 있는 전쟁을 바라볼 때, 비록 제3국의 일이라 하더라도 그 정당성 여부에 대한 판단은 불가결하다. 그러나, 그럼에도 불구하고 스스로의 '국익'을 위해서 러시아 침략행위를 규탄하는 인류의 양심적 목소리(=유엔에서의 규탄결의안)에 '기권'을 하는 나라들이 있었다. 비폭력의 간디를 낳은 '인도' 역시 그 중의 하나였다. 만약 '국익'을 위해서 그렇게 했다면, 우크라이나에서 죄없이 죽어간 어린이나 민간인들의 고통을 스스로의 이익을 위해서 외면했다고 볼 수밖에 없다. 그런 점을 생각할 때, '세계익(世界益)'을 고려하는 것이 인류 보편의 양심에 부합하는 일이 될 것이다.

54) M.K.Gandhi 2002, Autobiography or The Story of my Experiment with Truth(Ahmedabad : Navajivan Trust), p.104. '영국' 보다도 '현대서양문명'이 더욱 문제라고 보면서, 그로부터 해방되는 것은 영국에게도 도움이 된다고 하는 측면에서 간디는 독립운동을 이끌었다. 간디의 『힌두 스와라지』에 대한 서평은 김호성 2002, 「무엇이 진정한 자치인가」, 『녹색평론』 제64호(대구 : 녹색평론사), pp.205-210. 참조.

폭력을 받아들일 수 없었다. 비폭력에 의지한다. 비폭력의 독립운동은 독립을 추구하고 지향하면서도, 가해자와 피해자 모두의 보다 더 큰 행복을 위해서 독립이 필요하다는 이야기를 한 것이다. 민족주의가 반드시 폭력 용인으로 귀결된다고 말할 수는 없을지 모르지만, 민족주의의 초월이 훨씬 더 비폭력과 친화성(親和性)이 있는 것은 사실일 터이다. 이런 점에서 민족주의의 초월과 비폭력이라는 두 가지 가치를 동시에 구현하고 있는 사례로서 마하트마 간디를 들 수 있다는 점은 틀림없을 것이다.

그리고 바로 그렇게 간디를 이야기하면서, 나는 간디에게서 불교를 떠올려 보게 되었다.

> 저는 간디를 공부하면서, 우리 불교 역시 민족주의적 입장을 넘어설 수 있어야 한다는 사실을 다시금 확인했습니다. 사실 인도를 힌두교에게 내주고(?) 다른 나라로 퍼져 나온 불교야말로 일찍이 민족주의를 넘어섰던 것이라 할 수 있습니다.[55]

그 당시에는 이렇게만 말하고 말았을 뿐, 정히 간디와 마찬가지 맥락에서 민족주의를 초월하여 독립운동을 했던 우리의 선각자 만해 한용운(韓龍雲, 1879-1944)이 있었음을 알지 못했다. 한 기자가 "석가께서 조선에 나셨더라면 민족사상을 가졌을 것이라"고 하면서, 그의 의견을 묻자 만해는 다음과 같이 대답하였다고 한다.

> 우주의 혁명을 일야(日夜) 염두에 두시는 분에게 무슨 지역적으로 국한한 특수운동이 있었겠습니까.[56]

---

55) 김호성 2011, 『일본불교의 빛과 그림자』(서울 : 정우서적), p.83.
56) 한용운 1980, 『한용운전집 1』(서울 : 신구문화사), p.293. 허우성 2015, 「내셔널리즘

이러한 만해의 입장에 대해서, 허우성은 "간디의 우주적 내셔널리즘을 연상시킨다"[57]고 평가한다. 충분히 동의할 수 있지만, '우주적 내셔널리즘'보다는 그냥 '우주주의'라고 하는 것이 더 어울릴 것 같다. 우주주의는 내셔널리즘을 초월해 있는 것이니까 말이다. 이러한 점은 ②「참회 없는 용서」에서는 충분히 인식하지 못한 점이다. 뿐만 아니었다. 민족주의 초월과 비폭력이라고 하는 두 가지 가치가 바로 고타마 붓다의 '출가'라는 사건 속에 이미 응축(凝縮)되어 있었음 역시 감지(感知)하지 못하였다. 과연, 어떤 점에서 그렇게 말할 수 있을까?

앞서 언급한 바 있지만, 고마타 붓다의 출가는 '가주기의 철저한 준수'를 가족에 대한 의무(kula-dharma)로 보는 힌두의 법(Hindu Dharma)을 깨뜨리는 일이었다. 그럼으로써 붓다는 가족주의 내지 가부장제라고 하는 '가(家)'의 탈피를 이루어냈다. 그럼으로써 붓다의 법(Buddha Dhamma)을 수립한 것이다. 그 일을 붓다의 출가가 이룩했던 것이다.

그런데 지금 우리가 말하는 국가 내지 민족이 무엇인가? 국가주의나 민족주의 모두 영어로는 'nationalism'인데, 이때의 'nation'은 '가' 중에서도 가장 큰 '가'일 것이다. 물론 서양의 'nation'의 번역어로서 '국가'가 등장하는 것은 사실일 터이다. 그러나 비록 바람직하지 않은 형태 – 바로 그렇기에 이 글에서 비판과 극복의 대상이 된다 – 이긴 하지만, '국가'는 '가'의 확장된 형태였던 적이 있다. 이는 단순히 사전적 정의의 문제가 아니다. 역사적으로 중국이나 우리의 조선과 같은 경우, 유교 이데올로기의 지배 속에서 '가'의 윤리인 효(孝)가 충(忠)으로 확장될 때

은 진리와 화(和)의 적이다」, 『불교평론』 제63호, p.175.
57) 허우성 2015, 「내셔널리즘은 진리와 화(和)의 적이다」, 『불교평론』 제63호, p.175.

'가'의 아버지와 같은 기능을 '국가'에서는 천자/왕이 담당하였던 것이다. 그런 의미에서, 그것은 하나의 '가족국가'라고 말해도 될 것이다. 이러한 부정(否定)적 형태는 근대 일본 — 메이지 유신 이후의 일본 — 에서 가족국가[58]가 출현하게 된 것과 궤(軌)를 같이 하는 일로 평가된다.

그리고 그러한 '가족국가'의 형태는 국가와 국가 사이의 평화공존이 아니라 침략과 전쟁을 초래하였다. 앞으로도 한일 사이에 민족주의가 더욱 고양된다면, 그러한 가족국가론은 그 중심적 역할을 다시 떠맡을 수 있을지도 모른다. 그런 점에서 나는 붓다의 출가정신에 의지하여 가족국가, 즉 가부장제에 의해서 지탱되는 국가주의/민족주의를 해체코자 시도하는 것이다. 우리가 '출가'라는 사건의 의미를 국제정치의 맥락으로까지 넓혀서 생각해 보는 이유이기도 하다. 그렇게 국가주의 또는 민족주의를[59] 넘어서는 것이 '출가'에 내포된 또 하나의 의미인 것이다.

다음 붓다의 '출가'에서 비폭력의 근원을 보는 것은, 만약 싯다르타 태자로서 계속 가주기의 의무를 다한다고 했을 때, 크샤트리야 (kṣatriya, 武士) 계급으로 태어난 싯다르타 태자로서는 곧 왕이 될 수밖에 없었다. 왕이 되어서 내부적으로는 권력을 행사하고, 외부적으로는 무력을 행사하는 일이 될 수도 있었던 것이다. 그런 까닭에 싯다르타 태자의 출가에서 우리는 쉽게 '폭력'에서 '비폭력'으로, 또 '권력'에서 '탈권력'으로의 방향전환을 읽어 내는 것이다.

---

58) 근대 일본의 가족국가의 출현과 그 이데올로기에 대해서는 加藤千香子 1996, 「近代日本の國家と家族に關する一考察」, 『橫浜國立大學人文紀要』 42號. 橫浜 : 橫浜國立大學教育學部, p.3. 참조.
59) "우리가 아무리 순수하게 민족주의를 말하더라도, 다른 나라의 입장에서 보면 그것은 분명 '국가주의'라고 볼 수밖에 없습니다.(그래서 'nationalism'을 '國族主義'로 번역하는 경우도 있습니다.)" 김호성 2011, 『일본불교의 빛과 그림자』(서울 : 정우서적), pp.80-81.

이렇게 근대 인도의 마하트마 간디에게서 볼 수 있는 민족주의의 초월이나 비폭력이라는 심층은 곧 바로 붓다의 '출가'정신으로까지 천착(穿鑿)해 내려갈 수 있게 한다. 그리고 그러한 심층으로부터 용솟음쳐 나온 것이 '가해자 일본'의 사과 여부와는 무관하게 '피해자 한국'이 먼저 용서할 수 있어야 한다는 나의 입장이었던 것이다.

IV. 한일의 불교도들에게 고(告)함

어떤 한 편의 글이 존재할 가치를 가지려고 한다면, 새로움(apūrvatā)이 있어야 할 것이다. 그런 점에서 이 글의 새로움을 형식과 내용의 두 측면에 걸쳐서 정리해 보고자 한다.

우선, 형식적 측면이다. 경전이나 논서와 같이 다른 필자(혹은 說者)의 것을 텍스트로 삼아서 분석하거나 해석하는 것이 아니라는 점에서 특이하다고 할 수 있을 것이다. 나 자신이 쓴 글을 텍스트로 삼아서 해석하는 방식을 취하였다. 그것도 나 자신이 경전이나 논서와 같은 텍스트를 분석하거나 해석한 논문이 아니라, 자신의 생각을 피력한 하나의 에세이를 대상으로 삼고 있다는 점에서 흔치 않은 시도라고 할 것이다. 그런 점에서 본다면, 자기(필자) 밖의 텍스트를 해석의 대상으로 삼는 해석학이 아니라 자기(필자) 안의 텍스트를 해석의 대상으로 삼은 해석학을 시도한 것이라 볼 수도 있을지 모른다. 더욱이 자기 생각을 피력한 에세이를 대상으로 하고 있다는 점에서만 특징적인 것이 아니라, 그 자기 생각을 펼쳐놓은 에세이 자체가 이미 현실 — 한일관계 — 이라고 하는 하나의 컨텍스트를 대상으로 삼고 있거나 반영하고 있다는 점에서 특징적이라 할 수 있다. 이런 점에서 이 글의 형식적 측면은 어떻게 보면 실험적이라 볼 수 있을지 모른다. 하지만 그것은 이 글 이전에 이미 존재하는 현실 — 컨텍스트 — 과 이 글 이전에 형성된 자기 자신(필자)의 관점이 저절로 교직(交織)되어서 나온 것이라 생각된다. 특히, 이글 이전에 형성되었으되, 이 글을 낳게 되는 선행하는 관점은 사상적 근거를 찾는 Ⅳ장에 잘 반영되어 있으며, 이 글에서 특히 보완된 부분이다.

다음, 내용적 측면에 대해서이다. 이 글에서 실마리로 삼으면서 재해석의 대상으로 삼은 것은 ②「참회 없는 용서」였다. 그에 대한 재해석을 통하여 이 글이 표층적으로 제시하는 메시지는 다음과 같이 정리할 수 있다.

(f) 일본의 불교도들에게 : 먼저 '일본' 내에서, 즉 '가해자 일본'은 '피해자 일본'에게 '사과'할 수 있어야 한다.
(g) 한국의 불교도들에게 : '가해자 일본'의 '사과' 여부와 무관하게 용서할 수 있어야 한다.

여기까지가 한일관계라는 컨텍스트에 대한 해석이면서, 나 나름의 제언이라고도 할 수 있다. 그런데 이러한, 흔히 들을 수 없었던 관점을 제시하게 된 데에는 그 나름의 심층적 차원이 놓여 있었기에 가능했다. 그 심층적 차원이 한일관계라는 문제를 앞에 두고서 표층적 차원의 메시지를 발하도록 추동(推動)한 것이라 말할 수 있다. 그것은 다음과 같이 정리할 수 있을 것이다.

(f)-1 : 일본의 불교도를 향하여 — 자기부정, 아(我)로부터의 탈피(脫我 내지 無我).

(g)-1 : 한국의 불교도를 향하여 — 민족주의적 대립의 초월, 비폭력.

표층적 차원에서 (f)와 (g)를 제시하는 것이 1차적 해석이라고 할 수 있다면, 이를 다시 해석의 대상으로 삼으면서 행하는 (f)-1과 (g)-1의 제시는 2차적 해석, 즉 메타해석이라고 볼 수 있다. 1차적 해석은 Ⅱ장에서, 2차적 해석은 Ⅲ장에서 행해졌다.

특히 2차적 해석 중에서 (f)-1의 입장을 도출하기 위해서 살펴본 것은 바로 가토 슈이치가 말한 '개죽음'의 문제였으며, (g)-1의 입장을 도출하기 위해서 인도의 마하트마 간디를 살펴보았다. 전자에서는 가족주의 내지 가부장제로부터의 탈피가 긴요하다는 점에서, 또 후자에서는 '가' 중에서 가장 큰 '가'가 '국가'—민족—이라는 점에서 공히 고타마 붓다에게서 볼 수 있는 '출가'라는 사건이 갖는 국제정치적 함의를 확인할 수 있었던 것이다.

그러니까 적어도 한일의 불교도들만이라도 고타마 붓다가 보여준 '출가'정신을 정확히 인식하고서 자기부정, 가족주의 내지 가부장제의 탈피를 할 수 있다면, 또 민족주의 내지 국가주의의 초월과 비폭력의 정신에 투철할 수 있다면, 한일평화라는 이상(理想)을 향하여 한 걸음 한 걸음 더 나아갈 수 있으리라 본다. 그것이 곧 한일의 불교도들이 행해야 할 세계사적 사명임과 동시에 붓다의 가르침을 현실에 구현하는 보살행일 것이다.

약호 및 참고문헌

약호

대정장. 대정신수대장경
한불전. 한국불교전서

1. 제1차 자료

『권수정혜결사문』(보조), 한국불교전서 제4책.
『계초심학인문』(보조), 한국불교전서 제4책.
『보살계본지범요기』(원효), 한국불교전서 제1책.
『불설부모은난보경』. 대정신수대장경 제16책.
『삼국유사』(일연). 한국불교전서 제6책.
『선생경』. 대정신수대장경 제1책.
『송고승전』(찬녕). 대정신수대장경 제50책.
『현정토진실교행증문류』(親鸞). 대정신수대장경 제83책.

金君綏 1989. 「보조국사비명(普照國師碑銘)」, 『보조전서』 서울 : 보조사상연구원
김덕균 2008. 『역주 고문효경』. 서울 : 문사철.
김서리 2013. 『담마빠다Dhammapada』. 서울 : 소명출판.
김운학 1998. 『수타니파타』. 서울 : 범우사.
김탄허 1975. 『보조법어』. 순천 : 송광사.
법정
1983. 『버리고 떠나기』. 서울 : 샘터사.
1986. 『물소리 바람소리』. 서울 : 샘터사.
1987. 「간행사」, 『보조사상』 창간호. 서울 : 보조사상연구원.

1989. 『텅 빈 충만』. 서울 : 샘터사.

1994. 『무소유』. 서울 : 범우사.

2009. 『일기일회』. 서울 : 문학의숲.

보조지눌 1989. 『보조전서』. 서울 : 보조사상연구원.

水野彌穗子

2003. 『正法眼藏』. 東京 : 岩波書店.

2006. 『正法眼藏隨聞記』. 東京 : 筑摩書房.

성백효

1992. 『논어집주』. 서울 : 전통문화연구회.

1994. 『맹자집주』. 서울 : 전통문화연구회.

신동준 2018. 『묵자』. 서울 : 교보문고.

鴨長明 2002. 『일본중세불교설화(發心集)』(류희승 역). 서울 : 불광출판부.

오진탁 1990. 『감산의 노자 풀이』. 서울 : 서광사.

劉奎勝 1999. 『孝經』. 濟南 : 山東友誼出版社.

이재숙·이광수 1999. 『마누법전』. 서울 : 한길사.

정시한 2005. 『산중일기』(신대현 옮김). 서울 : 혜안.

中村元 2000. 『ブッダの眞理のことば, 感興のことば』. 東京 : 岩波書店.

한보광 2006. 『역주 정법안장 강의』. 성남 : 여래장.

한용운 1980. 『한용운전집 1』. 서울 : 신구문화사.

헨리 데이빗 소로우 1999. 『월든(Walden)』(강승영 옮김). 서울 : 이레.

E.H.Johnston 1984. *Buddhacarita or Acts of the Buddha*. Delhi : Motilal Banarasidass.

Robert N. Minor 1982. *Bhagavadgītā : An Exegetical Commentary*. New Delhi : Heritage Publishers.

S.Radhakrishnan 1968. *The Principal Upanishads*. London : George Allen & Unwin ltd.

S.Vivekananda

2005. *The Complete Works of Swami Vivekananda I*. Kolkata : Advaita Ashrama.

2005. *The Complete Works of Swami Vivekananda* Ⅲ. Kolkata : Advaita Ashrama.

2006. *The Complete Works of Swami Vivekananda* Ⅷ. Kolkata : Advaita Ashrama.

2006. *The Complete Works of Swami Vivekananda* Ⅵ. Kolkata : Advaita Ashrama.

2009. *Buddha and His Messages*. Kolkata : Advaita Ashrama.

William Buck 2000. *Mahabharata*. Delhi : Motilal Banarsidass.

2. 제2차 자료

2.2 다른 학자들의 논저

加藤千香子 1996. 「近代日本の國家と家族に關する一考察」, 『橫浜國立大學人文紀要』 42號. 橫浜 : 橫浜國立大學敎育學部.

가토 슈이치 2015, 『양의 노래』(이목 옮김). 서울 : 글항아리.

강연숙 1998. 「『월든』과 요가 : 초월적인 자아를 향한 세레나데」, 『동서비교문학저널』 창간호. 대전 : 한국동서비교문학학회.

鎌田茂雄 1978. 『中國佛敎史』. 東京 : 岩波書店.

고영섭 2016. 『분황원효의 생애와 사상』. 서울 : 운주사.

菊地大樹 2000. 「ポスト顯密體制論」, 『日本佛敎の硏究法』. 京都 : 法藏館.

길희성 1994. 「힌두교적 관점에서 본 그리스도교」, 『포스트모던 사회와 열린 종교』. 서울: 민음사.

김광식 2010. 「법정스님의 불교혁신론」, 『법보신문』 제1040호(2010. 3. 17). 서울 : 법보신문사.

김상현

2000. 「『보살계본지범요기조람집』의 검토」, 『원효연구』. 서울 : 민족사.

2010. 「『삼국유사』 피은편의 의미」, 『신라문화제학술논문집』 제31집. 경주 : 경주시 신라문화선양회·동국대신라문화연구소.

김성순 2016. 「해설 : 김호성의 결사연구 — 피은(避隱)과 탈권력의 행원(行願)」, 『결사, 근현대 한국불교의 몸부림』. 서울 : 씨아이알.

김성연 2016. 「미래지향적 불교결사 개념 정의에 대한 단평(短評)」, 『결사, 근현대 한국불교의 몸부림』 서평회'(2016년 10월 29일, 동국대 불교학술원 227호.) 자료.

김영진 2011. 『백석평전』. 서울 : 미다스북스.

김원중 1997. 『중국의 풍속』. 서울 : 을유문화사.

김형록(인경) 2021. 「회심(回心), 무소유의 명상작업」, 『보조사상』 제59집. 서울 : 보조사상연구원.

남동신 2013. 「원효의 생애와 사상」, 『한국불교사연구입문(상)』. 서울 : 지식산업사.

달라이라마·빅터 챈 2004. 『용서』(류시화 옮김). 서울 : 오래된 미래.

도일 2017. 「부처님 법에 혼돈의 한국불교 치유할 길이 있습니다」, 『법보신문』 제1388호(2017년 4월 19일). 서울 : 법보신문사.

리경 2018. 『간다, 봐라』. 서울 : 김영사.

마성 2016. 「결사는 승단분규 종식시킬 주요한 대안」, 『불교평론』 제68호.

마에다 류(前田 龍)·전대석 1997. 『탄이초(歎異抄)』. 서울 : 경서원.

マイケル·コンウェイ 2021. 「教育活動としての眞宗開敎の可能性」, 『コミュニティの創造と國際敎育』. 東京 : 明石書店.

마츠오 겐지

2005. 『인물로 보는 일본불교사』(김호성 옮김). 서울 : 동국대학교 출판부.

2005. 「중세」(김춘호 옮김), 『일본불교사공부방』 창간호. 서울 : 김호성교수연구실.

마하트마 간디 2002. 『힌두 스와라지』(안찬수 옮김). 서울 : 강.

末木文美士

1997. 『日本佛敎社』. 東京 : 新潮社.

1998. 『鎌倉佛敎形成論』京都 : 法藏館.

2004. 「大川周明と日本のアジア主義」, 『近代日本と佛敎』. 東京 : トランスビュー.

2012. 「현대일본불교의 동향과 과제」, 『동아시아불교문화』 창간호. 부산 : 동아시아불교문화학회.

網野善彦 2006. 「歷史學の新動向について」, 『網野善彦』(赤坂憲雄 編). 東京 : 洋泉社.

木村宣彰 1980.「菩薩戒本持犯要記について」,『印度學佛教學研究』28-2. 東京 : 日本印度學佛教學會

木村清孝 1979.『中國佛教思想史』. 東京 : 世界聖典刊行協會.

문학의숲 편집부 2010.『법정스님의 내가 사랑한 책들』. 서울 : 문학의숲.

박광연 2020.「동아시아 보살계 사상의 전개와 원효『보살계본지범요기』」,『원효, 문헌과 사상의 신지평』. 서울 : 동국대학교출판부.

박광준 2018.『조선왕조의 빈곤정책』. 서울 : 도서출판문사철.

방영준 2020.『붓다의 정치철학 탐구』. 서울 : 인북스.

서재영 2015.「내셔널리즘을 어떻게 볼 것인가」,『불교평론』제63호.

세키네 히데유키 2005.「옮긴이의 말」,『일본도덕사상사』. 서울 : 예문서원.

松尾剛次 2000.「中世」,『日本佛教の研究法』. 京都 : 法藏館.

스에키 후미히코 2009.『일본의 근대와 불교』(이태승, 권서용 옮김). 서울 : 그린비.

스즈키 슌류 1986.『선심초심(禪心初心)』(김호성 옮김). 서울 : 해뜸.

市川浩史 2000.「淨土教」,『日本佛教の研究法』. 京都 : 法藏館.

신선혜 2012.「『삼국유사』「이혜동진」조와 신라 중고기 불교계」,『신라문화제학술논 문집』제33집. 경주 : 경주시신라문화선양회·동국대신라문화연구소.

신성현 2000.「불교경전에 나타난 효」,『부처님이 들려주는 효 이야기』. 서울 : 조계종출판사.

야나기 무네요시 2017.『나무아미타불』(김호성 책임번역). 서울 : 모과나무.

愛宕邦康 2018.「元曉撰『無量壽經宗要』研究方法改革論」,『불교학보』제82집. 서울 : 동국대학교 불교문화연구원.

玉居子精宏 2012.『大川周明, アジア獨立の夢』. 東京 : 平凡社.

劉奎勝 1999.『孝經』. 濟南 : 山東友誼出版社.

유승무·박수호 2012.「동아시아불교와 현대문명의 만남」,『동아시아불교문화』창간호. 부산 : 동아시아불교문화학회.

이기영
1983.「원효의 보살계관」,『한국불교연구』. 서울 : 한국불교연구원.
2002.「원효의 윤리관」,『원효』. 서울 : 예문서원.

이병욱 2002.「원효 무애행의 이론적 근거」,『원효학연구』제6집. 경주 : 원효학연구원.

이성규 1998. 「한대 '효경' 보급과 그 이념」, 『한국사상사학』 제10호. 서울 : 서문문화사.

이에나가 사부로

2003. 『일본문화사』(이영 옮김). 서울 : 까치.

2005. 『일본도덕사상사』(세키네 히데유키·윤종갑 옮김). 서울 : 예문서원.

이재숙

1999. 「마누법전의 다르마」, 『인도연구』 제4호. 서울 : 한국인도학회.

2001. 「인도 대서사시의 종교문학적 성격」, 『종교연구』 제22집. 서울 : 한국종교학회.

一戸彰晃 2015. 「다카하시 치쿠메이(高橋竹迷)를 통해 본 '조동종의 전쟁'」, 『일본불교문화연구』 제13호. 익산 : 한국일본불교문화학회.

장춘석 2000. 「인도불교의 효 양상」, 『불교학연구』 창간호. 서울 : 불교학연구회.

정승석

1984. 『리그베다』. 서울 : 김영사.

2001. 「인도의 가상현실과 종교적 전통」, 『종교연구』 제22집. 서울 : 한국종교학회.

정시한 2005. 『산중일기』. 서울 : 혜안.

조흥윤 1994. 「附錄 : 蜀道長征」, 『四川講壇』(민영규 지음). 서울 : 又半.

큰글성경편찬위원회(1998), 『큰글 성경』. 서울 : 아가페출판사.

주보돈 2010. 「삼국유사 '염불사'조의 의미」, 『신라문화제학술논문집』 제31집. 경주 : 경주시 신라문화선양회·동국대신라문화연구소.

中村元 1978. 『原始佛敎の生活倫理』. 東京 : 春秋社.

진성규 1992. 「정혜결사의 시대적 배경에 대하여」, 『보조사상』 5·6합집호. 서울 : 보조사상연구원.

佐藤秀孝 2003. 「中國の禪宗と道元の傳法」, 『道元』(中尾良信 編). 東京 : 吉川弘文館.

佐藤弘夫 1993. 『日本中世の國家と佛敎』. 東京 : 吉川弘文館.

채상식 1993. 『고려후기불교사연구』. 서울 : 일조각.

최병헌

1992. 「정혜결사의 취지와 성립과정」, 『보조사상』 5·6합집. 서울 : 보조사상연구원.

2021.「무덤 속 깨달음·요석공주와의 만남은 원효불교 읽는 핵심 키워드」,『법보신문』제1610호(2021년 11월 24일). 서울 : 법보신문사.

최성렬 2004.「김호성교수의 "『보살계본지범요기』의 성격론에 대한 재검토"에 대한 논평」,『원효학연구』제9집. 경주 : 원효학연구원.

최원식 1999.『신라보살계사상사연구』. 서울 : 민족사.

칼린디 2000.『비노바 바베Moved by Love』(김문호 옮김). 서울 : 실천문학사.

한명숙 2019.「지범요기조람집 해제」,『지범요기조람집』. 서울 : 동국대학교출판부.

한보광

2006.『역주 정법안장 강의 1』. 성남 : 여래장.

2020.『역주 정법안장 강의 4』. 성남 : 여래장.

한태식(보광) 1994.「新羅·元曉の彌陀證性偈について」,『印度學佛教學研究』43-1號. 東京 : 日本印度學佛教學會.

허우성 2015.「내셔널리즘은 진리와 화(和)의 적이다」,『불교평론』제63호.

현장 2017.『시작할 때 그 마음으로 – 법정이 우리의 가슴에 새긴 글씨–』. 서울 : 열림원.

海老坂 武 2013.『加藤周一』. 東京 : 岩波書店.

홍윤식 1998.「불교의 효관」,『한국사상사학』제10호. 서울 : 서문문화사.

후지 요시나리 2017.「원효와 신란의 만남과 대화」,『불교철학』제12집. 서울 : 동국대학교 불교대학 세계불교학연구소.

J.J.Meyer 1989. *Sexual Life in Ancient India*. Delhi : Motilal Banarsidass.

Marcus Bingenheimer 2003. "Chinese Buddhism Unbound – Rebuilding Chinese Buddhism on Taiwan", *Buddhism in Global Perspective*(Kalpakam Sankaranarayan ed.). Mumbai : Somiya Publication.

M.K.Gandhi 1927. *Autobiography or The Story of my Experiments with Truth*. Ahmedabad ; Navajivan Trust.

O.N.Krishnan 2005. *Hindutva or Dhammatva?* New Delhi : Asian

Publication Services.

Ramesh S. Betai 2002. *Gita & Gandhiji.* New Delhi : Gyan Publishing House.

Satya P. Agarwal 1997. *The Social Role of the Gītā ; How & Why.* Delhi : Motilal Banarsidass.

2.1 저자의 논저

김호성

1991. 「보조선의 사회윤리적 관심」, 『동서철학연구』 제8호. 대전 : 한국동서철학연구회.

1992. 「바가바드기타의 카르마 요가에 대한 윤리적 조명」, 『인도철학』 제2집. 서울 : 인도철학회.

1995. 「결사의 근대적 전개양상」, 『보조사상』 제8집. 서울 : 보조사상연구원.

1999. 「바가바드기타와 구라단두경의 입장에서 본 조선불교유신론의 의례관」, 『불교학보』 제36집. 서울 : 동국대 불교문화연구원.

2000. 「바가바드기타의 윤리적 입장에 대한 비판적 고찰」, 『종교연구』 제19집. 서울 : 한국종교학회.

2001. 「이샤 우파니샤드에 대한 샹카라와 오로빈도의 해석 비교」, 『인도철학』 제10집. 서울 : 인도철학회.

2002. 『배낭에 담아온 인도』. 서울 : 여시아문.

2002. 「무엇이 진정한 자치인가」, 『녹색평론』 제64호. 대구 : 녹색평론사.

2002. 『대승경전과 禪』. 서울 : 민족사.

2004. 「『보살계본지범요기』의 성격론에 대한 재검토」, 『원효학연구』 제9집. 경주 : 원효학연구원.

2005. 「일본불교사를 이해하는 새로운 패러다임」, 『인물로 보는 일본불교사』 (松尾剛次). 서울 : 동국대학교출판부.

2006. 「반야심경의 주제에 대한 고찰」, 『불교학보』 제44집. 서울 : 동국대 불교문화연구원.

2006. 「아르주나의 회의와 그 불교적 의미」, 『종교연구』 제42집. 서울 : 한국종

교학회.

2007. 「韓國から見た日本佛敎史」, 『山形大學歷史·地理·人類學論集』, 第8號. 山形 : 山形大學歷史·地理·人類學研究會.

2008. 『불교, 소설과 영화를 말하다』. 서울 : 정우서적.

2008. 「정혜결사와 헤이케이야기(平家物語)」, 『일본불교사공부방』 제5호. 서울 : 김호성교수의 열린 연구실.

2009. 『불교해석학 연구』. 서울 : 민족사.

2009. 『힌두교와 불교』. 서울 : 여래.

2009. 「두 유형의 출가와 그 정치적 함의」, 『인도철학』 제26호. 서울 : 인도철학회.

2010. 「불교화된 효 담론의 해체」, 『불연록(佛緣錄)』. 서울 : 여래장.

2010. 「비베카난다의 붓다관에 대한 비평」, 『인도철학』 제29집. 서울 : 인도철학회.

2011. 『일본불교의 빛과 그림자』. 서울 : 정우서적.

2011. 「효, 출가, 그리고 재가의 딜레마」, 『불교학연구』 제30호. 서울 : 불교학연구회.

2011. 「출가, 탈권력의 사제동행」, 『일본불교사연구』 제5호. 서울 : 일본불교사연구소.

2011. 「일본의 선 - 도겐, 전좌를 만나다」, 『선과 문화』 제2호.

2011. 「근대 인도의 '노동의 철학(karma-yoga)'과 근대 한국불교의 선농일치(禪農一致) 사상 비교」, 『남아시아연구』 제17권 1호. 서울 : 한국외대 남아시아연구소.

2014. 『경허의 얼굴』. 서울 : 불교시대사.

2015. 「출가정신의 국제정치학적 함의」, 『동아시아불교문화』 제24집. 부산 : 동아시아불교문화학회.

2015. 「신란스님의 명언」, 『일본불교사공부방』 제14호. 서울 : 일본불교사독서회.

2015. 「이노우에 엔료(井上円了)의 활동주의와 그 해석학적 장치들」, 『불교연구』 제42집. 서울 : 한국불교연구원.

2015. 「구라타 햐쿠조(倉田百三)의 신란(親鸞) 이해」, 『불교연구』 제43집. 서울 : 한국불교연구원.

2015. 『바가바드기타의 철학적 이해』. 서울 : 올리브그린.

2015. 『계초심학인문을 아십니까?』. 서울 : 정우서적.

2015. 「『보경기(寶慶記)』 1-14」, 『일본불교사공부방』 13호. 서울 : 일본불교사독
서회.

2016. 『결사, 근현대 한국불교의 몸부림』. 서울 : 씨아이알.

2016. 『힌두교와 불교』. 서울 : 여래.

2017. 「출가, 은둔, 그리고 결사의 문제」, 『보조사상』 제47집. 서울 : 보조사상
연구원.

2017. 「출가, 재가, 그리고 비승비속」, 『불교연구』 제47집. 서울 : 한국불교연구원.

2020. 「'소성거사 원효'의 왕생가능성」, 『불교연구』 제53집. 서울 : 한국불교연
구원.

2020. 『정토불교성립론』. 서울 : 조계종출판사.

2020. 「일본 정토불교와 관련해서 본 원효의 정토신앙」, 『불교학보』 제90집. 서
울 : 동국대학교 불교문화연구원.

2021. 「원효가 민중들에게 권유한 염불의 정체성」, 『신라문화』 제58집. 경주 :
동국대 신라문화연구소.

2.3 인터텟 검색

김종서 등 2021. 「명종 4년 갑오」, 『고려사절요』 제12권.
http://db.history.go.kr/id/kj_012_0010_0050_0010_0010(2021. 12. 24)
安倍晋三 2015. 「前後 70年 談話」, 『朝日新聞』(2015년 8월 14일).
http://www.asahi.com/articles/ASH8G5W9YH8GUTFK00T.html
Edmund Weber(1997). "Swami Vivekananda and the Buddhism",
Journal of Religious Culture(Journal für Religionskultur). No.05b.
http://web.uni-frankfurt.de/irenik/relkultur05b.pdf
Swami Prasannatmananda(2010), "Swami Vivekananda's Views on
Buddhist Monasticism", Bulletin of the Ramakrishna Mission
Institute of Culture(May).
http://www.sriramakrishna.org/bulletin/b510rp2.pdf.

찾아보기

저자 **김호성** 金浩星, Kim Ho Sung

동국대학교 인도철학과에서 공부하여 박사가 되고 교수가 되었다. 인도철학과 불교에 걸쳐서 100여 편의 논문을 발표하였고,『원각경·승만경』(공역) 등의 역서와『천수경의 비밀』을 비롯한 저서 등이 30여 권 된다. 그 중 학술서로는『불교해석학 연구』등이 있는데, 이 책이 9권 째가 된다. 일본의 대학들 3곳에서 방문연구를 하였다. 앞으로 집중하고 싶은 주제는『무량수경』, 원효, 신란(親鸞) 등의 정토불교이다.

민족사 학술총서 76

출가정신의 전개

초판 1쇄 인쇄 | 2022년 8월 10일
초판 1쇄 발행 | 2022년 8월 20일

지은이 | 김호성

펴낸이 | 윤재승
펴낸곳 | 민족사

주간 | 사기순
기획편집팀 | 사기순, 최윤영, 김은지
홍보 마케팅 | 윤효진
영업관리팀 | 김세정

출판등록 | 1980년 5월 9일 제1-149호
주소 | 서울 종로구 삼봉로 81 두산위브파빌리온 1131호
전화 | 02)732-2403, 2404 팩스 | 02)739-7565
홈페이지 | www.minjoksa.org
페이스북 | www.facebook.com/minjoksa
이메일 | minjoksabook@naver.com

ⓒ 김호성 2022

ISBN 979-11-6869-012-7 94220

민족사 **학술총서** 시리즈

::

73 **탄허 선사의 사교 회통 사상**

한국불교의 대표적인 고승, 대석학 탄허 스님의 사상을 국내 최초로 연구한 책. 탄허의 광활한 학술을 유교(儒敎)·불교(佛敎)·도교(仙)·기(基, 기독교)를 융합하여 일이관지한 사교 회통 사상이라는 하나의 주제에 집중하여 총합적으로 고찰한다.

- 문광 저 | 신국판 양장 | 464면 | 28,000원

72 **원효의 열반경종요**

신라의 대표적 고승인 원효 스님이 36권에 달하는 방대한 '열반경'의 핵심을 요약한 『열반경종요(涅槃經宗要)』를 번역하고 상세한 주석을 붙인 책이다.

- 은정희, 김용환, 김원명 역주 | 신국판 양장 | 408면 | 28,000원

71 **불교로 바라본 생태철학**

의왕(醫王)인 부처님의 지혜를 빌려 불교의 연기법과 업 사상을 토대로 현재 일어나고 있는 생태위기의 원인을 분석하고, 그 해결 방법을 모색한다.

- 남궁선 저 | 신국판 양장 | 304면 | 22,000원

70 **당송시대 선종사원의 생활과 철학**

2017 세종도서 학술부문 우수도서, 불교평론 학술상
선종(禪宗)의 여러 청규(淸規)와 선문헌을 바탕으로 중국 당송시대 선종사원의 생활과 각종 제도, 가람 구성, 생활철학, 그 사상적 바탕 등 선종의 생활문화에 대한 전반을 탐구한 책이다.

- 윤창화 저 | 신국판 양장 | 472면 | 25,000원

69 **한암선사연구**

한국불교의 대표적 사표(師表)인 한암 선사의 사상과 가르침, 그 정신에 관한 연구의 정수를 담았다. 『한암사상』 제1집에서 제4집에 수록된 주요 논문들을 모아 엮었다.

- 한암사상연구원 저 | 신국판 양장 | 592면 | 32,500원

68 유식과 의식의 전환

유식 사상을 통해 인간의 심리 현상과 의식의 구조를 분석함으로써 의식의 전환을 동반한 깨달음의 세계를 경험하도록 이끈다. 고타마 싯다르타가 붓다로 존재의 전환을 이룬 것처럼, 이 세상의 모든 범부가 번뇌에서 벗어나 스스로를 치유하는 길을 갈 수 있다는 믿음과 서원이 담겨 있다.

* 정륜 저 | 신국판 양장 | 368면 | 22,000원

67 조선시대 불교사 연구

2015 불교평론 학술상

억불, 척불 등 불교를 그토록 박해했던 조선 시대에 불교는 어떻게 살아남을 수 있었는가? 조선불교는 혹독한 고난 속에서 끊임없이 새로운 존재방식을 고민했다. 저자는 이런 조선불교의 역사를 통해 얻은 교훈으로 우리 시대의 불교를 성찰한다.

* 이봉춘 저 | 신국판 양장 | 816면 | 43,000원

66 선문답의 세계와 깨달음

2015 단나학술상

선문답의 특수성을 풀어헤치고, 선문답의 원리를 분석함으로써 신비적인 측면만 강조되었던 선문답이 우리의 평범한 심리적 구조를 분석한 것 외에 특별한 것이 아님을 밝혔다. 또한 깨달음을 특별한 것으로 오해한 선사들에 대한 파격적인 비판을 시도한다.

* 자명 저 | 신국판 양장 | 464면 | 25,000원

65 초기불교의 사회적 실천

2012 불교출판문화상 올해의 불서 대상

초기불교, 즉 붓다의 역사적인 전법 개척과 사회적 변혁의 과정을 통찰함으로써 한국불교의 대안을 제시한다.

* 김재영 저 | 신국판 양장 | 488면 | 25,000원

64 선종의 전등설 연구

초기 중국 선종 전등설의 성립과 발전을 통해 본 선종사를 주제로 한 논문 모음집. 전의설(傳衣說)과 전법게(傳法偈)의 성립과 발전에 대한 논문도 함께 수록했다.

* 정성본 저 | 신국판 양장 | 420면 | 23,000원